挪威的故事

［美］耶尔马·H. 博伊森 著

陈博远 译

河南人民出版社

图书在版编目(CIP)数据

挪威的故事 /（美）耶尔马·H. 博伊森
（Hjalmar H. Boyesen）著;陈博远译. — 郑州 ：河南
人民出版社, 2021. 9
书名原文 ：The Story of Norway
ISBN 978 - 7 - 215 - 12502 - 5

Ⅰ. ①挪… Ⅱ. ①耶… ②陈… Ⅲ. ①挪威 - 历史
Ⅳ. ①K533.0

中国版本图书馆 CIP 数据核字（2020）第 213179 号

河南人民出版社 出版发行
（地址：郑州市郑东新区祥盛街27号 邮政编码：450016 电话：65788072）
新华书店经销　　　　　　河南文华印务有限公司印刷
开本　710毫米×1000毫米　　1/16　　　印张　22
字数　250千字
2021年9月第1版　　　　　　2024年10月第2次印刷

定价：65.00元

献　　给

克里斯蒂安·波尔斯（Christian Börs）

圣奥拉夫、瓦萨和北极星的骑士

纽约挪威与瑞典研究协会会员

这本关于他故乡的历史书由他的挚友为他撰写

前　言

　　许多年前,我就想写一部挪威的历史,其主要原因是英语文学里还没有一本完整记载挪威历史的书。于是,当出版商请我写一本关于我故土的书时,我义不容辞地接受了。不过,他们所要求的写作结构和一般的历史书籍有一些显著的不同。他们希望我详细记录戏剧性的历史段落,而对制度的形成和长期的社会现象轻描淡写。于是,后者所占的内容要少很多。在这个版本里,民族英雄奥拉夫·特吕格弗松(Olaf Tryggvesson)占了很大的篇幅,因为在他短暂的执政生涯中,发生了许多精彩的事情,是那些在位多于十年的国王都比不了的;相反,挪威与丹麦长达四年的同盟则被相对简短地一笔带过。虽然那段时间显然也有很多事情发生,但并没有什么"大事"。此外,挪威的衰退时期从没引起过本地历史学家的关注,所以这一段我也几乎没有记录。

　　为了这一个新版本,我所参考的主要资料如下:

　　斯诺里·斯图鲁松:《挪威列王传》(*Norges Kongesagaer*,克里斯钦尼亚,1859,第2卷)。

　　P. A. 蒙克:《挪威民间史》(*Det Norske Folks Historie*,克里斯钦尼亚,1852,第6卷)。

R. 凯瑟：《被遗弃的经文》(*Efterladte Skrifter*，克里斯钦尼亚，1866，第2卷)；《萨姆格·阿福汉灵格》(*Samlcde Afhandlinger*，1868)。

J. E. 萨斯：《挪威历史概览》(*Udsigt over den Norske Historie*，克里斯钦尼亚，1877，第2卷)。

K. 毛雷：《挪威对基督教的皈依》(*Die Bekehrung des Norwegischen Stammes zum Christenthume*，慕尼黑，1856)及《冰岛城邦的诞生》(*Die Entstehung des Isländischen Staatcs*，慕尼黑，1852)。

G. 维格夫森：《司徒隆嘉传奇》(*Sturlunga Saga*，牛津，1878，第2卷)及《冰岛古代年鉴》[*Um timatal i Islendinga sögum i fornöld*，包含于《冰岛史集》(*Safn til sögu Islands*，1855)]。

G. 斯托姆：《斯诺里·斯图鲁松的记述》(*Snorre Sturlasson's Historieskrivning*，袞本哈文，1878)。

C. F. 艾伦：《赛德雷郎岱历史手册》(*Haandbog i Fcedrelandets Historie*，袞本哈文，1863)。

除此之外，我还翻阅了德国和斯堪的纳维亚大量零散的历史文献。写此书的一大困难就是如何正确地用英文拼写挪威人的名字。我不能每一次都使用古代的冰岛语字符，因为这些名字虽然在当时的挪威朗朗上口、便于识别，但它们一旦套上冰岛语的面孔，就会让读者难于辨认，甚至由此认为这是些过于深奥的概念。如果一个名字实在没有易于辨认的英语名字相对应，我就会把它用现代挪威语翻译过来。现代和古代的挪威语是不同的，前者经常要省略最后一个字母。比如，"西格德"这个名字，古代挪威语是"Sigurdr"，如果直接变成英语，它的所有格就会是"Sigurdr's"，非常蹩脚；可在现代挪威语里，它就是"Sigurd"。同理，"埃里克"这个名字从"Eirikr"变成了"Erik",类似的例子还有很多。我把那些能够翻译的、以描述性的绰号而命名的姓氏都用英文单词直接替换,比如金发王哈拉尔德(Harold the Fairhaired)、贤君哈康(Haakon the Good)和智者奥拉夫(Olaf the Saint)等。有些名字如果严格按照原意翻译就会显得非常累赘,比如特旺格或塔姆巴的艾纳(Einar the Twanger of Thamb,塔姆巴是他致敬的名字),那么在这种情况下我就会保留他们的挪威名字(塔姆巴斯克勒弗尔,Thambarskelver)。

我在此感谢给我提供宝贵建议的朋友,他们包括哥伦比亚学院历史系助理教授门罗·史密斯(E. Munroe Smith)法官,美国驻丹麦大使拉姆斯·安德森(Rasmus B. Andersen)。如果没有后者在获取书籍、地图等材料上的帮助,这本书恐怕很难完成。我还要感谢哥伦比亚学院的卡朋特教授(W. H. Carpenter),以及挪威艺术家拉克罗斯的高斯塔(H. N. Gausta of La Crosse),后者送给我两本关于挪威平民生活的、充满灵性的原著。

耶尔马·H. 博伊森
哥伦比亚学院
1886年5月15日,纽约

目录

第一章	挪威人是谁	1
第二章	挪威人的宗教信仰	8
第三章	维京人的时代——维京征程的起源	16
第四章	黑王哈夫丹	30
第五章	金发王哈拉尔德	35
第六章	血斧埃里克	51
第七章	贤君哈康	61
第八章	哈拉尔德·格拉费尔和他的兄弟们	71
第九章	哈康伯爵	79
第十章	奥拉夫·特吕格弗松的青年时代	91
第十一章	奥拉夫·特吕格弗松	96
第十二章	埃里克伯爵和斯韦恩·哈康松以及发现文兰	114
第十三章	智者奥拉夫	120
第十四章	斯韦恩·阿尔菲法松	147
第十五章	贤君马格努斯	150

第十六章	无情者哈拉尔·西居尔松	163
第十七章	安静的奥拉夫·哈拉尔松和马格努斯	177
第十八章	赤脚马格努斯和哈康·马格努松	184
第十九章	埃斯泰因、"十字军战士"西格德和奥拉夫·马格努松	188
第二十章	盲人马格努斯和哈拉尔德·吉尔	198
第二十一章	哈拉尔德·吉尔的儿子们	201
第二十二章	宽肩哈康	208
第二十三章	马格努斯·埃林松	210
第二十四章	斯韦勒·西居尔松	225
第二十五章	哈康·斯韦勒松	242
第二十六章	古托姆·西居尔松与英格·巴尔德森	246
第二十七章	老哈康·哈康松	255
第二十八章	斯图伦斯家族在冰岛	275
第二十九章	法律修订者马格努斯	279
第三十章	憎恶牧师的埃里克	284
第三十一章	长腿哈康	288
第三十二章	马格努斯·斯麦克、哈康·马格努松和小奥拉夫	291
第三十三章	卡尔玛联盟下的挪威	295
第三十四章	与丹麦的联盟	301
第三十五章	挪威作为丹麦的一个省	310
第三十六章	挪威重新获得独立	327

第一章
挪威人是谁

最早的挪威人（Norsemen）是日耳曼民族的一支。据考证，他们属于庞大的雅利安人家族。和他们血缘关系相近的有瑞典人和丹麦人。他们原本的居住地在亚洲，最有可能是在位于奥克苏斯河和锡尔河源头附近，古人称之为大夏的地方。来自这里的不仅仅有挪威人，还有所有雅利安人的祖先。如今，雅利安人在文明世界里已经有了更大的立足之地。最开始离开这些城邦的，是一些居住在东边岛屿和地中海半岛上的部落。在很久以前，这些离开城邦的人称自己为希腊人，并发展出了自己的文明和语言。他们的成就在多重意义上是当时其他文明无法匹敌的。之后孕育出伟大的罗马帝国早期的意大利部落，也可以追溯到同一批祖先；同样，还有居住在现今英国、爱尔兰、法国地区的凯尔特人，俄国、波希米亚、土耳其北部省市地区的斯拉夫人，以及占据欧洲大陆大面积中间地带的日耳曼人。在亚洲城邦里，位于波斯的伊朗人和位于印度的古印度人，也都有雅利安人的血脉。

在相貌、生活习惯、性格如此不同的种族之间，例如古印度人和英吉利人之间，我们只要追溯得足够远，竟然还可以找到共同的祖先。这实在令人不可思议。但是，我们不得不承认这就是事实。

于是，我们很自然地会问：既然他们之前如此相近，那么是什么原因让他们如今变得如此不同的？答案是气候、土壤，以及他们所居住的地域的特点。

雅利安人首先移民去的土地上分布着许多山脉和富饶的峡谷，那里全年气候温和、变化小。人们不会因为天气太热而感到疲乏、懒惰，也不会因为天气太冷而阻碍他们成长，让他们缺乏能量。那里的土地并没有像非洲那样富饶，人们不用耕作就可以得到充足的食物，但它却给牲畜提供了充足的营养。只要悉心照料这些牲畜，它们就可以满足原始人的简单需求。于是，这一种族就在此定居。他们在体质和精神上都获得了发展，最终变得比周围任何部落都要强大。于是他们便发动战争，弱者在战争中屈服。雅利安人逐渐扩充领地，掠夺被征服地区的财富，将当地人作为奴隶，或将他们驱赶至生存条件差的环境当中。目前还不清楚第一次大规模迁移是什么时候发生的，但学者们认为古印度人早在公元前1500年就离开了他们之前的种族。类似的，希腊人、意大利人、凯尔特人、斯拉夫人迁移的日期也不明确，而雅利安人占领德国的时间也只能推测。早期的挪威部落历史中也有同样的疑团，在很大程度上可以推断，他们是在公元前2世纪占据现在所居住的地区。他们有可能是和德国人一起离开亚细亚的故乡，那时这两种人非常相似。他们的军队一度向北前进，征服了芬兰人和拉普人。为了掠夺他们的土地和财产，征服者将一部分人赶尽杀绝，还将另一部分人赶到北方贫瘠的山脉之中。在这条征服路线上，哥特人、瑞典人和丹麦人是三支最杰出的部落，虽然其他部落的名称也被其本土和其他国家的学者提起过。然而，"挪威"这个名字并不在其中，因为它指的并不是任何一个雅利安部落，而是起源于这个部落所来自的土地。这片土地后来被称作挪威（英语Norway，挪威语Noregr或Norvegr），又叫北方之路（the Northern Way）。这片辽远的土地位于基阿连山脉之间，使其与瑞典、北极、大西洋分隔开来。在地图上看，这片土地就像背在瑞典肩上的大包。

挪威是一个神奇的国家，在漫长而漆黑的冬天，海浪咆哮拍打着海岸岩石壁，暴风雨呼啸着将白浪拍向天空。成群结队的海鸟像雪花一样飘在海面上，盘旋在孤寂的悬崖上长嘶。北极光像从天堂落下的扇子，夜空里的星星闪耀着亮丽的光芒。但到了夏天，一切都奇迹般地发生了变化。阳光即使在北极圈内也非常温和；无数的野花盛开，奔腾的河水流入大海，发出清脆的水声，浅绿色的桦树叶和深绿色的松树针叶相互交错。在北方地区会有极昼现象，即使太阳沉到地平线以下时，还是会有亮光；大海在万里无云的天空下，像一面刚擦亮的镜子。波光粼粼的水面上可以看到跃起的鱼，也有漂浮在水面上的海鸥和绒鸭。沿着海岸有很多建设极好的港口，全年都不会结冰。四周有许多小岛，有些小岛上满是石头，十分贫瘠，有些小岛上生长着稀稀疏疏的野草和树木，为船只提供了藏身之处，也为牲畜提供了食物。此外，大海修长的手臂——也称为峡湾——深入这片大陆。墨西哥暖流的海水流经西海岸，对该地区温和气候的形成产生重大影响。在峡湾两岸，有一道道长而狭窄的耕地，它们在河边常被障碍物阻断。就是在这里，日耳曼定居者建立了自己的房屋，并开始为生存而斗争。他们的居住地前后都有被积雪覆盖的高山，时不时给他们带来雪崩、洪水和突如其来的龙卷风。但是，他们并没有因此而胆怯。他们依靠土地的滋养，又不忘探索广阔的陆地和海洋，最终选择了最适宜居住的地方长期定居。

图1 后石器时代的石斧

可以肯定的是，在挪威的雅利安定居者并不擅长农业。他们以打猎、捕鱼和饲养牲畜为生，而且其建造的木屋非常粗糙，很容易拆除或移动。然而，他们从很早就开始注重土地文化，他们的住房越来越大，做工也越来越精细。当一群士兵侵入一个村庄时，他们的首要任务就是清除山腰上茂盛而密集的树木。他们的首领下令修建了庙宇，用来在特定的时间给神灵献祭。我们不能确定是首领亲自分配土地，还是人们基于自己的情况选择土地，但是前者的可能性更高，因为虽然挪威人骄傲又好斗，但在历史上，他们随时都会臣服于当地的首领，并给予他们很高的头衔。在挪威，这种部落内部的亲属关系和对权威的自愿认同才是最重要的，因为土地的性质要求人们必须在广袤的农场中分散居住，因而人们之间交流不太方便。因此，农民们很容易忘记集体并逐渐陷入隔离和落后。但是，他们包含社会发展潜力的日耳曼文化在这里发挥了作用。几个世纪之后，人们因为共同的追求和利益而与集体关系更加紧密。这首先是因为他们要遵守宗教教义，其次是为了共同抵抗外敌。另外，生命和财产在那个时代都很不安全，而只有集体行动、由首领领导，才能让人们有保护自己的希望。当时的人们比现在更加凶狠、暴力，只有对复仇的恐惧才能教会他们自制。

图 2　用来打磨工具的石头

就这样，挪威几乎每一个村庄都变成了一个小王国，这样小规模的王国叫作"fylki"。每一个小王国不一定会有王，但是一定会有首领，而且有时还会有多位首领。王拥有战争的领导权。在一些地区，王也叫"jarl"。这个词后来不再用来称呼一个独立的君主，而是伯爵或贵族统治者。王不能对民众征收赋税，也不能强加给他们任何他们不愿意承受的负担。尽管民众享有自由选举权，但是王的头衔一般都是由他的儿子继承，以免继位时引发纠纷。在瑞典和挪威，这项权力一直被执行。如果时运不济，庄稼没有收成或牲畜因自然灾害而死亡，民众就会杀死王以献祭神明。所有集体的不幸都会被理解为神明的愤怒，并且人们觉得必须要用鲜血才能赎罪。如果收成好，人们就会认为是这位王获得了神明的赞许。

图 3　石刀

因此，早期挪威的王权伴随着很多当权者不愿意担负的责任。他们身上担负的重任比享受到的特权更多。除了指挥战争，王还担任牧师，需要主持异教的公共献祭活动。事实上，如前文所述，王或最高首领修建了庙宇，这座庙宇因此就属于他，而他也由此获得了比其他首领更高的权力。也正是这样的权力，在所有自由民前来磋商公共和私人事务的集会上，他可以担任法官。

图4　鹿角制成的扁斧石楔

这样的集会并不是国会或法院，而是二者的结合。在这里，私人纠纷得到解决，关于杀害或伤害他人的惩罚措施得以表决通过，此外，集会上还会做出战争与和平的重大决策。集会并不是只有代表才能够参加，所有能够持有武器的男子都可以发表意见。你可能会想，一群凶暴粗野的武夫聚在一起，一定经常会有反对和平的声音。当现场剑拔弩张时，理性的思考和决定便成为不可能的事。因此，集会或王国的大事，被视为是神圣不可侵犯的。破坏集会秩序是最严重的罪行。如果有人杀了人，并公开承认自己是凶手，那么他可以通过向被害者的亲属赔付钱财来赎罪。一旦被害者的亲属接受了钱财，他们就不能再寻求报复。然而，在古代，拒绝钱财而选择复仇才是更有尊严的做法。如果凶手隐秘地杀了人并拒绝承认他的罪行，不交付赎金，那么他就会被放逐，并且任何看见他的自由人都可以合法地杀死他。

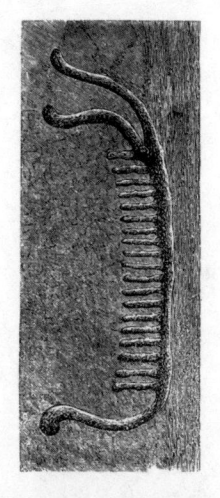

图 5 在挪威布胡斯省洛克伯格发现的石刻画

图 6 在挪威卑尔根发现的石刻画

　　这就是挪威人在他们现在的故乡定居后最初的几个世纪的情形。尽管他们非常暴力、热衷杀戮，但是不得不承认他们也有一些可爱的地方。他们可以在认可权威的同时又有坚定的独立观念。虽然他们的集会制度相当原始且不完善，但这让他们能够自我管理，并且赋予了人们决定自己命运的权力。因此，他们非常满意。这些金发碧眼的高个子们的眼睛里充满不屑，在他们对王充满信心时会听命于他，当王对他们不尊重时会杀掉他。而正是他们孕育出的后代，在征服者威廉（William the Conqueror）的带领下入侵了英格兰，并在漫长而有序的发展过程中，创造了欧洲历史上文明和自由程度最高的城邦。

第二章
挪威人的宗教信仰

13世纪，冰岛人斯诺里·斯图鲁松（Snorri Sturluson）写了一本非常重要的著作，叫作《挪威列王传》（*Sagas of the King of Norway*）。他在书中写道，挪威的最高神明奥丁（Odin），就是最早开始带领日耳曼部落进入欧洲的首领。他曾是一位战无不胜的伟大战士。因此，在他死后，人们向他献祭以祈求胜利。而且，人们不愿相信奥丁已死，而是认为他回到了亚洲的故乡，仍然帮助他们看守着财富，并会时不时来看望他们。这在很多传奇故事中都有记载，有人真的看到了奥丁，尤其是在战争前夕。他被描述成一个身材高大、长着胡子、只有一只眼睛的男人，像战士一样穿着铠甲。他有两个兄弟，维莱（Vile）和韦（Ve），以及一些像他一样被作为神明崇拜的孩子们。奥丁和他的孩子们被称为阿萨神族（Aesir）。据斯诺所述，这是"亚洲人"的意思。而他们的住所阿斯加德（Asgard，又叫Asaheim），也同样暗示他们来自亚洲。在迁移中，阿萨神族遇到了另一群叫作华纳神族的人。在一场胜负未分的战斗之后，双方决定结成同盟。后来华纳神族与阿萨神族团结了起来，因此前者也同后者一样被崇拜。

这个故事中有没有基于现实的部分，我们无从得知。我们只知道原始的城邦常常在初期的王和首领死后，将他们作为神明供奉起来。随着时间的流逝，他们显得更加伟大而神秘。在暴风雨和地震中，在惊雷和闪电中，人们都可以听见他们的声音，目睹他们的神威。他们也逐渐被联系到人们希望他们掌控的事物上。他们被赋予太阳、天空、海洋的强大神力，并有指定的作用范围。生前曾是一名强大的武士首领，死后人们可以通过召唤他来祈求胜利；那些维护了和平的英明统治者将在死后继续管理着人们。人们只要通过供奉来表示诚意，就会得到神明的祝福，保佑庄稼丰收，年年有余。这可能就是斯堪的纳维亚神的起源。虽然有学者认为他们最开始都是大自然元素的化身，从未在现实世界中真正存在过，但是，不论是确有其人还是纯粹的虚构，那些有趣的故事都值得讲一讲。

图 7　青铜宝剑（瑞士的维斯特哥特兰）

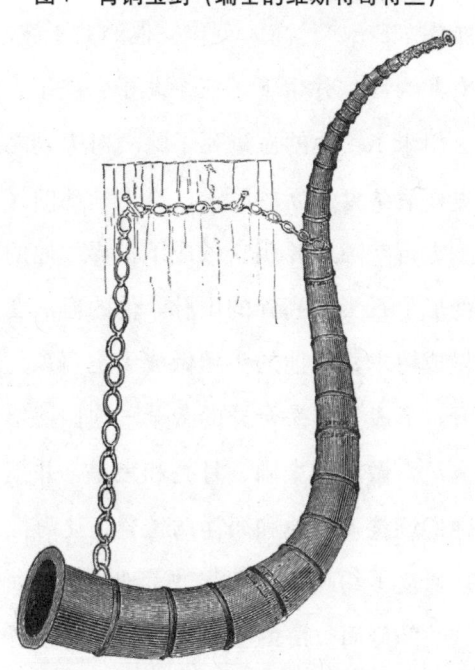

图 8　青铜长号（斯卡恩出土）

在时间的起点上，有两个世界。它们分别是由苏尔特尔（Surtur）统治的火之世界穆斯贝尔海姆（Muspelheim）和寒冷与昏暗的世界尼福尔海姆（Niflheim）。在尼福尔海姆有一个叫作赫瓦格密尔（Hvergelmer）的地方，那里栖息着可怕的巨龙尼德霍格（Nidhögger）。两个世界之间是巨大的太古空隙（Ginnungagap）。赫瓦格密尔延伸出十二条冰冷的河，它们被共称为埃利瓦加尔（Elivagar）。这些河流逐渐填满了太古空隙。当汹涌的河水跌入深渊时，立刻就结成冰，而后又被炽热的穆斯贝尔海姆迸发出的火焰融化。那冻结的蒸汽变成了白霜，而极高的温度赋予了它们生命。它们变成了约顿（Yotun）——巨人伊米尔（Ymer），之后他孕育出了邪恶的冰霜巨人一族。与伊米尔一同诞生的，是巨牛欧德姆布拉（Audhumbla）。它舔舐过盐水般的白霜之后，一个巨人出现在它面前。他叫布雷（Bure），高大英俊。他的儿子波尔（Bör）娶了一个约顿人的女儿为妻，并生下了三个儿子：奥丁、维莱和韦。三兄弟杀死了巨人伊米尔。他的血淹死了除一对夫妻之外所有的约顿人，而这对夫妻以后孕育了新的巨人。奥丁和他的兄弟们将伊米尔巨大的身体拖到太古空隙，并用它做成了世界。他的肌肉变成了土壤，他的骨骼变成了石头和高耸的山脉，他的血液变成了海洋。他们将他的头发做成树木，将他的头颅做成天空穹顶。他的大脑变成碎片在空中散开，形成了形态奇异的云朵。他们搜集了从穆斯贝尔海姆迸发出的火星，做成了太阳、月亮和星星，并把它们悬挂在天空中。接着，他们调整了陆地和海洋的位置，让海洋围绕着整块陆地流淌。他们还修复了约顿人在潮湿的荒地中的住所。于是，在海洋的另一头，这块寒冷而贫瘠的土地被称为外宫（Utgard）或约顿海姆（Yotunheim）。他们建造了一座五颜六色的桥，从天上一直延伸到地面，称其为比弗罗斯特（Bifrost）或彩虹桥。约顿女人黑夜

(Night)嫁给了黎明（Delling）。他们的孩子白昼（Day）驾着闪亮的马车在天空中穿梭，而他的母亲骑着一匹巨大的黑马紧随其后。这匹黑马叫作赫利姆法克西（Hrimfaxe），它的唾液变成露珠在晚上滋润着野草；而白昼的马叫作斯金法克斯（Skinfaxe），它的鬃毛放出光芒，照亮了大地。还有传言说热量在伊米尔体内孕育出大量的蛆，这些蛆具有微小的人的形状，被称为侏儒（gnomes）或矮人（dwarves）。他们住在山上和洞穴里，并且知道一切金银宝藏和秘密洞穴的位置。他们也有先进的金属锻造工艺，但是他们不能被阳光照到。最后，人类被创造出来。有一天，奥丁、霍尼尔（Höner）、洛杜尔（Lodur）三位神在海边散步时发现了两棵树，他们将这两棵树分别做成了一个男人和一个女人，男人名叫阿斯克（Ask），女人名叫恩布拉（Embla）（这两个名字的意义可见于白蜡树和榆树的英文名称）。奥丁给了他们生命，霍尼尔给了他们语言和逻辑，而洛杜尔给了他们血液和皮肤。

图 9　青铜剑

　　古代挪威人认为世界是一棵巨大的白蜡树，名为乾坤树（Ygdrasil）。这棵树有三条根，一条扎在神所居住的仙宫，一条扎在约顿海姆，一条扎在尼福尔海姆。巨龙尼德霍格经常咬着第三条根。在树顶上栖息着一只老鹰；在树枝之间奔跑着四头鹿；在树干上有一只跳跃的松鼠，它总是传播流言蜚语以挑起龙和鹰之间的矛盾。在约顿海姆的根下住着一位智慧的约顿人，名叫米密尔（Mimir）。奥丁用自己的一只眼睛换取他的泉水，不论是谁，只要喝了这泉水就会立刻变得有智慧。白蜡树从仙宫汲取养分的第一条根下是乌尔德（Urd）的泉水。诸神经常骑马跨过彩虹桥来到这里，会见诺伦三女神——乌尔德、薇儿丹蒂（Verdandi），以及连诸神都无法违抗其旨意的、最强大的命运女神诗寇蒂（Skuld）（三个名字在挪威语中分别是过去、现在、未来的意思）。诺伦三女神给乾坤树的根部浇水，以确保这世界之树万古长青。她们掌管着人类和诸神的命运，可以随意赐予生命或毁灭它们。

奥丁和其他众神住在阿斯加德，其中的瓦尔哈拉殿堂（Valhalla）是他接见死在剑下亡魂的地方。因此，人们都叫他瓦尔之父（Valfather），而那些来求见他的士兵们则被叫作恩赫里亚（einheriar），即伟大的勇士。殿堂里装饰着金光闪闪的武器。天花板由长矛构成，屋顶覆盖着闪亮的盾牌，墙上挂着各式各样的盔甲。白天，勇士们都会进行激烈的战斗，他们互相决斗、杀戮。但是每天晚上他们又会毫发无损地复活醒来，并回到奥丁的殿堂，愉快地举杯痛饮。奥丁的侍女——女武神瓦里基里负责在每次战争之前指定那些将被杀死的人，并等待士兵归来，为他们的号角斟上蜂蜜酒，给他们献上鲜美的猪肉。

图10　在挪威斯塔万格出土的铁器时代早期的皮带扣

诸神在伊达平原聚会。奥丁坐在王位上,俯瞰着全世界。在他旁边坐着两匹狼——吉尔(Gere)和弗里克(Freke);在他肩上有两只老鹰——胡金(Hugin)和穆宁(Munin),它们每天都飞出去,把世界上最偏远地区的消息告诉奥丁。若是奥丁想要旅行,他会骑上八尺高的大马斯莱普尼尔(Sleipner),这匹马健步如飞,日行千里。当和诸神之父骑马参加战争时,奥丁会戴着金色的头盔,穿着一身盔甲,在远处都可以看见他那耀眼的光芒。他还带着长矛冈尼尔,随时将其举起,以鼓舞人们进行战斗。然而,奥丁不仅是战争之神,他还喜欢诗词和学问,是诗歌之神,因为他喝了巨人萨顿(Suttung)的蜂蜜酒,由此获得了很高的音乐造诣。他还精通巫术,常教人们咒符。

奥丁的儿子托尔(Thor)住在斯罗德万(Thrudvang)。他是众神中最强大的。他有一把巨大的锤子,名为姆乔尔尼尔(Mjolner)。他对约顿人、雾巨人进行了一场不间断的战争。托尔坐在由两头公羊牵引的战车上,跨过地狱之桥(Gjallar bridge,又叫奈河桥),到达约顿海姆。他那战车和战锤的轰鸣声让约顿们闻风丧胆、接连败退,就连天空都发出巨响,为之震颤。人们把这个现象称作打雷。当托尔饥饿的时候,他会杀死他的公羊。他在吃的时候会很小心,总是把骨头放回羊皮里。第二天早上,公羊又会像原来一样健壮,随时准备出战。托尔有一个妻子,名叫西芙(Sif),她有一头金色的秀发。

善良而英俊的巴德尔(Balder)也是奥丁的儿子。他智慧、温柔、面容慈祥。他的妻子名叫南娜(Nanna),他们住在光明宫布列达布利克(Breidablik)。

尼约德(Njord)是海洋的统治者,他可以随心所欲地召唤暴风雨或平息波涛。他本属于华纳神族,但像神一样被供奉。他有万贯家财，可以使任何受他恩赐的人富裕起来。尼约德娶了一位约顿女人，名叫斯卡德（Skade），但后来他们分开了。他的住所在诺欧通（Noatun），那里有宽广的海洋。

弗雷（Frey）是尼约德的儿子。他掌管四季，给人们带来和平和丰收。在他的恩惠下，田野和牧场生长茂盛，牲畜越发壮硕。他和妻子吉尔德（Gerd）住在精灵之国阿尔夫海姆（Alfheim）。提尔（Tyr）是勇气之神，人们在打仗之前都会召唤他。他只有一只手，另一只手被芬里斯怪狼（The Fenris Wolf）咬掉了。布拉吉（Brage）是乐曲和誓言之神，他长着长长的胡子，智慧且善于雄辩。人们以他的名义吹响号角，然后立下誓言，以此让神见证他们将履行誓言。很多人都是在醉酒的时候立下鲁莽的誓言，最后在难以完成的任务中毁掉了自己。布拉吉的妻子是长生不老的伊顿（Idun）。她拥有神奇的苹果，神吃了它们就可以永葆青春、活力与美貌。

海姆达尔（Heimdall）是诸神的守护神。他敏感而锐利，没有什么可以逃脱他的法眼。他能看到几百公里以外的事物，还能听到草生长的声音。当他吹响他的格嘉拉尔长号（又叫回响长号）时，嘹亮的声音全世界都能听到。海姆达尔住在比弗罗斯特彩虹桥旁的希敏约格（Himinbjorg）。

在不太重要的诸神中，我们还需要提到托尔的养子乌勒（Uller），他是滑冰的高手；巴德尔的儿子福尔斯特（Forsete）负责劝解纠纷；盲神霍德尔（Höder）射箭杀死了光明之神巴德尔；最后，还有沉默的森林之神维达尔（Vidar）。

在诸位女神之首的是奥丁的妻子弗丽嘉（Frigg），她住在雾海之宫芬撒里尔（Fensallir）。她使召唤她的人们免于危险。芙蕾雅（Freya），又叫北方的维纳斯，是美之女神。她是尼约德的女儿，而她的丈夫奥德（Odd）却被她的父亲逐出了家门，她日夜盼望着丈夫归来，于是长途跋涉，四处寻找丈夫的行踪，最后也没能找到，她流下了伤心的眼泪。她的眼泪变成了金子，于是，诗人们便把金子称作芙蕾雅的眼泪。芙蕾雅让猫拉着车飞过天际，有时候她也会变成天鹅前往遥远的地方。她的项链叫作布里辛，是由心灵手巧的矮人制作的，能发出炫目的光辉。她住在弗尔克范格（Folkvang），在那里聆听失恋的青年和少女的祈祷。芙蕾雅的女儿赫诺斯（Hnos）十分漂亮且举止端庄。在托儿所，人们还会以她的名字作为婴儿的小名。

海洋的领地并不全归尼约德所有。约顿伊吉尔（Aeger）控制着咆哮的巨浪，使其愤怒地向下拍去，直到尼约德又缚住它们，将其平息。但伊吉尔却是诸神的朋友，还时常有神来到金碧辉煌的大堂看望他，而他则献上喝不完的麦芽酒和蜂蜜酒。他待人友善，但却阻止不了他凶恶的妻子拉恩（Ran）。他的妻子和九个女儿（也就是九名海浪女神）会掀翻海上的船只，并把落水的人拖到水下的住所。

这里还需要介绍一位住在阿斯加尔德的神，那就是邪恶的洛基（Loke）。他搅乱诸神安逸的生活，并最终让众神走向灭亡。他本属约顿一族，但他通过讨人喜欢的外表和公正的言辞赢得了奥丁的信任。他擅长恶作剧，喜欢做坏事。他有三个坏孩子——怪狼芬里斯（Fenris）、世界巨蟒（world-serpent）和死亡女神海尔（Hel）。这三个怪物长大之后，诸神预见到它们将危害阿斯加尔德。于是，在芬里斯破坏了最坚硬的铁链之后，诸神用魔法链子缚住了它。这链子由猫爪的噪音、女人的胡须、山的根部和其他许多同样不可捉摸的东西做成，使芬里斯再也挣脱不了。世界巨蟒被扔入海底。然而，在那里它继续生长，一直长到环绕整个地球一圈。海尔被贬到了赫尔海姆（Helheim）。在那里，它成为地狱的女神，掌管死者。

第三章
维京人的时代——维京征程的起源

8世纪中叶以前，挪威人在世界历史中都没有什么地位。没有人知道他们的存在，或者可能其他欧洲人只是模糊地知道有这样一群人。然而，接近8世纪末，他们就像凶猛的龙卷风一样席卷欧洲，所到之处皆被夷为平地。当人们在河口发现维京人挂着两块方形帆布的快船时，他们会惶恐地四散而逃，牧师们则无力地祈祷着："哦，主啊，请把我们从挪威人的愤怒中解救出来。"

挪威人突然发动战争背后是有几个原因的。他们从远古时代就开始征战，因为他们认为战争是最崇高的事业。就像古罗马的塔西佗（Tacitus）描述他们的近亲日耳曼人那样："他们觉得只要是能用暴力获取的东西，用互惠而获得就是可耻的。"在维京时代之前，双方还开战过。曾有一位王或公爵来到邻居的土地搜寻资源，并把能带回来的战利品都带了回来。然而，在长期的战争中，总有一方会精疲力竭，而强大的一方很可能将击败弱势的一方。一位成功的首领将征服的小国家的土地逐渐连壤起来形成大片的土地。当然，他也在忙于抵挡别的掠夺者侵犯自己的疆土。随着当地的王势力逐渐扩大，进攻他们的代价便越来越高，本土的战争也就越来越少。但是，战争是早期挪威人首领的立足之本，他们的地位取决于追随者的数量和兵器的好坏，而要给他的追随者配置装备，让他们满足，就必须发动战争。当他不能在自己的地域这么做的时候，便会自然而然地将战争转向其他地方。迫使他拔剑的既不是凶残，也不是过分贪婪，而是在好战的城邦中，为了保持社会地位的一种自我保护机制罢了。出身高贵的首领为了保护自己的财产和性命，必须使自己强大无比。如果他想活命，就必须尽到他的职责。他的贴身侍从们既要扮演保镖的角色，又要承担军队的重任。因此，首领必须厚待他们，才能让他们乐意为自己效劳。英勇无畏、慷慨无私是王的第一要务。因此，王也被称为破环者（这里的"环"是指用于支付实心黄金的大臂环）或仇金者。

图11 在桑德尔福德附近戈斯塔德出土的维京船只

在早期日耳曼语里，"伯爵"（Earl）和"国王"（King）这两个词语之间没有显著的差别。然而，维京人的侵略让这两个词出现了区别。伯爵聚集了为数众多的士兵出境征战，并被手下尊为国王。许多出身高贵的维京人自诩为国王，然后开始了远征。这样的王被称为海王（sea-kings），有别于那些统治一片固定地区的陆地王。因为上述原因，海王数量在8世纪末大幅增加。他们不仅攻击邻近大陆的港口，还跨越了北海和波罗的海，屠杀或驱赶当地的居民，破坏那里的城市。他们将教堂和修道院抢劫一空，让圣人的尸骨暴露在冷风之中，他们将一切基督徒认为神圣的东西踏在脚下。但是，我们必须承认，我们对早期维京人的一切了解都是基于他们的敌人所记载的文献，这在一定程度上夸大了维京人所造成的破坏。无论如何维京人的凶残是可信的，因为战争本身就很残暴。它能够激起人性中沉睡的野蛮，并掐灭温柔善良的动机。然而，即使是作为敌人的记述者也还是会承认他们的某些优点。他们认为北方蛮族通常都忠于誓言、信守承诺。

维京时代可以分为三个时期，虽然在时间段的分界点上他们之间没有很大的差异。或许更确切地说，是有三种维京人。最初的几次出航都是试探性的、不正规的。首领们聚集部众，乘几艘小船前往英格兰、丹麦或佛兰德斯，在那里进攻一座小城或修道院，并带回战利品。第二个时期体现了维京人战争艺术的进步和军事经验的积累。一些海盗合伙进攻没有掩蔽的地点，占领之后建立防御工事，然后袭击周边的地区。在第三个时期，维京人抛弃了海盗的身份，自诩为征服者。他们组建了庞大的舰队，从几艘船到500艘船，扫荡和洗劫城市，取代它们的政府，像正常交战方一样处理国王和统治者们，最后永久地驻扎在被征服的土地上。关于前两种维京人，我们只有零散的、不可靠的信息。在挪威的英雄故事中，维京人的远征是受到广泛认可的。人们认为让出身显赫的年轻人花几年的时间去远征是获得人文教育的重要方式。他也将会在当地受人尊敬，社会地位也将因此得到保证。12至15岁的贵族少年经常在外担任指挥官或加入维京军队，以此考验他们的男子汉气概，并积累成为一个男人所必备的经验与知识。

图12　1. 戈斯塔德维京船只侧面图；2. 修复后的维京船；3. 维京船细节

　　第三种维京人，也就是征服者们，不论在本土还是在外地，都有人为他们记录历史。不同的记录虽然不尽准确，却可以相互补充和纠正。正是这些好战的维京人揭示了挪威的历史使命，他们双倍地补偿了他们给世界带来的不幸。他们遵守纪律又不损自尊、为集体利益自愿屈尊，拥有建立有序组织的能力，这些都为欧洲的政治文明做出了贡献。封建城邦虽有种种缺陷，却是之后发展更高级文明不可或缺的基础。它扎根于日耳曼人忠诚的天性——他们君臣之间的同盟关系。同时，民众高尚、独立的灵魂限制了君王的权力，并在之后发展出了宪政体制的政府。这更多是从挪威人而不是日耳曼人那里沿袭下来的。当地理位置偏远、部分疆土甚至达到了北极的挪威人发展出了民主制度的时候，较早与罗马接触的日耳曼人发展出了君主立宪制。维京人的影响改变了历史，他们所带来的新生活气息在当今的挪威、英国和美国都可以找到。

在挪威维京人最早的几次征程中，有一些是现在里斯维克（Schleswig）人的祖先，当时被称为诺特曼尼亚（Nortmannia）。他们很可能认可过丹麦王，虽然并没有直接的证据证明他们是臣子。我们获得的第一个有关他们的记载是在公元777年，他们的国王西格弗里德（Sigfrid）受到撒克逊首领维杜金德（Widukind）的热情款待。后者在前往帕德博恩（Paderborn）会见查理曼大帝（Charlemagne）时，逃向了北方，躲在北欧同派教友那里寻求庇护。这位西格弗里德属于著名的英格林（Ynglings）一族，其子孙后代中出现了好几位挪威国王，其中包括著名的金发王哈拉尔德（Harold the Fairhaired）。后来又有一位国王，名叫猎人戈弗雷（Godfrey the Hunter），他与撒克逊人结盟，并不断地与查理曼大帝发生冲突，甚至还威胁要进攻德国亚琛（Aachen）。据说，他于公元809年被自己的手下杀死。在此约一年前，他袭击并杀死了挪威阿格德尔（Agder）的王，然后娶了他的女儿阿莎（Aasa）并生了一个儿子，名叫黑王哈夫丹（Halfdan the Swarthy）。但为了替父亲报仇，阿莎诱使仆人在丈夫喝醉酒时杀死了他。戈弗雷的一个儿子埃里克（Erik）与虔诚的查理曼大帝之子路易斯（Louis the Pious）发生了无休止的战争。他派遣使臣前往亚琛，并于公元845年，在德国路易王执政时，洗劫并烧掉了汉堡城（Hamburg）。北方的使徒圣安斯加里乌斯（St. Ansgarius）曾被统治者封为汉堡的大主教。在这次洗劫中，他建立的教堂和修道院全部被摧毁，而他则随着牧师们一起逃跑了。

查理曼大帝不仅在遥远的北方领土与维京人接触，在地中海的其他地方也遇见过维京人［在圣加尔（St. Gall）修道院的编年史中有记载］。有一次，他前往高卢地区的一个城市访问，几艘挪威的方形帆布船快速地向港口驶来。不一会儿统治者就得到消息，那伙人正在抢劫港口。没有人知道这些船只来自哪个国家。有些人猜测他们是犹太人，另一些人认为是非洲人，还有人觉得他们是英国的商人。

"不，"查理曼说，"这些船上装的不是货物，而是些最凶恶的人。"

于是，所有人都拿起了武器赶到港口；与此同时，维京人得知了罗马统治者就在城里。他们认为敌不过这位统治者，便撤回了海上。

图 13　北方的圣徒圣安斯加里乌斯

传闻查理曼大帝在窗边看到维京人战斗时曾流下了眼泪。看着身边惊讶的人们，他解释道："并不是害怕那些邪恶的人会伤害到我；我忧伤的是，他们知道我还活着的情况下，仍然敢登上这个港口。我已经预想到他们对我的后人所能做出的坏事了。"①

---

① 蒙克［Munch，《挪威民间史》（*Det Norske Folks Historie*），第 414 页］这个故事的真实性令人生疑，因为挪威人并没有在记述里所说的那么早的时候出现在地中海；事实上，他们是在公元 800 年后才出现的。

这个赋予帝王先见之明的故事，多少带有一些传奇色彩，有可能是修道士的杜撰。在这次事件之后，许多教会作者也写了类似的预言，其中也充满了对挪威人的憎恶之情。有一个维京人的代表人物在宗教和普通的记载中都出现过，他就是著名的黑斯廷（Hasting）。公元841年，他率领庞大的舰队沿卢瓦尔（Loire）河而上，焚烧了昂布瓦斯城（Amboise），并围困了图尔（Tours）。当地人将守护圣人的遗骨搬到了城墙上。然后，在圣人的介入下，维京人被迫撤退。据记载，公元845年，黑斯廷同拉格纳·洛德布罗克（Ragnar Lodbrok）的儿子比约恩·艾恩赛德（Björn Ironside）攻击了巴黎。他们蹂躏的地区延伸到波罗的海，甚至到达地中海沿岸。当他的旗帜上写满胜利之后，他变得更加大胆，决心要进攻罗马。

黑斯廷开始渴望戴上王冠。他聚集了所有能参战的人，驶过海格力斯之柱（Pillars of Hercules），在到达意大利中部的台伯河（Tiber）之前，一股暴风将他们吹到卡拉拉（Carrara）附近的卢纳城（Luna）。由于黑斯廷缺乏地理知识，他误以为到了罗马，并决心要智取这座城。他告诉当地的主教，说他已病入膏肓并想要受洗，这样他就可以以一个基督徒的身份死去。卢纳城的主教和指挥官果然中计。他们非常高兴能迎来如此重要的皈依者，于是敞开大门迎接挪威人。在此期间，挪威人宣称，在放出第一条消息之后黑斯廷就死了。他们举行了盛况空前的葬礼。极长的一队人马跟在黑斯廷的棺材后面，向大教堂进发。在大教堂内，主教正准备念诵悼词，来帮助一个维京人的灵魂安息。当棺材已经放置在圣坛前、人们准备好开始仪式的时候，黑斯廷突然跳了起来，扔掉身上的寿衣，在惊诧的众人面前露出闪亮的盔甲。他的士兵见此信号，也纷纷脱下悼服，拔出刀剑来。他们杀死了主教和牧师，鲜血沿着大教堂神圣的长廊流淌。之后又是一阵血腥的屠杀，整座城都陷落了。在完

第三章 维京人的时代——维京征程的起源

成这一壮举之后，黑斯廷才发现，他欺骗了他人的同时也被自己骗了。他打下来的根本不是罗马。不知是不是将其视作一种诅咒，黑斯廷失去了前往罗马城的兴趣。他为掠夺来的战利品感到满足，把船头转向了法国，做了秃头查理的附庸，从那里得到了宝贵的封地①。

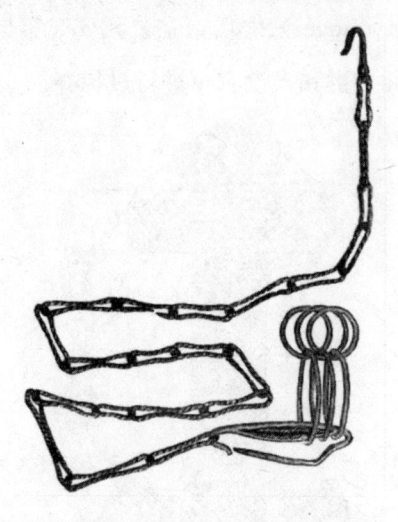

图14 常见的铁质工具，用处不详

在之后的岁月里，编年史里提到了许多其他的维京人。他们不断地进攻沿海地区，使法国加洛琳王朝（Carolingian）的国王们筋疲力尽。据说，其中一位叫作拉格纳（Ragnar）的维京人在公元845年攻打了巴黎。另一名阿斯吉尔（Asgeir），在4年前攻陷并烧毁了法国的鲁昂（Rouen）和瑞米耶日（Jumièges）修道院。他用11年扫荡了整个法国的海岸，在公元851年航行到了塞纳，摧毁了丰特奈尔（Fontenelle）修道院并烧毁了博瓦地区（Beauvois）。在返回海洋的途中，他被法国人打败，被迫藏在了树林里。然而，他

---

① 挪威传奇（*The Norse Sagas*）并没有提到黑斯廷，蒙克（第429页）给出了一些论据，质疑黑斯廷是否真的在历史中存在过。

还是成功地夺回了船只并逃了出去。第三位维京人罗雷克（Rörek），据说他在公元862年接受了基督徒的身份，但内心并没有皈依。他在掠夺了两个莱茵河旁的瑞士城市——多雷斯塔德（Dorestad）和奈梅亨（Nimwegen），并英勇地抗击了小洛泰尔王（King Lotair, the younger）之后，在公元873年与日耳曼的路易斯（Luois the German）讲和，没有再进行过掠夺。

图15 刀柄由白银和青铜制成的双刃剑

维京人的行为有一定的统一性，不论他们来自挪威还是丹麦。因此，没有必要进行更多的描述，只有一些惊世骇俗的事迹还值得一提。

挪威人在很早的时期就被爱尔兰深深地吸引了。在公元8世纪的最后十年里，他们摧毁了爱奥那岛（Iona）的修道院，并在公元810年到公元830年让恐怖和毁灭充斥了整个海岸。公元838年，索尔吉思勒（Thorgisl）率领120艘船前往都柏林（Dublin）并征服了这座城市。这位领袖至今仍然以图尔格斯（Turges）或图尔格修斯（Turgesius）的名称出现在爱尔兰民谣和故事中。

"经历多次激烈的战斗后，"一位老作家写道，"他在很短的时间内就征服了爱尔兰。他所到之处都建立起了石筑的防御工事，有很深的护城河，其遗址直到现在仍然可见。"最后，他爱上了米斯郡（Meath）王梅尔斯克奈尔（Maelsechnail）的女儿，并要求王将她连同15名年轻的侍女赠送给自己。索尔吉思勒保证让王的千金在洛克·厄恩（Lock Erne）岛上也得到同样数量出身高贵的挪威人的服侍。然而，梅尔斯克奈尔并没有给他侍女，而是给了他15个没有长胡子的年轻男子。他们伪装成女人，身藏匕首。当索尔吉思勒到来时，遭到这群人的袭击，最终丧命。

在这之前的某个场合中，王曾问索尔吉思勒，如果一群袭击人的怪鸟进入了你的国家，该如何处置。"摧毁它们的巢穴。"索尔吉思勒说道。于是，王立刻摧毁了维京人的城堡。爱尔兰人杀死并赶走了维京人。

图16 铁器时代的搭扣

索尔吉思勒在爱尔兰的统治时期最有可能是从公元 838 年到公元 846 年，但在我们引用的编年史中记载的时间更长。之后，北方的海王、英格林家族的白王奥拉夫（Olaf the White），在爱尔兰实行了更长久的统治。公元 852 年，一群来自丹麦的维京人占领了都柏林，但奥拉夫击败了他们，并胁迫他们交上抵押品。接着，他在城中发展起势力，建立城堡，向周边的地区征税。另外一对维京兄弟西格特里格（Sigtrygg）和伊瓦尔（Ivar），在同一时期分别建立了沃特福德（Waterford）和利默里克（Limerick），但都无法在荣耀和能力上与奥拉夫匹敌。据说，维京人在都柏林的统治持续了 350 年。这些非凡的事件在爱尔兰的历史资料里却有不一样的描述，维京人并不是以战士的身份，而是以和平交易者的身份经常沿着河流航行上来，而且爱尔兰人发现与他们交易非常划算。因此，维京人在城里得到了很多财产。当维京人的大队到来的时候，城里已经有了支持他们的队伍，于是他们的征服就变得很容易。

白王奥拉夫从都柏林出发，两次远征苏格兰，攻击丹巴顿（Dumbarton），然后向南航行到英格兰，烧杀掳掠后载着 200 艘船的战利品回到了都柏林。奥克尼人（Orkneys）、赫布里底人（Hebrides）以及法罗群岛上的人（Faroe Isles）也经常在这个时期被维京人袭击。维京人甚至组织过前往冰岛的航行，但是他们并没有长期在这些地方定居。爱尔兰的隐士和虔诚的僧侣抛弃尘世来到寂寥的北极圈，却被不速之客所惊扰。于是，大部分人重新回到了爱尔兰，据说还有一些人一直等到挪威人长期居住以后才回去。

公元 787 年，挪威人第一次带着敌意去了英格兰。在这段时间，比约特里克王（King Beorthric）正在英格兰的威塞克斯（Wessex）掌权。一小撮维京人在多尔切斯特的平民区登陆，杀了一些人，然后又被赶走。关于这次事件，盎格鲁－撒克逊的编年史中这样写道：

第三章 维京人的时代——维京征程的起源

"在这一年（787年），比约特里克王娶了奥法王（King Offa）的女儿伊德伯格（Eadburg）。也正是这时候，北方人和赫尔德哈兰（Heredhaland）的船只第一次前来。指挥官骑马来接他们，并指引他们前往王的住处。他还不知道他们是谁，就被杀了。这些就是到达英格兰的第一批丹麦船队。"①

值得注意的是，编年史中写道，船只同时属于诺曼人和丹麦人。显然，编者将两者看作同一种人。他们所来自的赫尔德哈兰也可能是现在日德兰半岛（Jutland）的哈德兰（挪威语 Hardeland），当时那里是挪威人的殖民地。

有记录的另一次进攻是公元794年攻打英国诺森伯兰郡海岸。生活在12世纪初达勒姆郡的西蒙（Simeon of Durham）这样写道：

"这群野蛮人像蜇人的黄蜂一样从北方来到英国。登陆以后，他们又变成了凶恶的豺狼，不论是对马、羊、牛，还是牧师、侍祭、僧侣、修女，都肆意地抢夺、撕咬和杀戮。他们前往林迪斯法恩教堂，以最恶劣的方式摧毁了一切，用他们的脚践踏这神圣的庇护所，卸下圣坛，将教堂的财宝抢夺一空，杀死了很多兄弟，将其他一些人当作俘虏带走，另一些人直接被扔到了海里。公元794年，他们又袭击了埃格伯特德王（King Ecgbehrt）的港口，掠夺了顿茅斯（Donmouth）修道院。但圣库斯伯特（Cuthbert）并没有让他们逃脱惩罚。他们的首领被英格兰人残忍地杀死；不久以后，他们的船只被暴风雨摧毁，许多人因此死去，而小部分游上岸的维京人被毫不留情地杀死。"

一个很奇怪的现象是，虽然挪威的维京人在公元9世纪初源源不断地向南进攻，骚扰波罗的海和地中海沿岸，他们之中却只有一

---

① 莫那（Monum），《英国历史》（*Hist. Brit.*），第336—337页。

挪威的故事

小部分到达了英格兰。我们在许多士兵的个人传说中看到他们为撒克逊王服务，这些人中有的航行到了泰晤士河（Thames），并在河流上施行禁运，俘虏一切进入他们手里的船只。然而，这种侵略行为仅仅是出于征服的目的，所以他们把打下来的英国留给了他们的亲戚——丹麦人（我相信这不可能是出于兄弟之谊），而他们则把注意力放在了法国、爱尔兰和苏格兰北边的小岛上。如今，他们的后代依然生活在奥克尼、赫布里底、设得兰群岛（Shetland Islands）以及法罗群岛上，如今在这些地方，我们依然常能见到挪威的名字。

图17 位于设得兰群岛的莫索挪威塔

另一个与维京人相关并值得关注的地方是，那些被其他国家编年史作者形容为叮人的黄蜂和凶残的恶狼，那些在海外逗留期间犯下极大罪行的人，按照规定，他们回到家乡之后会成为有地位、有影响的人，依照法律和传统，他们是道德而光荣的。当然也有例外，但这些例外也不能证明新规则的存在。这其中的原因并不难理解。那个时代的宗教信仰都是在部落内传播的，一种道德观在部落之外就不适用了。每一种人都是他们所信奉的神明选中的人。正如犹太人把人类分为犹太教徒和异教徒（Gentiles），古希腊人把人类分为希腊人和野蛮人，于是，挪威人为其将自己和其他国家归为野蛮人而展开报复。英格兰人、爱尔兰人和日耳曼人，尤其是那些出身显赫的贵族，被维京人带到挪威当作奴隶，且随意交换、贩卖，强迫其做体力劳动。没有任何一条法律能够保护他们；但是，无论在冰岛还是挪威，自由人虐待奴隶还是会被视为是不合适的。因此，维京人成为那个时代的骄子，他们只奉行自己信仰的残酷道德观。提倡所有人都是同一位神所创造的兄弟姐妹的人道主义情怀是较为现代的时期才出现的，所以我们不应用如此超前的标准去评价古代的挪威人。也正因如此，我们可以相信维京人可能对他们在外地做的坏事感到愧疚。

第四章
黑王哈夫丹

英格林家族的祖先要追溯到神明弗雷。斯诺里·斯图鲁松在他的著作《挪威列王传》①中提到许多国王，他们都是弗雷的儿子弗约恩（Fjölne）的后裔。他们居住在乌普萨拉（Upsala），掌管瑞典。英格维（Yngve）是神的姓氏之一，而英格林就是英格维子孙的意思。

有一位英格维家族的老者名叫奥恩。他每10年都牺牲1个儿子献给奥丁，因为奥丁向他承诺，每献上1个儿子，他就能增加10年的寿命。当他献出7个儿子之后，他实在是太老了，以至于必须像婴儿一样被喂养。他的百姓厌倦了他，于是解救了他即将被杀死的第8个儿子。暴君英乔德（Ingjald Ill-Ruler）是老者奥恩的第6个儿子奥农德（Anund）的儿子。他在父亲死后登上王位，并为父亲举办了盛大的葬礼，邀请了所有邻国的王参加。他起身举起布拉吉酒杯②，宣布誓死要将他的国家向四面扩张一倍的领土。作为计划的第一步，他放火焚毁了大堂，烧死了他的客人们，然后获得了他

---

① 《海姆斯格灵拉，或挪威列王传》(*The Heimskringla, or the Sagas of the Kings of Norway*)，由冰岛作家斯诺里·斯图鲁松于12世纪撰写，并由其侄子斯图拉·索尔德松（Sturla Thordsson）续写。此书是研究13世纪中叶挪威历史的主要史料。

② 以此向音乐之神布拉吉（Brage）敬酒。

们的土地。在公元 7 世纪末他去世的时候，民众对他深恶痛绝，因此不接受他的儿子奥拉夫作为继任者，甚至他的任何族人都不能登上王位。于是，奥拉夫聚集了所有支持他的人，移民到了北方的树林中，砍伐树木，开垦土地，也由此获得了"伐木者"的绰号。他和他的民众逐渐富裕起来，但紧接着，许多邻国生活不满意的人涌入他们的领土。移民实在是太多了，国家没有足够的食物供养他们，于是便产生了饥荒。人们将其原因归结于奥拉夫不受神明的保护，于是将他杀死，献祭给了奥丁。

奥拉夫的儿子白腿王哈夫丹（Halfdan Whiteleg）是一位伟大的勇士。他征服了挪威的劳马里克（Raumarike）和广袤富饶的西福尔郡（Vestfold），后者位于东福尔郡（Folden）峡湾的西面（如今称为克里斯蒂娜峡湾）。哈夫丹在这里建立了著名的神庙。它很快发展成为繁荣的交易站，也是挪威王最喜欢居住的地方。他的第三位后裔是伟大的维京猎人戈弗雷，曾与查理曼大帝宣战，而戈弗雷的儿子就是黑王哈夫丹。

哈夫丹的父亲于公元 810 年被杀死，那时他还只有 1 岁。18 岁时哈夫丹接替了外公的职位，在挪威阿格德尔的政府里掌权。通过战争和婚姻，他增加了从父亲那里继承的财产，成为挪威公认最强大的王。传说哈夫丹非常有智慧，热爱正义与真理。他严格遵守自己颁布的法律，并督促每一个人执行。为保证无罪的人不去违犯法律，他制定了根据犯罪者出身和地位高低而定的罚金。这项条款就是所谓的埃德西瓦法（Eidsiva-Law），它使哈夫丹一手组织的挪威南部地区在政治上更加团结。

不论哈夫丹王的第二个婚姻故事真实与否，它都成为传奇故事修饰杜撰的对象。

故事是这样的：从前，挪威的灵厄里克有一位王名叫西格德·约尔特（Sigurd Hjort），身材高大魁梧。他有一个美丽的女儿名叫朗希尔德（Ragnhild），还有一个儿子名叫古托姆（Guttorm）。有一天，西格德·约尔特在打猎的时候，狂战士哈克（berserk Hake）[①]带领30人袭击了他。他绝望而拼命地战斗，杀死了攻击他的12个人，还砍下了哈克的手，但他最终还是丢了性命。之后，哈克骑马到了他的家中，带走了朗希尔德和古托姆，以及大量财产。哈克想立即与朗希尔德成婚，但是伤口的疼痛阻止了他。到了圣诞节，哈夫丹王来海德马克（Hedemark）参加庆典的时候听说了哈克的暴行，决心惩罚他。哈夫丹王派自己最信任的手下哈莱克·甘德（Haarek Gand）带着100个手持武器的士兵前往哈克的住所，在凌晨人们还没有醒来时便赶到了那里。他们派巡逻兵在每一个门口放哨，然后冲进卧室，解救了西格德·约尔特的两个孩子和被抢劫的财产。接着，他们放火点燃了房子。哈克逃了出来，但当他看到朗希尔德愉快地同哈夫丹王骑马走在冰上时，便拔剑自刎了。哈夫丹对朗希尔德一见钟情，便娶了她，让她成为自己的妻子。

朗希尔德王后怀孕时，曾做过许多非同寻常的梦。有一次，她梦见自己站在花园里，正试图摘下衬衫上的一根刺，可这根刺在她手中越长越大，变成了一个巨大的纺锤——它的一端扎根地面，另一端直冲天空。它开始像一棵树，可它越长越大、越长越高，她站在树底下，一眼望不到树顶。树的下半截都是红色的，像血一样，上半截透出美丽的绿色，再往上树枝像雪一样闪闪发光。树枝都异常巨大，看起来几乎延伸到了整个挪威王国。

哈夫丹王听到这个梦后感到非常困惑，可能还有一点儿嫉妒。

[①] 狂战士或挪威语"berkerkir"是具有超越常人力量的勇士。在战争中，他们的残暴、愤怒让他们不可阻挡。许多狂战士被称为无敌的狼人。

为什么是他的妻子做了这神奇的梦,而不是他呢?他向一位智者请教其原因,智者让他住在猪圈里,这样他就一定能做神奇的梦了。哈夫丹王按照智者所说的做了,果然梦见他的头发长得又长又美。他的头发一缕一缕闪闪发亮搭在肩上,每一缕长短不一、颜色各异。有些是刚从头皮生出来的卷曲小结,有些垂到他的后背,甚至到了腰上。然而,有一缕比其他的都要美丽、闪亮。

哈夫丹王把这个梦讲给智者。智者对哈夫丹王说:"这意味着您的后代将形成一个强大的王族。可是,虽然有些后人会获得至高的荣耀,但他们的声誉会参差不齐。其中一人会比其他人更伟大、更闪耀。"据斯诺里所说,那最长最亮的一缕头发,就是智慧的奥拉夫。

王后分娩的那一天,生下了一个名叫哈拉尔德的孩子。他很快变得又高大又聪明,深受众人喜爱。他爱好有男子气概的运动,并以自己的力量和美德赢得了许多爱慕。他的母亲很爱他,可他的父亲却不喜欢他。关于他的童年有很多传说,但大多不可信。其中一个说,当哈夫丹王在黑德兰(Hadeland)庆祝圣诞节的时候,所有的美酒佳肴突然全都消失了。客人们回了家,王坐在椅子上,心里满是气愤。为了找出胆敢藐视他尊严的人,他抓来一个芬兰的男巫并拷打他。男巫向哈拉尔德寻求帮助,后者违背了父亲的命令,解救了男巫并带他进山。之后,他们来到一个地方,发现一个首领正在举行盛宴。二人在那里一直待到第二年春天。当哈拉尔德要离开时,这位首领告诉他:"你父亲把去年冬天我拿走肉和酒这件事看得很重,但是因为你对我所做的一切,我愿意带给你一个好消息。你的父亲现在已经死了。你回去就可以继承他的王位。不久以后,你就会成为全挪威的王。"

图 18　在埃克的霍恩出土的具有拜占庭风格装饰的搭扣

当哈拉尔德回去的时候，他发现首领说的是真的。他的父亲在骑马途经兰德斯峡湾（Randsfjord）时落水溺死了（公元860年）。因为先王是一位受人爱戴的贤君，在其执政时期连年丰收，所以所有人都哀悼他。当有传闻说先王的遗体要被安葬在灵厄里克时，哈德兰和劳马里克的人前来请求让他们安葬遗体，因为他们认为，神会保佑先王坟墓所在的地区。最终，大家一致同意将遗体分为四份。躯干留在灵厄里克，头部葬在了西福尔，剩下的由哈德兰和劳马里克平分。这片古墓在很长一段时间都有人献祭，而哈夫丹王也曾经同神一样被人们祭拜。

第五章
金发王哈拉尔德

哈拉尔德在父亲去世时，只有10岁。这时，那些被哈夫丹征服的王们认为，是时候把自己失去的土地拿回来了。但哈拉尔德的舅舅古托姆，同时也是其监护人，他强势而贤明地领导政府，并帮助他的外甥铲除了敌人。哈拉尔德打了许多仗，其中大部分都胜利了。一连串的成功让年轻的王不由得想要扩张自己的领土。他知道全挪威没有一个王拥有能与自己匹敌的资源和力量，于是想要征服整个大陆的野心在他的脑海中逐渐成熟。但是，斯诺里讲了一个不一样的故事。因为它很精彩，所以值得讲一下。

有一位少女叫吉达（Gyda），她是霍达兰郡（Hörlaland）埃里克国王（King Erik）的女儿，从小由一位沃尔德斯（Valders）富农抚养长大。哈拉尔德得知了她有美丽的容貌，便派人去找她，请她做自己的妻子。少女得知此消息后，眼里充满了愤怒。她骄傲地转过身答道："告诉你的主人，我是不会为了一个只能掌管几个县的王而放弃处女之身的。现在埃里克王征服了瑞典，戈姆王（King Gorm）征服了丹麦，我很奇怪为什么没有一个王可以征服整个挪威。"

传信的人被她的傲慢惊倒了。他们警告她，最好给一个温和的回答。他们还说，他们尊敬的王配得上她，可是她怎么也听不进去。最后，当这几个人离开的时候，少女追上前去并告诉他们："请把我的口信传达给哈拉尔德王。我答应做他的妻子，但是他必须为了我征服整个挪威，并且像埃里克王统治瑞典、戈姆王统治丹麦那样，随心所欲地统治挪威。因为只有到了那个时候，他才能被称为一个民族的国王。"

信使回来后，建议哈拉尔德强行把少女带来，以打消她的高傲。但是哈拉尔德王说："这位少女并没有说错话，也不必被惩罚。相反，她应该受到奖励。她向我头脑中注入了一些之前从来没有过的东西。如今的我向创造了伟大的造物之神郑重地宣誓，不到我征服全挪威的那一天，我绝不会剪掉或盘起我的头发；我始终都会为此而努力的，直到死亡。"

古托姆为此称赞了哈拉尔德，说他这一句话很有王者风范。

为了履行诺言，年轻的哈拉尔德开始了他所承担的使命。他带领军队向北进发，征服了奥克达尔（Orkdale）和特隆赫姆峡湾（Drontheim Fjord）旁边的特伦德拉格地区。在特隆赫姆北面的纳姆达尔（Naumdale）有两位王，分别叫作赫劳格（Herlaug）和罗劳格（Rollaug）。前者在得知哈拉尔德的军队到来时，建了一座巨大的坟墓，并同 11 位部下进入坟墓，然后关上了入口。他的兄弟罗劳格让人把象征王权的高椅搬到山顶上，然后把象征伯爵的椅子放到山脚下。开始他坐在王权之椅上，看到哈拉尔德到来时，便起身坐到了伯爵的椅子上，以此宣示对哈拉尔德王俯首称臣。哈拉尔德将一把剑绑在罗劳格的手腕上，将一块盾牌绑在他的脖子上，让他成为纳姆达尔的伯爵。

不论走到哪里，哈拉尔德都实行同样的政策。如果当地原先的王认可他的统治，他便将其封为此地的伯爵；如果遇到反抗的王，便将他们杀死或致残。伯爵都是有实权的执政者或国王权力的代表，他们以国王的名义严明管理并征收税款。只要他们招待好国王手下的60名士兵，他们就可以留下税收的三分之一。每一位伯爵手下都至少有4个封臣。他们手中有王室的封地，只要养20名可以时刻为国王效力的士兵，便可收入20马克。之后我们不难发现，封建制度是哈拉尔德国家的根基，他废除了农民的土地所有权，宣布所有土地归国王所有。耕种的农民从自由的土地所有者变成了国王的佃户。虽然他们可以留下继承的土地，但是这项权利不再是自由民的所有权，而仅仅是封建体制下的使用权。紧接着，国王可以向任何土地征收关税，任何拒绝交税的人都会被剥夺官职和称号。据说，哈拉尔德还征收了个人税，农民也将它称为鼻子税（因为它根据每一家人鼻子的数量征收），这引起了极大的不满。此外，接受哈拉尔德伯爵封号的王发现，不论是财产还是权力，他们拥有的都要比之前多。这其实也并不奇怪。他们之前的王位不过是让民众自愿地服从他们，允许他们日常管理，而并没有给他们指挥战争、主持献祭活动的权力。可是，仍然很少有王自愿放弃这虚无的称号，来换取哈拉尔德以征服者的名义赐予他们的实权。

相比王侯贵族，自由民对封建土地租用制更加不满。他们强烈渴望独立，以至于忍受不了被迫的服从。于是，反对王权的大小规模起义在哈拉尔德执政的前半段时期里频繁发生，甚至有证据表明它们持续了更久。哈拉尔德不得不第二次征服许多城市，即使他赢得很容易。在这些战争中，他及时而严厉的惩罚措施，让对他不忠诚的人最终接受了他的统治。把一群如此分散、像强盗一般相互之间不怀好意的部落变成一个国家，是需要哈拉尔德的智慧和决心的。他不可妥协的意志和系统的政策，以及面对抵抗时不留余地的严厉，都表明他深知任务的艰巨。

如果我们一一细数他打过的仗和取得的胜利,那就有些乏味无趣了。随着时间的推移,他离自己的目标——成为全挪威的统治者——就更进一步。许多大陆上一直隐匿的强人主动前来归附,并以获得哈拉尔德王给予的封赏为荣。在这些归附者中,有哈洛格兰德的贺孔·格约噶尔松伯爵(Haakon Grjotgardsson of Haalogaland),以及稍后的拉格瓦尔德伯爵(Ragnvald)。后者是诺曼底罗洛公爵(Duke Róllo of Normandy)的父亲,在他孙子征服者威廉(William the Conqueror)这一系上,可以算是英格兰国王的祖先。拉格瓦尔德伯爵既勇敢又智慧。他为国王出谋献策,成为其亲密的伙伴和谋士。

然而,拉夫尼斯塔家族(Rafnista family)就不太愿意接受哈拉尔德的提议。哈拉尔德派信使要求克维尔德·乌尔夫(Kveld-Ulf,午夜之狼的意思)向他俯首称臣时,后者以年老为由拒绝了他。这比之前的拒绝都让哈拉尔德沮丧,因为他本指望利用克维尔德·乌尔夫的影响力给自己帮忙。哈拉尔德再一次派遣信使,并许诺如果克维尔德·乌尔夫愿意臣服,他的儿子鲍尔德·格里姆(Bald Grim)将受到极高的尊重。但是,鲍尔德·格里姆却回复道,他不希望获得的尊重比父亲还高。这样一来,国王便失去了耐心。若不是克维尔德·乌尔夫的内兄欧维·努瓦(Oelve Nuva)代表他及时插手,哈拉尔德就要动用言辞以外的说服手段了。欧维最终征得了老首领的同意:只要国王满意,就让他的第二个儿子托罗尔夫(Thorolf)为国王效力。托罗尔夫这时正和欧维的兄弟艾文德·拉姆(Eyvind Lambe)在一支维京舰队上,但预计秋天会回来。两人归来后,都接受了哈拉尔德的邀请,为其效力。其中,托罗尔夫凭借自己的才情、智慧与气质,很快获得国王的信任。然而,老克维尔德·乌尔夫对他们的友情持怀疑态度,并暗示这段关系不会有好结果。

瑞典国王曾宣称挪威的维肯（Viken）是自己的领土①。同样，从伐木者奥拉夫的年代开始就属于英格林人的韦姆兰（Vermeland）也被声明是瑞典领土的一部分。瑞典国王埃里克·埃蒙德森（Erik Eimundsson）趁哈拉尔德忙于征服北方之时，抓住机会进攻了维米兰的省市。此处位于朗里克（Ranrike）旁边，一部分在文古尔马克（Vingulmark）内。这一消息传到哈拉尔德那里后，他立刻赶往南方，惩戒了对敌人效忠的人。然后他到了北方的韦姆兰，在那里，他碰巧在富农阿克（Aake）举办的宴会上遇到了瑞典国王。很可能是为了避免流血冲突，两位国王和他们的士兵被安排在不同的宫殿里宴饮。哈拉尔德和他的部下在新建的宫殿里，用的是新的角杯和珍贵的器皿；埃里克等人则在旧的宫殿里，虽然他们用的盘子和酒器也是精心雕琢的，但都不是新的。当大家要离开时，阿克带着儿子来到哈拉尔德面前，请求哈拉尔德收下他的儿子作为部下。埃里克看到后，愤怒地骑马走了，阿克赶忙前去送他。当被问到为什么两位国王享受不同待遇的时候，阿克说，这是因为埃里克老了，而哈拉尔德还年轻。

"你必须确切地记住，你是我的人。"埃里克国王说。

"当你说我是你的人时，"阿克说，"我也有同样的权利说你是我的人。"

这个回答激怒了埃里克国王。他拔剑杀死了阿克。哈拉尔德得知阿克的死讯后，急忙前去追赶凶手，但没能成功。

至此，反对哈拉尔德的王子和首领都只是自取灭亡。那些还拥

---

① 维肯地区大致位于现在的克里钦尼亚峡湾（Christiana Fjord），被分为西福尔（Vestfold）、文古尔马克（Vingulmark）和兰里克（位于现在瑞典的博哈斯蓝）。

有土地的人得出结论——他们不能指望单独击败哈拉尔德。于是，他们团结起来，于公元872年在哈弗斯峡湾（Hafrs-Fjord）① 带着重兵抵抗征服者。战争的号角吹响了。哈拉尔德王的船只总是在战斗最激烈的地方充当头阵。克维尔德·乌尔夫的儿子托罗尔夫与欧维·努瓦和艾文德·兰贝（Eyvind Lambe）这对兄弟站在船头，勇敢地战斗。战争总是难以预料的，国王的许多精兵牺牲了。长矛、石块如雨点般砸来，弓箭在空中嘶嘶作响。最终，哈拉尔德的士兵带着狂暴的怒火向前冲锋，登上了敌人的船。战斗十分惨烈，首领们一个接一个倒下或逃走。哈拉尔德国王这一次赢得了（如传奇故事里所述）挪威最伟大的战争之一。从那之后，再也没有能对他构成威胁的抵抗势力了。托罗尔夫是许多在哈弗斯峡湾受伤的士兵之一。事实上，站在国王那艘船上的桅杆前的所有人，除了登船的狂暴战士之外都负伤了。托尔比约恩·霍恩科洛夫（Thorbjörn Hornklove）写了一首关于此次胜利的曲子，现在仍有部分流传了下来。

战争后不久，哈拉尔德以他的名义举办宴席。在宴席上，摩尔的伯爵拉格瓦尔德修剪了哈拉尔德的头发。所有人都被他的外貌惊呆了。之前他被叫作哈拉尔德·卢法（Harold Lufa），也就是头发不整的意思，如今，他被称为金发王哈拉尔德。既然已经完成了任务，他便遵守诺言娶了吉达。但是，这份浪漫却被哈拉尔德之前的婚事所搅。几年前他娶了哈康·格约噶尔松（Haakon Grjotgardsson）② 伯爵的女儿阿莎（Aasa），并生下了三个儿子——洁白的哈夫丹

---

① 哈弗斯峡湾是耶德伦（Jaederen）一处小的峡湾，位于今天挪威斯塔万格城市的西部。

② 在挪威语里，"aa" 两个字母（冰岛语的 á）发音同英语单词 hawk 中的 "aw"。因此，Haakon 发音同 Hawkon；Aasa 同 Awsa，诸如此类。现代的冰岛人将此音发成英文的 "ou"，如 out, rout。

(Halfdan the White)、黑王哈夫丹（Halfdan the Swarthy）和西格弗里德。后来，他和吉达的孩子分别取名为古托姆（Guttorm）、哈莱克（Haarek）和古德罗德（Gudröd）。

哈拉尔德对男人并没有像对女人那样信任。他是一个坚毅勇敢、智慧而富有远见的人，不达目的决不罢休，可他不能忍受其他人拥有这些优点。他一旦嫉妒，就很难平息下去。他就像暴君一样羞辱那些他曾经最赏识的人，同时怀疑那些最不该被怀疑的人。他所嫉妒的第一个人就是克维尔德·乌尔夫的儿子托罗尔夫（Thorolf），其在哈弗斯峡湾一战后，受到了人们的赞赏。

托罗尔夫通过婚姻和继承积累了一大笔财富，过着奢华的生活。他为人慷慨，又时常摆出成功者的姿态，这让他成为朋友中的大哥；他的才能和节俭又带来了充足的财富，使他有了热情好客的资本。国王请他做哈洛格兰德（Haalogaland）的行政官，而托罗尔夫凭借自己在收税方面表现出的活力和精明在人中显贵。其实，交税的芬兰家族（the Finns）并不甘心为王国的富裕做出贡献。一次，托罗尔夫举办盛宴款待了国王，其盛大的场面在当地是前所未有的。一共有 800 位客人——500 位是托罗尔夫邀请来的，剩下的 300 位是国王的部下。宴会上，哈拉尔德坐在下面。他心里暗自为此次盛宴的排场感到惊讶。他脸色阴沉，坐在一把高脚椅上，一言不发，似乎因款待不周而感到不快。但是，直到宴席结束，他还是抑制住了自己的情绪。当他离开前收到主人给他一整艘龙船的装备时，他看起来很高兴。然而，他不久之后就撤销了托罗尔夫的王室行政官职位，把他作为自己的敌人，编造出各种污名作为攻击他的理由，然后带兵杀入他在桑德内斯（Sandness）的府邸并烧了他的房子。当托罗尔夫冲出燃烧的房子时，迎接他的是冰雹般向他砸来的长矛。他一见到国王就向前冲去，拔出宝剑杀死了旗手。眼看他马上就要刺到仇人时却倒下了,他喊道:"我离成功就差三步了。"据说,正是哈拉尔德给了托罗尔夫致命伤。之后,他又声称凶手是托罗尔夫的父亲克维尔德·乌尔夫。他看着从前的好友死在自己的脚下,表情十分悲伤。当一个因伤缠着绷带的人从他面前走过时,他说:"这处伤口不是托罗尔夫给你的,因为他手里的武器要比这厉害得多。很可惜,这样的人却必须死。"

克维尔德·乌尔夫闻此消息后痛心到了极点,以至于卧病在床。但是,当他得知是国王杀死了他的儿子,而且儿子死时俯卧倒在了凶手的脚下时,他一下子来了劲,从床上起来了。因为死者俯卧倒下说明他将为此报仇。但是,克维尔德·乌尔夫的力量远不足以与哈拉尔德正面抗衡,于是他召集所有亲戚,带着财产去了冰岛。他在挪威的港口逗留了许久,以期遇到哈拉尔德家族的人,展开复仇。他果然遇到了。古托姆的两个儿子和之前担任过哈拉尔德护卫的叔叔正带着两名国王的部下向北起航。克维尔德·乌尔夫和长子秃头格里姆(Bald Grim)杀死了国王的亲戚,夺取了他们的船只。胜利后,秃头格里姆满心欢喜,登上船头唱道:

如今,大臣对国王的仇已报。

恶狼和猎鹰踏在英格林子孙身上。

海浪卷走哈尔瓦德(Halvard)的尸体。

鹰喙撕裂斯纳尔法雷(Snarfare)的伤口。

从此以后,英格林族和克维尔德·乌尔夫的后人不断发生流血冲突。在鲍尔德·格里姆的儿子埃吉尔(Egil)所著的传奇故事中,记述了一长串的流血暴力事件。追根溯源,它们都是国王对托罗尔夫的背叛而导致的。

逃离哈拉尔德压迫的首领不仅只有克维尔德和鲍尔德。在哈弗斯峡湾战争之后,国王不留余地地执行他的封建制度。几千人流亡

第五章 金发王哈拉尔德

海外，在奥克尼和赫布里底建立新的定居点，之后又有人前往冰岛。在这些难民中不乏一些贵族家庭的后代。传说中的《冰岛末日审判书》(*The Domesday Book of Iceland*) 记载了所有第一批重要定居者的名字、登陆时间和家庭背景。在我们同情这些不屈的灵魂为了守住底线，牺牲了国与家的时候，同时也应该看清事情的另一面。金发王哈拉尔德所建立的国家能够发展出的文明，要比由一群半敌对部落组成的松散集体所能发展出的文明要先进得多。他的目标是创造一个国家型的统一体，而这就要求他建立一个有机的系统，即使这在首领们看来是极具压迫性的。例如，虽然当今的公民不认为交税是多么屈辱的事情，但当时挪威的首领们却觉得这是自由人不能接受的。当哈拉尔德下令不能劫掠他王国内的其他地区时，人们非常愤怒，因为这无理的命令限制了他们追求荣耀的权利。国王的朋友、摩尔的伯爵拉格瓦尔德有一个儿子，名叫罗尔弗（Rolf）或罗洛（Rollo）。他强行在瑞典的维肯为军队征收补给（Strand-hug）①，于是被定为罪犯。不论是他父亲的影响力还是他母亲的祈祷，最终都没能挽救他。就是因为他的出身之高，才让哈拉尔德想以他为例，杀一儆百。

在挪威的传说中，罗洛也被称为行走者罗尔弗（Rolf the Walker），他又高又重，没有马能够驮动他。他带领一大群人向南航行到法国，在抢掠周边地区数年后，于公元912年对国王查理（Charles the Simple）做出了让步。他加入了基督教，并获得了一个大省市的封地，其子孙也可以继承。这个省叫作诺曼底（Normandy），在世界历史上有着举足轻重的地位。据说，当国王

---

① Strand-hug 指从有驻民的周边地区为维京军队强行进行征收补给。不论维京人在哪，这都是很常见的措施。

要求他亲吻自己的脚以示忠诚时,他答道:"我不会向任何人下跪,我更不会亲吻任何人的脚。"经过一番劝说后,他让自己的一名部下代替他行使这套仪式。他的代理人闷闷不乐地走上前,在骑着马的国王面前停了一会儿,然后抱起他的脚就往自己嘴前放。这个突然的动作让国王翻了个跟头从马上摔了下来,引得挪威人大笑不止。罗洛像童话故事中的穷孩子那样,娶了公主并得到了半个国家。据说,查理王有意将自己不能生育的女儿吉斯拉(Gisla)许配给他。罗洛在自己的领地实行铁律,他严厉惩罚抢掠,凡是强盗一律绞死。这招想必是从哈拉尔德那里学来的。在他统治期间,社会极其安定,农民甚至敢把锄头和农具留在田地里,第二天回来它们一定还在原处。罗洛的儿子是长剑威廉(William Longsword),再下一辈是无畏的理查德(Richard the Fearless),而理查德有一个和他同名的儿子。这最后一位理查德叫作贤君理查德(Richard the Good)。他的儿子名叫罗洛(Rollo)或华丽的罗伯特(Robert the Magnificent)[①],他是征服者威廉的父亲。

不满的自耕农的离去除去了哈拉尔德组建封建国家的最后一道障碍。据一项大致的统计,大约有800个家庭举家迁到了冰岛、苏格兰岛屿和耶姆特兰(Jemteland),留下的财产均被国王没收。有些人尝试卖掉带不走的家产,但是很少成功,因为购买就相当于与国王为敌。于是,哈拉尔德积累了大量的财富,可以随意将它们分配给朋友,而移民们则更加愿意修复他们曾经力图摧毁的土地。王国内需要许多官员去管理地产,哈拉尔德便派他最信任的人去任职。所谓的"Aarmaend"指的是监管或管家,他们负责管理王室的土地,然后将他的部分收入交给国王。那些经常被鞭打或赠送自由

[①] 第一位罗洛公爵在受洗时,获得教名罗伯特。

民的人，被自耕农视为下等人。另一方面，卡尔家族属于古老的部落贵族，他们的土地被封为封地，从法律意义上讲，他们是地主，尽管他们的儿子们没有绝对的权利要求继承这些财产。不过，民间还是有儿子继承父亲土地的传统。第三等级的财产是农民之前根据法律完全保有权利的土地。他们与国王指定的所有者一样，依然拥有继承权。只要他们交税，国王自然有理由保护其土地不受侵犯。

拥有巨大财富的哈拉尔德很自然地想要将宫廷变得富丽堂皇。他喜欢听歌谣和故事，总是将乐师带在身边来歌颂他的美德、弘扬他的功绩。在重大场合，他经常慷慨解囊，撒出手中的金子，但是在小事上，他却是出了名的吝啬。宫廷里的人经常抱怨吃不饱。在斯诺里所讲的一些传说故事中，他对男人严厉而无情，却很容易被女人欺骗。一次元旦，在古尔德布兰德（Guldbrandsdale）的宴会上，一位芬兰人邀请他进入自己的帐篷。帐篷里坐着一位少女，名叫斯奈芙里德（Snefrid），她的美貌让国王十分心动。他同少女才聊片刻，就喝了芬兰人带给他的蜂蜜酒。他刚咽下一口，就对斯奈芙里德爱慕不已。他不愿离开她，并要求她立刻成为自己的妻子。就这样，哈拉尔德全心全意地投入到了爱情之中，将国家大事全都抛到脑后，只为她一人而活。妻子连续为他生了五个孩子，之后便去世了。哈拉尔德陷入了无尽的悲伤，他拒绝为妻子下葬，而是整日整夜地看着她的尸体。据说很神奇的是，斯奈芙里德在死后依然那样美丽，毫无腐坏的痕迹。部下们担心国王失去理智，便找到机会最终说服国王，将王后的尸体移到别处。就在人们触碰尸体的那一刻，可怕的事情发生了。尸体立刻变成了蓝色，恶臭味充斥整个房间。国王恢复了理智，下令烧掉尸体。可是当它被放到柴堆上时，蟒蛇、蝰蛇、蟾蜍和其他各种可怕的生物都在尸体旁聚集，没有人能忍受这情景。哈拉尔德这才明白，他中了巫术。于是，他愤怒地赶走了斯奈芙里德为他生的几个孩子。可奇怪的是，正是这一支血脉延续得最久，后续也出了许多国王。这些孩子分别叫作西格德·莱斯（Sigurd Rise，巨人之意）、古德罗德·伊约姆（Gudröd Ljome）、哈夫丹·哈莱格（Halfdan Haalegg，长腿之意）和拉格瓦尔德·雷帝尔贝因（Ragnvald Rettilbeine）。

哈拉尔德唯一具有高贵血统的妻子是南日德兰半岛的小埃里克王之女朗希尔德（Ragnhild）。哈拉尔德派使者向她求婚时，她答道，如果她只能享受到他十分之一的爱，就算他是世界上最强大的国王，她也不会嫁的。之后，她又传信说，只要哈拉尔德赶走其他所有的妻子，她就愿意嫁给他。哈拉尔德同意了，于是朗希尔德成为王后。可惜，朗希尔德结婚3年后就去世了，哈拉尔德在此后又找回了原来的几个妻妾。朗希尔德只给他留下一个儿子，名叫埃里克。哈拉尔德最疼爱的也是这个儿子。

在当时的日耳曼异教环境中，婚姻本就是社会契约，与宗教没有关系。夫妻离婚非常简单，但是民间一般还是会在下一次结婚之前走一套程序。然而，国王却公开实行一夫多妻制，这很容易遭到民众的指责。尽管如此，哈拉尔德在后半段执政生涯里很受自耕农和首领们的欢迎。

随着孩子们长大，哈拉尔德也开始要为他离散的家庭关系付出代价了。他的儿子们同父异母，在不同的地方由自耕农养大，很难有亲情的概念。他们彼此妒忌，尤其是那些有权势的伯爵。他们像国王一样坐拥大权，掌管着区域内所有的土地和民众。为了发泄，长腿哈夫丹和古德罗德·伊约姆未做警告就袭击了摩尔的伯爵拉格瓦尔德，并将他连同他的60名部下全部烧死。哈拉尔德得知此恶行之后，聚集大批军队要惩罚他的儿子们。古德罗德占据了拉格瓦尔德的位置后便不战而降。长腿哈夫丹则驾着3艘船前往奥克尼，赶

第五章　金发王哈拉尔德

走了摩尔伯爵的儿子图尔夫·埃纳尔（Turf-Einar），自立为掌管群岛的王。可令哈夫丹没想到的是，图尔夫又回来了。他杀死了哈夫丹，替父亲报了仇。哈拉尔德没有办法，只能向杀死自己儿子的人报仇。他来到奥克尼，与图尔夫商议，最后接受了他 60 马克金币的"血债"。他是否在这一次旅程中顺道进攻了苏格兰，我们不得而知。他的目的与上一次一样，是要破坏骚扰挪威港口的维京人的巢穴。

王子们产生分歧的一个重要原因，就是国王太偏爱埃里克了。埃里克在 12 岁时，就有 5 艘可以调遣的战舰，常带着精挑细选的士兵踏上维京征程。国王听说他的英勇事迹非常高兴，而他在战争中获得的强大绰号（血斧 Blod-Oexe）让国王更喜欢他了。因为对埃里克的爱，国王在 50 岁时（900 年）做了件大事，这让他一生的心血都付之一炬，并带给还未出生的后人无穷的灾难。他召集民众开了一个集会，很可能是在埃茨沃尔（Eidsvoll）。他给所有儿子都封了王，条件是他们同意在自己死后，认可埃里克是至高无上的王。他给每个儿子一个管辖地区，让他们将三分之一的财产保留，三分之一的财产给伯爵们，最后三分之一上交国家。他直系的儿子都得到了王室爵位，不论他们的母亲是不是合法的妻子。他的女儿所生下的儿子都得到了伯爵爵位。哈拉尔德这一举措是毁灭性的，让婚生子与私生子无差别地接受爵位，给王室自相残杀、国家内战埋下了祸根。他所建立的国家逐渐耗尽了力量，在 400 年后终于没有了踪影，好像在列国之中消失了一样。很难相信，建立起伟大国家的精力和智谋与摧毁它的愚蠢和软弱居然出自同一人。很显然，哈拉尔德认为王室就是他用剑拿下的个人财产，他的所有子嗣都有权继承。同时，他认为自己足够了解自己的儿子们，相信他们会同意自己的方案，兄弟之间也会和睦相处。如果说哈拉尔德抱有幻想，那么埃里克立刻就将它打破了。他首先杀了斯奈芙里德的儿子拉格瓦尔德·雷帝尔贝因，因为有人说他是巫师。接着，由于商人兄弟比约恩（Björn the Merchant，挪威语Farmand）拒绝给他上贡，他便杀死了比约恩，掠夺了他的房产。位于特隆赫姆（Drontheim）的黑王哈夫丹（Halfdan the Swarthy，挪威语Svarte）决心为比约恩报仇。他认为，一旦埃里克不受惩罚又掌握大权，那么所有哈拉尔德的子嗣都会有危险。一次，当埃里克在塞尔文（Selven）一处农场设宴时，哈夫丹包围并放火烧了他的房子。埃里克和四名手下逃了出来，然后马上南下向父亲告状。据说，哈拉尔德国王非常愤怒，他立刻召集军队航行到特隆赫姆。在那里，哈夫丹正带着自己的人马等候，他的军队敌不过国王庞大的队伍。眼看战争就要打响，这时，唱诗者古托姆·辛德（Guttorm Sindre）提醒两位国王，不要忘记他们许下的诺言。有一次，他唱了一首赞颂国王的歌，并拒绝了双方送他的任何礼物。两位国王都发誓，不论古托姆让他们做什么，他们都会言听计从。"那么现在，"古托姆说，"我要收我这首曲子的报酬了。"

虽然难以收手，但是双方都不能违背他们在王室立下的誓言。父子和好并分别了。国王允许哈夫丹继续掌管他的省市，但是他必须庄严地宣誓，从今往后他不会再向埃里克示威。虽然国王的威严让他们暂时停手，但二人的仇恨仍然延续。

哈拉尔德年近70岁时，他的一位侍女穆斯特的索拉（Thora of Moster）为他生了一个儿子，名叫哈康（Haakon）。侍女的个子很高，所以取绰号杆子穆斯特（Moster-pole）。这个孩子的出现引起了王子极大的不满。若不是一个意外事件让他脱离了王子掌控的范围，他恐怕活不到成人就会死去。斯诺里对这个事件的叙述非常有趣，但并不是很可信。据说有一次，英格兰的埃塞尔斯坦国王

（King Ethelstan）派使臣赠送给哈拉尔德国王一把珍贵的剑，哈拉尔德收下了并向其表示感谢。

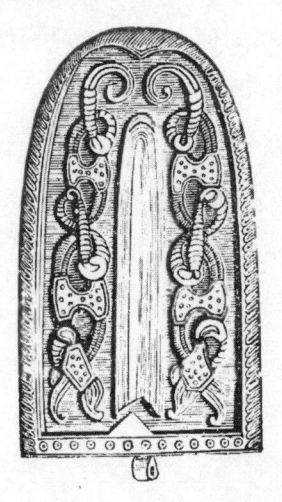

图 19　镀金皮带扣（出土于挪威内德内斯）

"现在，"使臣说，"您已经像我们陛下希望的那样收下了宝剑。因此，您以后就是他的执剑者或臣子国。"

哈拉尔德感觉自己被算计了，非常生气，但并没有伤害这些使臣。次年，他让儿子哈康跟随使臣一起觐见埃塞尔斯坦国王。他们在伦敦见到了国王，并受到盛情款待。使臣将哈康放在埃塞尔斯坦的膝盖上，对国王说："哈拉尔德国王请求您收养他和他的侍女所生的儿子。"

埃塞尔斯坦愤怒地拔出剑，想要杀死哈康，但使臣说："现在您已经将他放在您的膝上，要杀要留都随您；可是，您杀死的就不是哈拉尔德国王的儿子了。"

在挪威，收养别人的孩子是地位低的象征。哈拉尔德用这一招还击了埃塞尔斯坦一手。但是，这个故事有很多疑点。埃塞尔斯坦和他的祖先早就对挪威和丹麦人畏惧三分，所以一开始不会用一个荒唐的把戏去挑战如此强大的国家；此外，比起用一个不高尚的把戏教训外国的君主，更有可能的是，哈拉尔德送儿子出国以确保自己的安全。但无论真相如何，哈康受到了英格兰国王最仁慈的对待，并赢得了对方的喜爱。

金发王哈拉尔德在 80 岁的时候，感觉自己再也无力承担国家重任。于是他选择退位，让埃里克当了国王。3 年后（933 年），他去世了。在此之前，他统治挪威达 73 年之久。

第六章
血斧埃里克

哈拉尔德的统治是文明的，也可以说是仁慈的；而血斧埃里克的统治是毁灭性的、混乱的。强横的维京灵魂在他的王位上苏醒，对他来说，权力就是用来满足野性的。他英勇善战、残忍无情，有时也会公允而慷慨。就个人来说，他仪表堂堂，庄重威严；但是他又刚愎自用，沉默寡言。他娶了一个女人，这个女人削弱了他所有的优点，却强化了他所有的缺点。贡希尔德王后（Queen Gunhild）一生带给埃里克的都是负面影响。她残忍、贪婪、背信弃义。众所周知，她丈夫做的所有坏事背后都有她的参与。民间流传着许多有关她的奇怪传说，大多是说她有巫术，可以对任何接近她的人施法。据斯诺里所述，埃里克在芬马克（Finmark）遇见她时，她正被父母送来学习巫术，因为当时人们认为芬兰人对邪法有深刻的研究。两位与她同行的巫师都想娶她。如同童话故事里的公主一样，她将埃里克藏在自己的帐篷中，请求他帮自己摆脱烦人的求婚者。虽然历经艰难，埃里克还是把她带到了自己的船上，并娶她为妻。据说贡希尔德身材娇小，容貌出众，可她却是个鬼点子的天才，经常怂恿丈夫做出背叛、暴力的行为，使其受人怨恨。由贡希尔德所造成的影响导致到处都是反对埃里克的起义军，间接帮助了埃里克

/ 51 /

的兄弟们将其赶下台。尽管他的父亲做了很多努力，但埃里克的权力始终没有得到普遍认可。老国王哈拉尔德死后，黑王哈夫丹在特伦德拉格称王，奥拉夫也在维肯称王。几年后，哈夫丹突然死亡，有传言说是贡希尔德王后毒死了他。特伦德拉格的人们拥立他的兄弟西格弗里德（Sigfrild）为王。为了迎战埃里克，西格弗里德和奥拉夫决定合兵一处。为商定大计，西格弗里德前去通斯堡（Tunsberg）与奥拉夫见面。埃里克得知消息后，立刻带重兵进城，突袭他的兄弟并杀死了他们。奥拉夫的儿子特吕格弗（Tryggve）逃了出来，但在埃里克执政时期始终不敢抛头露面。

图 20　斯塔万格附近出土的圆柱形青铜底托，可能用于矛的杆柄

如果不算哈夫丹，埃里克已经杀死了四名亲兄弟了。人们都认为，贡希尔德王后不除掉除她丈夫之外的所有金发王哈拉尔德的子孙，是不会善罢甘休的。

埃里克在青年时期，同冰岛人托罗尔夫结识。托罗尔夫父亲是斯卡拉·格里姆（Skallagrim，又叫秃头格里姆），也是被哈拉尔德国王残害的托罗尔夫·克维尔德·乌尔夫的孙子。这位托罗尔夫，就像他同名的叔叔那样高大而帅气，仪表堂堂、受人喜爱。他送给埃里克一艘建造优良且装饰精美的船，以此建立友谊。作为回报，

第六章　血斧埃里克

埃里克让父亲哈拉尔德国王同意不攻击托罗尔夫。这位英俊的冰岛人在冰岛广交好友，其中有两位叫作托雷·赫尔斯（Thore Herse）和自耕农比约恩（Björn the Yeoman）。回到冰岛时，托罗尔夫给父亲带回哈拉尔德国王的礼物。这是一把手柄做工极其精致的斧子。格里姆欢迎儿子的归来，却对礼物嗤之以鼻。当托罗尔夫再一次前往挪威的时候，格里姆让他给埃里克唱羞辱性的歌曲，还命他把斧子还回去。托罗尔夫不想让旧怨复燃，他将斧子扔到了海里，并向埃里克转达了父亲的谢意和问候。如果他继续以自己的方式处理此事，那么流血与暴力可能就会停止。但是，他的弟弟埃吉尔（Egil）坚持与他同行，而正是这位弟弟点燃了仇恨的火苗。

埃吉尔的身上依然保持不羁的维京人之魂。他那种无法压抑的个人主义和一旦有了目标便绝不让步的倔强，让他无法受任何纪律的约束。他和父亲格里姆一样，高大、黝黑、脾气暴躁，从少年时期就表现出了凶残、仇恨的性格。他还在乐曲方面极具天赋，这也是他在漫长的冒险生涯中出名的原因之一。

两兄弟顺利抵达挪威，成为托雷·赫尔斯的座上宾。埃吉尔和他的儿子阿林比约恩（Arinbjörn）迅速产生了友谊。托罗尔夫娶了自耕农比约恩的女儿阿斯吉尔德（Aasgerd），而埃吉尔却生了重病，在家休息。痊愈后，他随托雷·赫尔斯的一位监督员会见王室管家巴德（Baard），并在那里见到了埃里克国王和贡希尔德王后。巴德忙于取悦国王，便冷落了一旁的冰岛人。当埃吉尔流露出言行不逊的态度时，王后对巴德使了一个眼色。于是，巴德向埃吉尔的酒里下了安眠药。埃吉尔发现后起了疑心，然后将酒杯打翻，并杀死了巴德。为此，他不得不逃命。他游到峡湾的一座小岛上，并杀死了几个在岛上巡逻搜查的人。最终，他还是乘小船逃走了。埃里克虽然很愤怒，但还是收下了托雷·赫尔斯给他的赎金，并最终同

挪威的故事

意不杀埃吉尔。可是，贡希尔德王后对国王的宽容感到非常不满。她质问国王是否将巴德的死当作儿戏。国王答道："你总是怂恿我施展暴力。但是这次，我一言既出，驷马难追。"

贡希尔德王后见无法说服国王，便另找他人复仇。据说王后一直很欣赏巴德，因为尊严受到践踏而想要打击报复。在一次高卢（Gaule）的献祭典礼上，她指使哥哥艾文德·斯克雷亚（Eyvind Skreyja）去杀死格里姆的一个儿子，但时机始终未到，于是他就杀了托罗尔夫的一名部下。埃里克因此将其作为"修道院的狼"（vargr íveum）放逐出去。托罗尔夫、埃吉尔两兄弟踏上了维京征程，加入英格兰的埃塞尔斯坦的军队打了一场大仗，托罗尔夫也因此丧命。埃吉尔娶了哥哥的遗孀阿斯吉尔德，同她一起回到冰岛。此时他已在国外待了12年。自从埃吉尔得知岳父比约恩的遗产被贡希尔德王后宠信的博格阿农德（Berg-Anund）夺走，他立刻回到挪威，在朋友阿林比约恩的帮助下，前往古拉厅（Gulathing）觐见国王和王后。但事情最终没能如埃吉尔所愿，他两手空空地回到了冰岛。在埃吉尔的字典里没有"谨慎"二字。不久，埃吉尔第三次前往挪威，奇袭并杀死了博格阿农德和他的儿子拉格瓦尔德。为了羞辱敌人，埃吉尔登上高山，为贡希尔德王后和国王立起一根耻辱之柱。这是当时专门用来羞辱他人的柱子，柱子顶上套着一颗马头。他大喊道："这耻辱是给这片土地上所有灵魂的[①]。他们从此以后都会走向荒野，不得归家，直到国王埃里克和王后贡希尔德被逐出这片土地。"

接着，他将这几句话以诗句的格式刻在柱子上，然后回到了冰

[①] 土地之灵（land-spirits）挪威语原文叫作 genii loci。埃吉尔使用这种押韵格式以带给语句神奇的魔力。

第六章 血斧埃里克

岛。从之后发生的事来看,这几句话好像真的起作用了。在埃里克上位的第 4 年,他最小的弟弟哈康在特伦德拉格郡扩张势力,并在次年称王。这条消息像野火一样传遍整个国家,所到之处皆欢腾庆祝。埃里克焦急地召集军队,但是人们都离他而去。最后,他不得不带着妻儿和几名部下逃命。依然效忠的人中有埃吉尔的朋友阿林比约恩,他这时正像维京人那样劫掠苏格兰和英格兰的港口。埃里克最终接受了国王埃塞尔斯坦授予的诺森伯兰郡(Northuberland)的部分封地,条件是他需要帮助抵御挪威人和丹麦人的入侵。有人推测,他应该也受洗并皈依了基督教。虽然不同的故事中对埃里克晚年的描述充满了矛盾,但可以确定的是,他在英格兰远没有在挪威那样受欢迎。他曾几次被驱逐出诺森伯兰郡,最终又回到了这里。终于,一次意外的风暴把他不共戴天的仇敌送到了自己手上。

据说,埃吉尔在家中心神不宁,满腹牢骚,很多人觉得是贡希尔德王后巫术的作用。他无心陪伴妻子和孩子,在海岸边来回踱步,搜寻着船只。终于,他实在待不住了,便扬帆南下前往英格兰。他在进入亨伯(Humber)的海口时发生了海难,不过他和 30 名部下幸存了下来。埃吉尔打听到,这个国家现在是由血斧埃里克掌管。他深知逃跑的希望不大,便大胆地前往约克郡(York),寻找朋友阿林比约恩一同觐见埃里克。埃里克很惊讶,为什么埃吉尔会愚蠢地前来送死。贡希尔德王后一见到埃吉尔就下令处死他。她实在是太想见到他的鲜血了,以至于刻不容缓地想要复仇。然而,埃里克还是给了他一天的时间——行刑将在次日清晨。阿林比约恩央求埃吉尔,作为活命的最后一线希望,在今晚为埃里克写一首赞颂之曲。埃吉尔同意了。阿林比约恩便给埃吉尔好酒好肉让他尽力为埃里克写出赞美曲,可埃吉尔充满焦虑,晚上阿林比约恩前来询问他进展如何。埃吉尔说,他一行都没写出来,因为他窗前有一只燕子不停地尖叫，可他怎么也赶不走。阿林比约恩冲出房间，隐约看到一个女人，一见到他就跑了，就在那一刻，燕子的叫声也停止了。为了不让她再回来，阿林比约恩就坐在埃吉尔的房间门前，整晚为他守夜。因为他知道，那只燕子一定是王后用巫术变的。

次日早晨，埃吉尔完成了他的乐曲，并将之熟记于心。阿林比约恩让他的人全副武装，带着埃吉尔进入王宫。他对国王诉说自己多年以来的忠诚，并请求国王饶恕埃吉尔，以报答自己之前的效力。贡希尔德让阿林比约恩闭嘴，国王什么也没有说。这时，阿林比约恩跳上前来，声称要想杀死埃吉尔，必须先从他的尸体上踏过去。

"如果以此为代价，"国王说，"那么我不会杀他的。但是，以他的所作所为，我对他做什么都不过分。"

还没等国王说完，埃吉尔用洪亮而清晰的声音吟唱起了赞美诗，整个宫廷顿时安静了。歌曲的一部分是这样唱的：

我的船向西跨过海洋，维德拉尔[①]赐予我流经他胸膛的血液[②]，
我带着快活继续环游世界。
冰川融化时[③]，
我引橡木出航；
而我内心的船只满载着对您的赞颂。

哦，敬爱的国王，
您的威名让我欣然为您歌唱；

---

① Vidrar，即奥丁。
② 指诗歌。
③ 指春天。

第六章 血斧埃里克

在英格兰的海岸,
我喝下奥丁的美酒①。
瞧呀,在国王的赞许下,
我的声音更加洪亮。
愿我的赞颂在天地间回荡。

我的国王,
请听我讲,
请一定记住,
我对您的歌唱,
毫无胆怯和彷徨。
因为全世界的人都知道,
挑战您的人纷纷被击倒;
奥丁也欣然见证,
您曾参加的战争。

您的长矛深深刺穿盾牌,
将敌人逼入死角,
瓦尔基里亚人见到猩红的血滴,
不禁露出了笑容②。
瞧啊,您长剑一挥,
像瀑布一般倾泻。
那钢铁碰撞的声音,

---

① 奥丁的酒指诗词的造诣。
② 奥丁的仆人,负责选择被杀的人。此处意为他们必须时时看着埃里克,收割他所斩下的灵魂,将他们带到瓦尔哈拉殿堂(Valhalla)。

/ 57 /

挪威的故事

响彻千里之外。

有志的勇士,
为击败他们的敌人前来相见;
在您的阵营里,
只有真诚又勇敢的英雄。
不论是身体还是内心,
他们都燃烧着英武的火焰;
他们的脚步重如雷响,
让大地都震颤。

武器敲打声中,
敌人一个个惨叫着倒下;
从那成堆的尸体中,
您的声名就此远扬。

图 21 阿莫特帕里斯(欧斯特戴伦出土的铁凿)

图 22　由内陆银匠打造的铁制矛刺尖，出土于诺尔兰郡的内斯纳

埃吉尔吟诵时，埃里克一动不动，紧紧地盯着他的脸。歌声结束时，国王说："这首歌真是太棒了。我现在同意阿林比约恩的请求了。埃吉尔，你将毫发无损地离开，因为我不会杀死一个自愿送上门来的人。但从你离开这个王宫开始，就再也不要出现在我的面前，也不能让我的孩子们看见你。我今天放你，并不能说明我们家和你就此和好。"埃吉尔用一首歌捡回了自己的脑袋，因此这首诗歌也叫作"Höfudlausn"，意为"脑袋的赎金"。

埃吉尔离开了。他在路上再一次拜访了埃塞尔斯坦国王，接着在挪威进行多次冒险，最后回到了冰岛，在公元 990 年到公元 995 年之间死去，活了 90 余岁。他的另一首诗，《子之殇》(Sonartorek)，是冰岛语诗歌中最美的一篇。

血斧埃里克留在了英格兰，受尽命运的折磨，最终在公元 950 年至公元 954 年间战死。英格兰编年史家屡次以埃里克·哈拉尔德松（Erik Haroldson）为名提到他。贡希尔德在他死后为其写了一首赞美诗，至今还有一部分有趣的片段留了下来。之后，贡希尔德和孩子们到了丹麦，被当地国王盛情款待。这位国王名叫蓝牙王哈拉尔（Harold Bluetooth，又叫 Blatand），是老戈姆（Gorm the Old）的儿子。

第七章
贤君哈康

哈康虽然外表酷似父亲，内心却与之毫无相似之处。他为人谦和友善，风度翩翩，深得大家的喜爱。据说，他的养父在临别时给了他一则建议：永远不要在宴会席上显得闷闷不乐。很显然，他深深地记住了这句话。他一到特伦德拉格郡，人们就蜂拥而至欢迎他。他凭借待人友善、信守诺言两个优点，让首领们效忠于他。他既和年轻人打成一片，又和元老们严肃地探讨问题，精通各种男子运动，以智慧和慷慨而不是外貌获得人们的喜爱。他到来的消息像枯草上的火焰一样迅速传播开来，人们都说，老国王哈拉尔德又回来了，他比之前还要谦和、大方，依然英俊、强大。

哈康需要借助的第一个首领是哈拉德地区很有权势的伯爵西格德（Sigurd, Earl of Hlade）。他曾是哈康母亲的朋友和保护者，也是哈康童年时的监护人。伯爵很欢迎哈康，答应帮助他获得王位。伯爵以哈康的名义召集特伦德拉格郡的民众召开了一次盛大的会议，在会上，他讲到血斧埃里克的残暴，并宣布效忠哈康。伯爵讲完后，哈康起身并承诺，如果民众帮助自己成为国王，他会将他父亲在位时期从民众手中夺取的土地所有权归还给农民。此言一出，所有人都非常高兴，人们纷纷表示赞赏。在一片欢腾中，哈康被拥

挪威的故事

立为王，然后他立刻率重兵南下。他所到之处，人们都纷纷效忠于他。奥普兰郡（Oplands）的情况与特伦德拉格郡一样，在维肯，首领们和人民也都热烈地拥护他。另外，我们也已经提到过，埃里克招兵不成，索性举家逃往奥克尼，之后又逃到英格兰。

哈康待人友善，对侄子们也是一样。他并没有攻击古德罗德·比约恩松（Gudröd Björnsson）和特吕格弗·奥拉夫松（Tryggve Olafsson），而是依然承认他们为维肯的王。这样的结果是，二人至少在名义上承认了哈康的至高地位。对于金发王哈拉尔德的其他孩子，他也给予他们应得的地位。当国家安定，再没有人不服他的权威时，哈康便开始全身心地整治国家内部机构。他将国家分成小的执法区（Thing-Unions），让贤明而有经验的人帮助他修改法律。著名的古拉集会法（Gulathings-law）尤其让他的名字熠熠生辉；在有些记载中，弗洛斯塔集会法（Frostathing-law）的扩展和修改也是哈康的功劳。哈康唯一根本性的改革就是把他父亲的封建王国拆解开了，将土地所有权还给了农民。这项改革也伴随着许多其他的改革。国王放弃了征收土地税的权力，就相当于放弃了组建军队的能力。而这就意味着一部分守卫国家的重任要交到百姓手里。沿海港口自然是最容易遭到攻击的地方，再加上那个年代没有快速传递消息的方法，敌人很容易大范围地侵占土地，而国王得知消息后已经太晚了。为了弥补这一不足，哈康下令在海岸边每隔一段距离就设立一个烽火台（varder），敌人一旦靠近就点燃它们来报警。然而，他会对没有正当理由点燃烽火的人进行严厉惩罚，从而削减了这项改革的好处。为了加强港口的防御，他分配了沿海防御区，每一个区内都有满载士兵、武装精良的战船，可以由国王调遣。当然，这项措施也是另一种形式的税收，但是人民还是可以接受的，因为其必要性显而易见，而且既然已经拿回了土地，大家也就不会因为被统治而觉得屈辱。但是,有证据表明哈拉尔德制定的人口税,也被戏称作鼻子税,在哈康执政时也被延续过一段时间。史料中明确指出,他建造第一批战船的资金就是从鼻子税中得来的。

图 23 维京时代的铁柄煎锅

军事和司法制度已经制定,下一步哈康就要处理一件一直萦绕在他心头的事情了。他从小在英格兰皈依了基督教,是一名虔诚的信徒。但是,他不是以征服者的身份继承父亲的王位,而是众望所归,因此他不能冒险更改国家原本的信仰。例如他的朋友哈拉德的伯爵西格德,就是狂热的阿萨教信徒(Asa-faith,挪威维京人的宗教),如果他不加考虑擅自更改宗教,可能就会转友为敌。于是,哈康一直等待着时机。到了他执政的第15到16年间(950—951),其支持率已经达到可以承担任何风险,于是他迈出了皈依基督教的关键一步。他派几名传教士和牧师到英格兰学习,并颁布法令,规定今后不许再向旧神献祭,转而接受上帝的信仰。他又召集民众在特隆赫姆见面,并再次重申这一要求。可是,人们都不愿意入教,并请求国王按照弗洛斯塔集会法正规处理此事。集会时挤满了人，国王待现场恢复秩序之后，起身进行了一次庄严而热烈的演讲。他劝告人们，不要再信仰旧神了，它们都只是木头和石头；相反，应以上帝的名义受洗，因为他是独一无二且真实存在的。许多人开始小声议论。这时，一个叫阿斯比约恩（Aasbjörn of Medalhus）的人站起来说道："敬爱的国王哈康，当您把我们召集到特隆赫姆的时候，我们视您为至高无上的王。但是，当您要求我们把我们父辈和祖辈的信仰抛弃时，我们不知道我们到底是自由人，还是您的奴隶。他们是比我们强大的人，但他们的信仰也足以让我们受益。我们爱您，也同意了您行使正义的行政命令。现在，所有百姓都一致而坚定地赞同您颁布的弗洛斯塔集会法，只要您待人和善，不提出无理的要求，我们都愿意追随您。但是，如果您拿出权威和力量与我们为敌，那么我们只能离开您，然后跟着另一位允许我们自由选择信仰的首领。现在，我的国王，趁大家都还在，请做出选择吧。"

图24 洛坦出土的铜制胸针

第七章 贤君哈康

这段话受到人们热烈的赞许。在很长时间里，这呼声淹没了一切话语。众人平息之后，西格德伯爵站了起来。很可能已经与哈康商量过了，他说国王愿意向百姓妥协，继续与他们做朋友。人们觉得，既然国王已让步，那么就应当参与他们的献祭，并主持祭祀仪式。哈康很不情愿地再一次做出了妥协。为了不违背良心，他在奥丁神圣的号角上做了个十字架的标记。之后的几年里，他被迫在圣诞日吃马肉，并在喝异教酒时，拿下十字架标志。他愤怒地离开了宴席，并威胁他会带着一支庞大的军队来惩罚特伦德拉格郡人。若不是外部敌人分散了他的精力，这威胁恐怕就要成真了。

血斧埃里克死后，他的儿子们受到丹麦蓝牙王哈拉尔的照顾。两个儿子伽穆（Gamle）和古托姆像维京人那样四处游荡，破坏挪威的港口和波罗的海沿岸，而三儿子沿用了抚养人丹麦王哈拉尔德的名字，在宫廷接受教育。他们三人都是英勇的战士，却受到阴险残暴的母亲贡希尔德的影响。他们很自然地对叔叔哈康不怀好意，因为他夺走了他们的王国。虽然他们还不能与之正面对抗，但他们会抓住一切

图 25　椭圆形铜扣

机会侵犯他的领土。他们数次与驻守南方的维肯王特吕格弗·奥拉夫松交手，各有胜负。公元 952 年，哈康趁特吕格弗不在的时候对丹麦的维京人进行了一次强有力的打击（虽然埃里克的儿子们并不在其中）。哈康将他们赶到了南方，并袭击了日德兰港口和几座丹麦岛屿。可是，这种报复似乎并没有成效。只要蓝牙王哈拉尔还对挪威虎视眈眈，并支持贡希尔德和她的儿子们，那么丹麦对邻国的侵略狂热就依然很难平息。同样，哈康的报复也有个人原因。贡希尔德利用这种仇恨，让她的儿子们不再做个人复仇的冒险家，而是成为统领军队的指挥官、挪威王位的竞争者。公元 953 年，他们在索托内斯（Sotoness）击败了特吕格弗，迫使其弃船而逃。哈康得知消息后，立即与特伦德拉格郡的人讲和，并让西格德伯爵召集人马出船迎战。西格德则立刻执行命令，扬帆南下去接应国王。他们在阿格瓦尔兹内斯（Agvaldsness）与贡希尔德的儿子们进行了一场激烈的血战，最终战胜了他们。哈康亲手杀死了自己的侄子古托姆·埃里克森，并砍下了他的军旗。剩下的两个兄弟带着残兵败将回到了丹麦，维持了两年的和平。到了公元 955 年，他们又卷土重来，在努尔莫勒的弗雷多因（Fraedöin Nordmöre）突袭哈康。由于烽火台没有任何动静，再加上之前也没有敌人进攻的预兆，国王得知此消息时已经晚了。在聚集起武装力量前，国王问他的部下，他们是愿意留下来战斗，还是逃命，一位老农民埃吉尔·乌尔德萨尔克（Egil Uldsaerk, Woolsark）答道："我跟随您的父亲哈拉尔德王征战数次，有时他的敌人比较强大，有时他的敌人比较弱小，但不论如何他总是能取得胜利，我从没有听他询问过自己的部下，是打还是逃，我们也不会给他这方面的建议。我们坚信您是一位英勇的首领，我们永远都支持您。"

第七章 贤君哈康

图 26 位于弗雷内斯的埃吉尔·乌尔德萨尔克纪念碑

国王对这番话表示赞许，下令准备迎战。埃吉尔兴奋地叫道："在这和平年代我总是担心自己会老死在床榻草席之上，现在我可以如愿以偿地跟随首领战死沙场了！"

埃里克的儿子们一登陆，战争便开始了。他们的人数是哈康国王的6倍。埃吉尔见形势不妙，带领10名旗手抢占了伽穆勒作战阵形后面的山坡。他让旗手们相互间隔远一些，这样从下面只能看见旗子而看不见他们。丹麦人看到了摇动的旌旗，以为是又一股兵力从后方偷袭他们的船只，便纷纷退散。即使伽穆勒识破了此计，也没让士兵后撤，但军队军心已乱，被哈康阵营逼迫一直向后撤退。到了海边，伽穆勒做了最后的挣扎。伽穆勒杀死了埃吉尔，哈康紧接着上前与他战斗，伽穆勒身受重伤后跳水身亡。伽穆勒的兄弟们游到了船上，最后撤回丹麦。

图 27　装饰性铜套

这一次的胜利为挪威换来了 6 年的和平。于是，哈康借机再次宣扬基督教，可是，农民坚持自己的信仰让他不免有些灰心。对他个人来说，他是一个基督徒，也让圈子里的很多朋友摒弃了曾经的异教信仰。但是，他缺乏宣传家的那种坚决和热情，他更喜欢用温柔的办法教导别人，而且只要是曾经帮助过他的人，他都不会怨恨。当然，西格德伯爵对哈康也有影响，因为他总是强调宗教在政治上的影响。这种温和的政策再加上连年的好收成，让哈康国王备受民众的拥戴。事实上，他可能是挪威历史上最亲民的执政者。人

第七章 贤君哈康

们叫他贤君哈康以表示对他的爱戴。

在他执政的第 26 年（961 年），哈康和最要好的朋友在霍达兰郡的菲特杰（Fitje）避暑。在众多的宾客中，其中就有吟游诗人艾文德·斯卡尔德斯皮尔德（Eyvind Skaldespilder）①，他是金发王哈拉尔德的外孙。一日，国王坐在餐桌前，突然侦察兵报告，有一大队船正向海口驶来。他们叫来艾文德，向他询问那是不是敌人的船。艾文德快步进入大堂来到国王面前，以吟唱的方式宣布埃里克儿子们的到来。哈康起身看着这些船，然后转身说："敌人船只众多，而我们力量单薄。这恐怕是我们战争中差距最悬殊的一仗，因为他们带的人比上一次还要多。让我最优秀的人铤而走险，我实在是惭愧。可是，我若是宣布撤离，也会对不起大家，除非有智者认为迎战实在是太莽撞了。"

艾文德又用吟唱的方式回答道，像哈康国王您这样的人是不应该逃跑的。"你说得很有英雄气概，我也是这样想的。"国王回复道。众将士一致决定迎战，国王穿上铠甲，腰间挂上宝剑，握紧矛和盾，戴上了一顶金光闪闪的头盔。他亮泽的头发垂到肩下，面容温柔而高贵。在战场上，他没有排兵布阵，也没有升起战旗。埃里克的儿子们率领重兵下船，打头的是哈拉尔德的三儿子和他的两个叔叔——艾文德·斯克雷亚和阿尔夫·阿斯克曼（Alf Askman）。这场战争狂暴而血腥。敌方的军队人数是哈康的 6 倍，但是哈康知道自己所带领的挪威人是不会令他失望的。在战斗最激烈的地方，总能看到一只闪亮的金色头盔。哈康与诗人艾文德碰面时还会开个玩笑，并即兴回应一句诗词。战斗越激烈，国王就越兴奋。当他觉得炎热的天气限制了他的发挥时，他便脱下盔甲，冲在人群前面。然而，哈康这一方的矛和箭快用完了。敌人的部队集合在一起，手

---

① Skaldespilder 意为唱诗终结者，因为没有哪位唱诗者比他出色。

挪威的故事

拿利刃向前推进。国王意识到，显眼的金色头盔会让他成为丹麦长矛的活靶子，于是他抄起一个斗篷盖住头盔。艾文德·斯克雷亚正冲上前来想和国王近战，却发现国王不见了，便喊道："挪威的国王哪儿去了？他是藏了起来，还是害怕了？为什么我看不到那金色的头盔了？""如果你要见到他，那么继续往这个方向来！"哈康一边喊，一边扔下他的盾牌，双手执剑，向正前方冲去，让所有人都能看到他。艾文德·斯克雷亚举起剑向他砍去，但是被哈康的部下用盾牌挡住。就在这时，哈康将斯克雷亚从头至肩膀劈成了两半。这一壮举点燃了挪威人的斗志，而主将的倒下让丹麦人手足无措。前者以更凶猛的怒势再一次发起冲锋，后者则被逼到海滩，跳入水中。许多丹麦人都被杀死或溺死，也有少数包括哈拉尔德·埃里克森在内的人，游到船上捡回了性命。在追赶败退的敌军时，哈康不幸中了一箭。这支箭形状奇特，无论如何伤口都止不住流血。据说是贡希尔德对这支箭施了法，令侍从将它射向哈康。天快黑的时候，国王越来越虚弱，并陷入昏迷。他的一位朋友提出在他死后，将他的遗体运到英格兰，这样他可以在基督教的土地上入葬。但哈康却说："我不配下葬在那里。我一直活得像一个异教徒，那么现在也应该像异教徒一样入葬。"

于是，贤君哈康就这样去世了。正如萨迦传说中描绘的那样，他的敌人和朋友都对他进行追悼。他生前做的最后一件事，就是派一艘小船到了贡希尔德的儿子们那里，请求他们回来接管这个王国，因为他膝下没有儿子，只有一个女儿索拉（Thora）。根据法律，女性不能继承王位。

吟游诗人艾文德为哈康国王写了一首诗歌。在诗歌中，他赞扬了哈康国王的美德，并描述了他在瓦尔哈拉殿堂所受的礼遇。

第八章
哈拉尔德·格拉费尔和他的兄弟们

贡希尔德的儿子们毫不犹豫地接管了父亲的王国，但是他们并没有得到整个挪威，而是只有中部地区。在维肯，特吕格弗·奥拉夫松（Tryggve Olafsson）和古德罗德·比约恩松都是金发王哈拉尔德的后代，他们各自为王；在特伦德拉格郡，哈拉德（Halade）的西格德伯爵拒绝承认血斧埃里克的后代。不用说，兄弟们显然在积攒力量，等到时机成熟便去讨伐这些反叛者；但是，他们实在是太不招人喜欢了，以至于他们在自己名义上掌权范围内的行动也一直受到限制。不受支持的主要原因之一，是他们对丹麦国王的依赖。若是没有他，兄弟们今天就得不到王位，他们显然成了丹麦国王的附庸。其结果就是，在他们费尽心思努力争取挪威人认可的同时，掌管政府大权、担任中坚力量的却是丹麦人。另一个不幸的事，就是他们的母亲贡希尔德还在影响着他们。她一回到挪威，就开始怂恿儿子们做些残酷无情、背信弃义的勾当，并因此导致他们失去了民众的尊重，削弱了他们的力量。不幸的遭遇并没有让她懂得收敛，过往的岁月也没有让她的暴虐变得温和。

活下来的兄弟中最年长的哈拉尔德的后代是格拉费尔德（Graafeld，又叫格拉费尔），长相酷似父亲血斧埃里克。他狂妄、贪婪，报复心强；身材高大、英俊潇洒，有王者风范，但是性格却优柔寡断。他完全没有叔叔贤君哈康的优点——善良与亲和力。关于其他的儿子我们所知不多，但是他们看来都继承了他们父母所有令人厌恶的特点。其中的两个，古德罗德和西格德·斯勒瓦（Sigurd Sleva），很明显地继承了母亲贡希尔德的邪恶。其他的孩子很少被单独谈论，他们的名字也没有确凿的记载了。

图 28 埃吉尔岛（奥克尼的一个岛）上的教堂，应是维京时代所建

或许是哈拉尔德·格拉费尔太不受欢迎的缘故，他又试图召回哈康国王之前的大臣。有些大臣同意为他效力，但他们每次看到那些外国士兵也同样受到国王的信任时，就会感觉非常不自在。嫉妒和口角是家常便饭，所有间接赞扬哈康国王德行的言论都属于犯上。当国王听到吟游诗人艾文德赞扬先王时，他生气地说："既然你这么喜欢哈康国王，那你最好继续做他的部下吧。"

人们一个接一个地离开了哈拉尔德，这让人们更加厌恶贡希尔德的儿子了。艾文德以一首庄严的诗歌辞掉了哈拉尔德国王唱诗者的工作，并写了一首曲子将哈康与哈拉尔德两位国王进行对比，当然，这首曲子是对后者的批判。到了公元962年，田地里一片荒芜，农作物和渔猎全面不景气，牧民没有草料喂养牲畜，只好用叶芽代替。有些地区甚至出现了夏日飞雪的情况。人们认为是天神把这些

第八章 哈拉尔德·格拉费尔和他的兄弟们

灾祸降临给他们的。因为新国王没有得到他们的认可，人们大声地发泄自己的不满。哈拉尔德·格拉费尔和他的兄弟们年少时在英国接受了洗礼，名义上是基督教徒。他们不献祭，还摧毁了很多异教的庙宇，但是他们从没有努力引导民众接受新的信仰。他们可能觉得信仰的问题微不足道。在四面受敌的情况下，他们第一个目标自然是重新拥有金发王哈拉尔德留给他们父辈的土地。于是，在政治上，他们必须结束哈拉德的西格德伯爵以及维肯的特吕格弗·奥拉夫松和古德罗德·比约恩松的统治。但是，公然挑起战争显然是行不通的，于是，贡希尔德教唆儿子们使用离间计。哈拉尔德对西格德的弟弟格约特加德·哈康松（Grjotgard Haakonsson）阿谀奉承，又许诺重金收买他，在时机成熟时会通知他，让其刺杀西格德。同时，国王派人给西格德送礼物表示友好，但没能让他掉入圈套。可是，西格德最终还是因这些友好的表象而松懈了。哈拉尔德王和他的兄弟埃尔林（Erling）收到格约特加德的消息，得知西格德外出，于是趁其不备，在晚上将他和他的随从全部烧死。然而，这一次行动给他们招来了更强大的敌人——西格德伯爵的儿子哈康。父亲被杀时，他刚25岁，聪明而强壮。他作战英勇，相貌英俊，为人果断又亲和友善。从某些方面来讲，他的家族势力可以让他和任何一位国王相媲美，因为他的家族在日耳曼时期，就一直是特伦德拉格郡的贵族。在他出生时，贤君哈康正好来他父亲这里做客，并将水洒在他的头上，还将自己的名字送给了他。

西格德的死讯一传来，哈康就迅速召集了特伦德拉格郡人，他们一致拥立哈康接替他父亲的位置，并准备去讨伐贡希尔德的儿子们。一大批舰队驶出特隆德海姆峡湾，但贡希尔德的儿子们没有迎战，而是向南逃跑了。特伦德拉格郡人已宣誓为哈康伯爵效力，便不再向哈拉尔德交税。双方交战了几回，哈拉尔德并没有占优势，只得承认对手的强大。哈康深知，此次妥协一定会让这位傲慢的国王记恨于心，并且他的强大地位是基于武力之上的。于是，哈康和维肯的两位王结盟，而这让贡希尔德的矛头指向了他们。哈拉尔德·格拉费尔和古德罗德假装产生矛盾，闹得不可开交。他们的维京航行也因此延期。古德罗德派信使来到特吕格弗·奥拉夫松那里，抱怨哥哥的行径，并友好地邀请他一同出航。特吕格弗同意了，他在前往约定的地点时，连同他的部下一起被杀害了。古德罗德·比约恩松（"商王"比约恩的儿子）也差不多同一时间在一次宴会上被哈拉尔德袭击，在一阵无效的抵抗后被杀死。经过一番周折后，哈拉尔德和古德罗德再次合兵一处拿下了维肯。他们立刻前往特吕格弗的住处，想要灭他全家，但其遗孀阿斯特里德（Aastrid）预料到他们的行动，便带着她的养父托罗尔夫·卢瑟斯科耶格（Thoralf Luse-skjegg，糟胡子之意）和一些随从逃了出去。当时她已经怀孕了，后来在兰德（Rand）一处峡湾的小岛上，她生下了奥拉夫·特吕格弗松（Olaf Tryggvesson）。不论她在哪儿，贡希尔德的间谍都时刻跟踪她。整个夏天，阿斯特里德都待在孤岛上，白天躲在灌木丛中，只有晚上才敢出来。临近秋天时，夜晚变长，她便和随从去岸边上船，在夜晚降临时才会赶路。历经千辛万苦后，她终于抵达了父亲埃里克·奥福雷斯塔德（Erik Ofrestad）在奥普兰郡控制的地方。可是，贡希尔德仍旧没有放过他们，她派出一位名叫哈康的士兵，带着30名武装随从上岸搜寻。埃里克得知消息后，立即把女儿和外孙送走。阿斯特里德和养父化装成乞丐，穿过好几个牧场，在晚上来到了一个名叫比约恩（Björn）的人家中。他们想要食物和借宿，却被这位自耕农粗暴地赶走。然而，隔壁农场里的索尔斯坦（Thorstein）却热情地收留了他们。贡希尔德的部下在埃里克·奥福雷斯塔德那里徒劳无获，但获得了一行人逃难的路线。贡希尔德的手下从比约恩家得知，不久前有一个漂亮但衣衫褴褛的女人，怀里抱着一个婴儿,向他寻求住宿。索尔斯坦的仆人恰巧听到他们的谈话,回到家告诉了主人。索尔斯坦立刻装作很愤怒的样子,大声地斥责两个乞丐,在晚上把他们赶了出去。其实,这是为了骗过周围的人。在阿斯特里德和养父上路时,索尔斯坦告诉二人,贡希尔德的杀手已经在隔壁敲门了,他这么做是为了救他们。他还让一个信得过的随从给他们带路,指引他们到达森林中最隐蔽的地方。最后,他们躲进了高高的芦苇丛里。

图 29 剪刀和铁制箭头

与此同时,索尔斯坦把追杀者往相反的方向指引,让他们在森林里迷了路。第二天晚上,哈康一行人放弃了搜索,索尔斯坦就给阿斯特里德送去食物和衣服,然后护送她去了瑞典。在那里,她向父亲的朋友老者哈康(Haakon the Old)寻求庇护。然而,贡希尔德并不气馁。她派两位使者参见瑞典的埃里克王，要求他们交出奥拉夫·特吕格弗松。国王同意他们追捕此人，并不予干涉。但老者哈康是一个很能干的人，他决心保护他的客人。贡希尔德使者的威胁并没有吓倒他。就在二人对话时，他的一位名叫巴斯特（Buste）的，拿着一把施肥耙冲向使者并追打他。使者撒腿就跑，仍被这位奴隶追出很远。至于使者回到贡希尔德那里复命的事情，文献中就没有记载了。

至此，贡希尔德的儿子们在国家内部剩下的敌人只有哈拉德的哈康伯爵了，他们想让哈康屈服于国家。哈康伯爵像往常一样已经预见到了他们的计划，时刻盯紧他们的行动。当他得知敌方的军队数量时，意识到自己抵抗无望。于是，他去了丹麦，在那里他受到国王蓝牙王哈拉尔的热情款待（公元964年）。我们由此可以看出，哈拉尔德·格拉费尔和丹麦国王的友谊并没有经得住利益分歧的压力。前者感到权力受到了动摇，因此一直没有承认后者在维肯的统治权，也没有给他交过税。于是，蓝牙王哈拉尔与贡希尔德势力的最大敌人哈康伯爵结盟，希望重新夺回他的统治。让他怀有希望的主要原因，是全挪威的粮食歉收，以及人们对国王的不满程度与日俱增。即便哈拉尔德国王几乎每年夏天都参加"维京海盗号"（Viking Cruises）的航行（维京征程），并作为一名勇士带回许多战利品也无济于事。人们觉得唯一比他还可恨的就是他的母亲贡希尔德了。他弟弟西格德·斯雷瓦的一次出行，让潜在的怒火变成了公开的反抗。西格德一次去探望一位有声望的富农，名叫科里普·托尔森（Klypp Thorsson）。西格德在主人不在场时，受到女主人奥鲁芙（Aaluf）的款待，他被奥鲁芙的美貌迷住了，并凌辱了她。科里普回来得知此事后，发誓要向贡希尔德的儿子复仇。公元964年秋天，哈拉尔德和西格德在沃斯（Vors）举办宴会时因遭到农民愤怒

第八章 哈拉尔德·格拉费尔和他的兄弟们

的袭击而不得不逃命,但最终西格德还是被科里普追上了。科里普亲手杀死了他,而自己也被西格德的人所杀。

哈康伯爵在丹麦撤退之后,一直关注着挪威。他得到这些消息后非常满意。这时,他知道复仇的时机已到,他一下子从床上站起来,像过去一样威武地大步走上前来,开始制订复杂而又详细的计划。蓝牙王哈拉尔此时正为他的侄子戈德·哈拉尔德(Gold-Harold)苦恼,因为后者想要获得一部分政治权力。他为此请教了自己认为智慧而高明的伯爵,伯爵抓住机会,将自己的想法毫无保留地告诉了国王。他说,您不应该杀死侄子,因为这样会引起公众的不满,并失去丹麦的支持,因为他们一直想看到戈德·哈拉尔德坐上王位。一个更好的办法是,您派他去对付哈拉尔德·格拉费尔和他的兄弟们,事成之后把挪威的王位赏给他。如此一来,您的势力也会壮大,同时又将敌人变成了朋友。蓝牙王哈拉尔觉得这个建议不错,经过一番劝说后,他决定采取行动。他给自己的养子哈拉尔德·格拉费尔传送了友好的信息,邀请前来继承自己之前在丹麦的封地,因为他现在处境艰难,需要这样一笔收入。哈拉尔德·格拉费尔稍作犹豫,最后决定应邀。他带着3艘船和240人来到丹麦,但一上岸就被戈德·哈拉尔德全部歼灭。

实际上,这只是哈康伯爵(Earl Haakon)安排的第一出好戏。第二出戏则需要出其不意了。哈康见了哈拉尔德国王,告诉他如今坐在挪威王位上的侄子会是将来更大的隐患,假如国王答应不降罪于他,那么他愿意亲自杀死国王的侄子。此外,他要求事成之后获得挪威的封地作为奖赏,当然封地是要受国王管辖的。这对哈拉尔德国王非常有吸引力。像所有软弱邪恶的人那样,他提出的反驳意见都只是服从。最终他同意了哈康伯爵的建议,戈德·哈拉尔德不久遭到袭击被杀了。之后,两个谋划者合兵一处前往挪威,毫不费力，拿下了王位，因为人们实在是太厌恶贡希尔德和她的儿子了，以至于没有人愿意为他们效力。贡希尔德一家看到大势已去，便逃到了奥克尼（公元965年）。但是，次年拉格弗雷德（Ragnfred）又带着一支庞大的维京军队进攻哈康伯爵，双方旗鼓相当，未分输赢；但拉格弗雷德成功地拿下了西北边四个郡。将近一年之内，哈康伯爵都没有试图驱逐他。公元976年，哈康伯爵觉得自己的力量可以再战，于是在丁格内斯（Dingeness）击败了拉格弗雷德和他兄弟古德罗德的联军，并将他们驱逐出去。据可靠记载，他们去了苏格兰，在之后的几年中继续骚扰挪威港口，但是没有对哈康伯爵造成严重的麻烦，他以需要及时对抗袭扰为由，请求不再向丹麦国王交税。贡希尔德可能死在苏格兰，也可能死在奥克尼。不过，有一个传说，她被蓝牙王哈拉尔以成婚为由骗到丹麦，最后被下令溺死在了沼泽中。

第九章
哈康伯爵

　　哈康伯爵以大胆的谋略实现了自己心中的抱负。他为父亲报了仇，羞辱了他的敌人，还获得了祖先们从未获得的权力。但贪婪的本性让他难以得到满足。他看到操纵蓝牙王哈拉尔和其侄子如此轻而易举，于是对自己的能力产生了巨大的自信。同时也开始藐视那些才智不如自己的人。他逐渐想要停止向丹麦王履行义务，因为这样他就可以成为挪威的独立君主。实现目标的机会很快出现了。日耳曼的君主奥托一世（Otto I）曾宣称自己的君权高于丹麦，他在公元973年去世了。继承王位的是他的儿子奥托二世（Otto II）。蓝牙王哈拉尔对奥托一世的主张一直怀恨于心，但始终不敢违背。如今，他开始大力准备讨伐奥托二世。为了增加人马，他传信让哈康伯爵出兵听他调遣。不知哈康是怎样打算的，总之，他并不觉得违令可以带来好处。公元975年，他果真带了一支军队向南进发。他守卫了丹尼弗克（Dannevirke）一段时间，还在一场大战中击败了敌方统治者，算是尽了本分。之后，他觉得自己已经完成了任务，便登船起航准备回去。奥托二世得知丹尼弗克的驻军已经撤走，便回去又组织了一波进攻，一直杀到了日德兰。至于他之后有没有与哈康吵架，我们无从得知；但是我们可以确定的是，蓝牙王哈拉尔接受了屈辱性的和平，再一次确立了他的臣属地位。据可靠记载，他还承诺将基督教在他的国家和挪威都予以推广。蓝牙王哈拉尔和儿子斯文一世·弗克比尔德（Sweyn Forkbeard）很可能都皈依了基督教，但他们的内心还是忠于阿莎教的。哈康伯爵听从了蓝牙王哈拉尔的指示，让整个国家皈依基督教，这并不是出于对教义的热忱，而是对君主的畏惧。奇怪的是，像哈康这样诡计多端的人，敢于从丹尼弗克擅离职守，居然还会听从命令。可能是最近的一次胜仗让他对自己的实力产生了信心，但其他一些事件又让局势发生了变化。不过，我们可以推测的是，他一直在等待一个造反的时机。

图 30　蓝牙王哈拉尔像

哈康伯爵结束了与丹麦国王关键的会晤后，带着一船牧师离开了。可他一走出蓝牙王哈拉尔的视线，就把那些牧师送上岸，自己在桑德岛（Sound）两侧来回航行。在哥特兰（Gautland）布满岩石的悬崖上，他举行了献祭仪式，以此抵消他最近的受洗。然后，他站在原地，等待神的回复。他发现，神对他表示赞许，就会保佑他在战争中获胜。紧接着，两只乌鸦跟在他的船尾飞行，大声地叫着。乌鸦是奥丁的神鸟，哈康从中看到了祥瑞。他顿时被一种战争

第九章　哈康伯爵

的冲动控制了。这个一向精明谨慎的人出人意料地（宗教热忱情况除外）做出了鲁莽的行为——他烧掉了自己的船，带领整支军队登上了瑞典的港口，一路向北进军，沿途烧杀掳掠，留下了一条又宽又长的血路。即使是在蓝牙王哈拉尔赐予斯文一世·弗克比尔德的维肯区，他也肆无忌惮地破坏，好像是在宣扬他对丹麦国王及其财产的蔑视。接着，他去了特隆赫姆，虽然没有得到皇帝的名号，但成为独立的君主。

　　蓝牙王哈拉尔很可能需要一段时间组建一支足够强大的部队才能去攻打他。我们还不能确定他讨伐这位反叛的部下是在公元976年还是在这之后的两三年。他像哈康那样，所到之处洗劫破坏，在松恩的拉达尔（Laerdal in Sogn），他只留下五间房子没有烧毁。但是，当哈康伯爵南下迎战时，国王却突然失去了勇气，起航回家了。据说，蓝牙王哈拉尔这次一共带了1200多艘战船。

　　哈康伯爵享受了几年的和平。他在驱逐了贡希尔德的势力后，娶了有权势的首领斯凯奇·斯科夫特松（Skage Skoftesson）的女儿索拉（Thora）。她十分美丽，还给哈康生了两个儿子——斯韦恩（Sweyn）和赫明（Heming），以及一个女儿伯格尔约特（Bergljot）。然而，哈康的私生子埃里克（Erik）却比其他的孩子聪明很多。据说这个儿子是在哈康15岁时出生的，但是也有很多证据质疑这一结论。埃里克年轻时倔强而暴躁，无论如何教导也不懂尊重父亲的权威。他10岁左右的时候，曾与哈康的内兄蒂丁·斯克夫特（Tiding Skofte）就"把船停泊在伯爵旁边的特权"一事发生了争吵。蒂丁因深受伯爵赏识，在争吵中不愿让步。埃里克感觉受到了侮辱，便在一年以后，看准时机杀死了他。这激怒了他的父亲哈康，他只得逃往维肯，在那里，斯文一世·弗克比尔德热诚地款待了他。

/ 81 /

蓝牙王哈拉尔居然对哈康伯爵的羞辱忍气吞声，实在是出人意料。事实上，他已经老了，不能够正确地衡量双方的实力了。于是，他将复仇的重任交给了他的朋友和同盟。居住在沃尔林（Wollin）小岛上的尤姆斯堡（Jomsborg）的尤姆斯维京人都是有组织与纪律的海盗，战争是他们唯一的事业，他们的一切资源都来自劫掠。他们非常严格地遵守首领的旨意，对死亡与危险毫不畏惧，他们相互帮助，也可以毫无怨言地忍受痛苦。像意大利雇佣军那样，只要有利可图，他们可以侍奉任何雇主。他们歧视女性，规定女性不能享有和男性一样的权利。蓝牙王哈拉尔很想让这些强盗为己所用。在首领西格瓦尔德（Sigvalde）为父亲举办的葬礼上，一大队士兵都在场。大厅里飘着麦芽酒和蜂蜜酒的醇香，十分热闹。西格瓦尔德起身对布拉吉敬酒，宣布3年之后一定杀死或驱逐哈康伯爵，不成功毋宁死。其他维京人不甘心被比下去，也用同样的勇气宣誓，热情高涨到了极点。第二天他们醒来时，却想打退堂鼓，不过既然已经宣誓，那就不能退缩。他们只好假装欣然接受，准备立刻发起进攻。这个消息很快就传到了哈康伯爵的儿子埃里克那里。他不顾父亲的劝阻，带着自己能召集的所有人马前往特隆赫姆，让他们听候当地伯爵的差遣。同时，尤姆斯维京人一直在洗劫挪威的港口，带着全副武装的60艘船、七八千名士兵缓慢北上。他们与哈康伯爵以及他的儿子埃里克、斯韦恩、西格德和埃尔林在松德摩雷（Söndmöre）的约伦伽瓦格（Hjörungavag）正面相遇。哈康伯爵有180艘船，其大小和装备都比不上敌方。据估算，他们的兵力约有11000人。北欧历史上很少能见到这么多的人和船。据萨迦传说记载，约伦伽瓦格之战（公元986年）是挪威历史上规模最大的战争。

第九章 哈康伯爵

图 31 位于吕菲尔克的斯特兰岛上的石碑上用最古老的挪威文字刻着：我，哈古斯塔德，将我的儿子哈杜莱克埋在此地

哈康看到尤姆斯维京人杀了过来，便让自己的船队迅速排成战列。他让长子埃里克掌管右翼，斯韦恩掌管左翼，自己则掌管中军。与斯韦恩打对阵的，是以性急和勇敢而闻名的瓦恩·阿克松（Vagn Aakesson）。斯韦恩敌不过这样强大的对手，在一阵抵抗后开始撤退。埃里克见形势不妙，来到了他弟弟这一侧，击败了瓦恩，然后让弟弟回到自己的位置。当埃里克赶回右翼时，正好遇上指挥此翼敌军的大个子布厄（Bue the Big，挪威语 Digre）。此时，战斗进行得非常激烈，双方死伤惨重。当哈康伯爵站在船头时，弓箭和长矛像雨点一般砸来，把他的铁甲切成一道一道的，使他不得不将其扔掉。维京人的船要比挪威人的高大，这让前者产生了优势。接着，哈康伯爵突然不见了。传说中写道，哈康伯爵带着小儿子埃尔林上岸，将他献祭给了神明以求胜利。一时间，天空突然黑暗下来，一阵猛烈的暴风雨夹杂着冰雹砸在维京人的脸上。据说每

/ 83 /

一粒冰雹都有两盎司重，有人还声称看到了奥丁的侍从——瓦尔基里亚人、索格德人（Thorgerd）和伊尔普人（Irp）。他们一同站在哈康的船上，向敌人砸去致命的冰雹。尤姆斯维京人在看不清对方的情况下战斗，时不时滑倒在布满鲜血和融化冰雹的甲板上坚持奋战。接着，他们的首领西格瓦尔德逃跑了。瓦恩·阿克松见了他，愤怒地喊道："你这可恶的狗，怎么能临阵脱逃，留下你的士兵受苦呢？这份耻辱将会伴随你一辈子。"西格瓦尔德没有说话，他也确实无话可说。瓦恩一瞬间抬起长矛，刺穿了他的头盔，西格瓦尔德的部下全都乱了阵脚。他们见首领已经不在，便四处逃窜。最终成功逃脱的，只有瓦恩·阿克松和大个子布厄带领的船队。哈康伯爵把船靠近后者，又打响了狂野而激烈的战斗，其精彩程度是之前记载的传奇故事都不能比拟的。两名尤姆斯维京的勇士，砍伐者哈瓦德（Haavard the Hewer，挪威语 Huggende）和晃头骨阿斯拉克（Aslak Rock-skull，挪威语 Holmskalle）登上哈康伯爵的船舷边缘大肆破坏，直到一位冰岛人抓起一块磨刀用的铁砧砸到阿斯拉克的脑袋上，击碎了他的头骨。哈瓦德的两只脚都被砍断了，但仍跪着奋战。长矛在哈康伯爵耳边呼啸，弓箭在他身边飞过，发出愤怒的弦音。他的部下都倒下了，尤姆斯维京人逐渐压上前来。在这千钧一发之际，他的儿子埃里克登上了布厄的甲板。在第一次过招中，布厄就被砍掉了鼻子。"从今以后，"他喊道，"恐怕丹麦的姑娘们都不会亲我了。"接着，眼见大势已去，布厄带着两箱金子喊道："布厄的人都弃船吧！"然后自己跳到海里。瓦恩的船也被占领，一场和之前一样的血战又一次上演。当瓦恩只剩下30人的时候，他只好投降了。俘虏们被带上岸，受令在长木上坐成一排，但没有被绑起来。埃里克的一名手下叫作索尔克尔·莱拉（Thorkell Leira），此人正是瓦恩·阿克松当年在一场葬礼上发誓要杀掉的人。这次，

第九章 哈康伯爵

他获得了亲手报复的机会。他举起手中的斧头，将俘虏的头颅一颗一颗砍下。他故意将瓦恩留在最后一个，来增加他的痛苦。但瓦恩却坐在那里愉快地和他旁边的部下交谈，时不时还开个玩笑乐一乐。

"我们一直在争论，"其中一个人说，"一个人的头被砍下来时还有没有意识，现在我们可以试验一下了。如果我还有意识，我会在头被砍下来以后，将我的刀插到地上。"

轮到他被行刑时，所有人都饶有兴致地看着他。但他的手松开了刀，没有任何有意识的迹象。一个坐在长木上的维京人突然有了精神。他看着同伴鲜血淋漓的头颅滚到他的脚下，一边笑一边唱歌。就在这时，埃里克伯爵走到他跟前，问他想不想活命。

"那要看，"他回答说，"是谁让我活下来。"

"当然是那个有权力这么做的人，"伯爵说，"这个人就是我。"

"那么我欣然接受。"维京人说。

下一个人在行刑者走上前来的时候，讲出了一个巧妙的双关语，让埃里克伯爵非常高兴，于是被赦免了。到此为止，18个人被砍头，2个人被赦免。第21个人是一个年轻人，他有一头漂亮的长发和一张英俊的脸庞。索尔克尔走到他跟前时，他盘起了自己的头发，并请求他不要让鲜血弄脏头发。为了满足他，索尔克尔让旁边一位部下在砍头时托住他的发卷。可是，当斧头砍下的一刹那，他立刻把头缩了回来，而那个热心的部下被砍掉了双手。

"还有尤姆斯维京人活着呢！"他仰天长啸。

埃里克伯爵看到这个场景，问他叫什么。

"人们说我是布厄的儿子。"他回答道。

"这很有可能。"埃里克伯爵说，"你想活命吗？"

"我有什么别的选择吗？"年轻的维京人问道。

索尔克尔·莱拉见埃里克伯爵如此大度，心里非常生气。他怕埃里克伯爵阻挠了他的复仇，便绕过剩下的人，直接冲向瓦恩·阿克松。瓦恩的一名部下见情形不妙，径直冲向索尔克尔，把他一下子撞倒，他的斧头掉在了地上。瓦恩见状立刻站起身来，捡起斧头砍断了托尔乔的脖子，让利刃插在地里。于是，瓦恩是唯一一个履行了自己誓言的维京人。埃里克非常钦佩他的壮举，给他松了绑，并还他自由。其他还活着的俘虏也都被埃里克释放了。

哈康和他手下的首领坐在不远处等待消息。突然，一阵弓弦的声音传来，就在同一时刻，坐在哈康旁边的白色吉苏尔（Gissur the White）被一箭射中，失去了生命。吉苏尔来自沃尔德斯，穿着十分艳丽。许多人急忙往箭射来的那条船上跑去，在岸边看到了哈瓦德。他因为失血有些晕眩，双手握着弓，跪在地上。"朋友们，请告诉我，"他说道，"有人在那棵树下倒下吗？"

有人告诉他，吉苏尔死在了那里。

"那看来我的运气真是不好，"他说道，"因为那支箭本来是想射在伯爵身上的。"

显而易见的是，这场大战的胜利主要归功于埃里克伯爵的胆识与谋略。若不是他擅自越权，不询问总指挥官就决定赦免像瓦恩·阿克松这样重要的人，父亲也许会赏识他的。父亲大声地表达了他的不满，愤怒地离开了他的儿子。瓦恩则跟随埃里克回到南边，成了他的好朋友。

哈康伯爵逐渐稳固了自己的统治地位，没有人敢挑战他的权威。在民间，农作物和渔猎都大丰收，民众享受了几年的安居乐业。奥克尼的伯爵们把哈康当成国王一样尊敬，而事实上，哈康离国王就差一个名号了。他的家族一直跟哈拉德的古庙和旧贵族有联系，对他来说，维护祖先的尊严是一件值得骄傲的事。这是我们判断他是一个具有老一辈人倾向的重要因素。在这个时候，异教已经

第九章 哈康伯爵

逐渐没落，上层社会里旧神的影响也越来越小，但哈康却还是一个虔诚的异教徒。随着挪威同英国和南边的大陆交往日益密切，古老的信仰被弱化，奥丁和托尔的故事变得就像是小孩子的童话，而不是成人应该相信的东西了。这时挪威的维京人不再相信超自然的力量，而更愿意相信自己手中的剑。他们引以为傲的是对这个世界的认识和在遥远大陆的辉煌功绩。即便如此，仍然有很多信仰异教的人，让新教的传播变得缓慢而血腥。可是有些坚定信徒的行为实在是太残暴了，比如将自己的孩子献祭给神，这让很多相同信仰的人都难以接受。同样的行为在古时候是可以理解的，但是对于10世纪的人来说，实在是不合时宜。哈康伯爵对旧教义的狂热支持到底有没有促使他倒台，这很难下结论。他在大战中献祭埃尔林这件事虽然举世皆知，但并不是人们最终起义推翻他的主要理由。他失去早年的昌盛，是因为他治理上的失误，与宗教无关。

公元995年，哈康伯爵前往高代尔（Gaudale）收税。他很宠爱的儿子埃伦德（Erlend）带着几艘船停在港口，等待父亲带着财宝归来。一天晚上，哈康伯爵派一伙仆人去富农布林朱尔夫（Brynjulf）家里，命令他交出自己美丽的妻子。布林朱尔夫不同意，伯爵愤怒地告诉他，他只有两个选择：交出自己的妻子或者死。自耕农只好屈服，心情沉重地送走了妻子。他召集远近的居民，把伯爵对自己的侮辱告诉了他们。大家都同意帮助他，准备选择好的时机，去惩罚这个胆大包天的人，而一无所知的伯爵自投罗网了。不久以后，哈康伯爵又给奥姆·莱尔贾（Orm Lyrgja）下了同样的通牒。他的妻子古德伦（Gudrun）因美貌获得绰号"Lundarsol"（纶德的太阳）①。奥姆在当地很有声望，他将此事告诉

---

① 纶德（Lund）意为果园，所以她的名字也可以叫作"果园的太阳"。

挪威的故事

了邻里。对奴隶们一顿宴请之后,他拒绝了哈康伯爵的命令。古德伦看着哈康的仆人离开,在后面嘲讽地喊道:"向伯爵传达我的问候,告诉他要娶我就必须派里莫的索拉(Thora of Rimul)来接我。"里莫的索拉是哈康伯爵的一位情妇,因受哈康伯爵的宠爱变得有钱有势。

集结的号角传过一个又一个村子,一支由农民组成的军队前往哈康所住的梅达尔胡斯(Medalhus)。得知此事后,哈康立刻送信给他的儿子埃伦德,约定在农民军平定后,在摩尔会合。这样,他的复仇就指日可待了。与此同时,他必须离开部下隐匿起来,直到风波退去。此次逃亡,他只带了一个仆人卡尔克(Kark)。这是他长第一颗牙时获得的奴隶[1],也是他从小到大的玩伴。他穿过高卢(Gaul),让马跳进冰窟中,留下风衣在冰上,让敌人以为自己溺水而亡。然后他去找情妇里莫的索拉,让她把自己和卡尔克藏在猪圈下面的密室里。食物、蜡烛、被褥一应俱全,地板上盖着板子和泥土,她还赶了一群猪踩在上面。与此同时,贡希尔德一直没能杀死的奥拉夫·特吕格弗松登陆特伦德拉格郡,杀死了哈康伯爵的儿子埃伦德。农民们得知他是金发王哈拉尔德的后裔,热情地接待了他,并把他带去里莫的索拉的住所,因为他们觉得哈康伯爵应该藏在那里。

在一阵搜查后没有找到哈康伯爵,奥拉夫召集民众,站到一块离猪圈很近的大石头上,高声宣布,凡是找到并杀死哈康伯爵的,将有重赏。

在潮湿又难闻的隐匿处,哈康伯爵紧张地看着他的奴隶。奥拉夫说的每一句话他都可以清楚地听到,而借着蜡烛的微光,他看到

---

[1] 古代出身尊贵的孩子都会在长第一颗牙的时候获得一个奴隶作为礼物。

卡尔克也在认真地聆听。

"为什么你的脸色如此惨白?"哈康伯爵问道,"现在又黑得像泥土一样。因为你要出卖我吧?"

"不。"卡尔克回答道。

"我们是同一天晚上出生的,"哈康伯爵停了一会儿说,"我们的死期也不会相距很远。"

二人不声不响地坐了很久,都不信任彼此。外面也逐渐没了声音,他们知道夜晚已至,但是谁都不敢睡觉。最终,卡尔克实在是太困了,便睡了过去。他在梦中兴奋地辗转反侧、嘀咕着。哈康伯爵见状把他叫醒,问他做了什么梦。

"我梦见,"卡尔克说,"我们两人在一艘船上,而我是掌舵者。"

"这意味着你掌握着你我两人共同的命运。卡尔克,对我忠诚就是对你自己忠诚,等形势变好后,我会好好奖赏你的。"

不一会儿,奴隶又睡着了。这一次,他辗转反侧,像是做了噩梦。哈康伯爵再一次把他叫醒,问他梦到了什么。

"我觉得应该是在哈拉德,"卡尔克说,"奥拉夫·特吕格弗松将一个金项圈戴在我的脖子上。"

"这个梦的寓意是,"哈康伯爵喊道,"如果你去见奥拉夫,那么他将会把一个红色的项圈放在你的脖子上[①]。所以,卡尔克,一定要提防着他,忠于我。这样你就可以享受到我给你的好处,和以前一样。"

夜晚十分漫长,两人仍然盯着对方,谁也不敢闭眼。终于,快到早晨的时候,哈康伯爵还是被困意征服了,但他的警戒依然没有

---

① 红色的项圈,顾名思义,就是血淋淋的项圈。也就是说,奥拉夫将砍下卡尔克的头。

放弃。在梦里,他的灵魂仿佛在愤怒的海洋中翻滚。他凄惨地尖叫,时不时地翻着身,蜷起手肘和膝盖,表情不堪直视。卡尔克忽然跳起来抓起他的刀,割破了主人的喉咙。不久,他提着主人的头颅来到奥拉夫面前邀功请赏。奥拉夫印证了死者的预言,将血淋淋的红项圈戴在了叛徒的脖子上(995年)。

　　哈康伯爵是挪威王位上最后一位异教勇士。他天赋异禀,无所畏惧却也小心谨慎;他在战争中所向披靡,早年因善良和慷慨受人欢迎。不过,他似乎被自己赢来的地位和权力所毒害,内心因此不能平静。在道德层面上,他晚年的不检点也是日耳曼异教徒的产物,因为只有这样才能在一个军事社会中立足。在这个年代里,我们可以观察到英雄身上的精于算计和缺乏信任,这都是人与人之间的敌对关系所产生的必然结果。古代挪威的信条认为,直爽和讲信用都仅限于朋友之间,而虚伪与欺骗都是对付敌人的合理武器。但是,即便是基于这个标准,哈康伯爵还是错了——他没有区分对待朋友和敌人。他因为不讲义气获得了权势,最终也因为不讲义气而倒台。

图32　长方形搭扣,出土于里斯特的罗瑟兰和曼达尔区域

第十章
奥拉夫·特吕格弗松的青年时代

萨迦传说中关于奥拉夫·特吕格弗松的青年时代实在是太过精彩，以至于不是很可信。传奇般的记录从他出生那一刻就开始，而他之后生涯中的许多事件都平添了几分浪漫的细节。从小说华丽的辞藻中找出现实的部分，实在不是一件容易的事。这是因为，就算删掉所有想象出来的情节，奥拉夫的生涯依旧和任何传奇故事一样精彩。我们已经看到贡希尔德王后是如何不知疲倦地在树林里追寻还是婴儿的他，以及他的母亲阿斯特里德最后是如何在瑞典的老者哈康那里找到藏身之处的。哈康伯爵继任后，贡希尔德依然没有放松警惕，因为哈康没有皇族的血统，所以必须提防金发王哈拉尔德的后裔。因此阿斯特里德决定带着她的孩子去迦达里克（Gardarike）或俄罗斯，因为在那里，她的兄弟西格德·埃里克森（Sigurd Eriksson）在弗拉基米尔国王（King Vladimir）手下掌有大权。她带着儿子和一些随从登上了前往俄罗斯的商船，但船只遭到了维京人的打劫。一些人被杀害，而另一些人则被卖作奴隶。少年奥拉夫、他的养父糙胡子托罗尔夫和养父的亲儿子索尔吉尔斯（Thorgills）成了维京人一位叫作克莱孔（Klerkon）的财产。克莱孔杀了托罗尔夫，因为他实在是太老了，没法在奴隶市场上贩卖。之后克莱孔用两个孩子换了一头公羊，购买者又用他们跟雷亚斯

挪威的故事

(Reas)换了一件大衣和一个斗篷。雷亚斯对奥拉夫非常好，但却让索尔吉尔斯干重活。就这样，两个男孩在雷亚斯这里待了6年。这个时候，挪威富商洛丁（Lodin）在奴隶市场发现了他的母亲。虽然阿斯特里德已经憔悴不堪，但洛丁还是认出了她。他提出赎她，但条件是她必须成为他的妻子。阿斯特里德高兴地同意了，获得自由之后和他一起回到了挪威。

一天，奥拉夫的叔叔西格德·埃里克森碰巧来到了他侄子所在的爱沙尼亚（Esthonia）。他穿过集市的街道时，被一群正在玩耍的孩子所吸引，其中一位的样貌让他印象深刻。他叫住这个孩子并询问他的名字，孩子回答他叫奥拉夫。西格德又问了几个问题，发现这就是他的侄子。他立刻买下了奥拉夫和索尔吉尔斯，带他们回到家里。西格德嘱咐奥拉夫不要对任何人讲自己的出身，奥拉夫记住了。然而有一天，奥拉夫见到了杀死他养父的克莱孔。他毫不犹豫地冲了上去，用手里的斧子劈开他的头。那个时候，杀人已经是死罪。人们立刻围上来，要求处死这个孩子。为了救他，西格德带着他去见王后奥尔佳（Olga，又叫阿洛佳Allogia），告诉了她这个孩子的真实身份，并请求她的庇护。王后对这位相貌英俊的孩子非常感兴趣，把他当作王子一样教育，指导他使用武器和学习各种体育运动。奥拉夫12岁时，弗拉基米尔送给他几艘船和一批人马，让他用几年的时间四处参与"维京海盗号"的航行。据说，他为自己的捐助人做了件很重要的事情：他镇压了一个区域的起义军。这份功劳让敌人盯上了他。他们四处传播诽谤奥拉夫的谣言，说他笼络民众和王后的心，想要推翻国王。奥拉夫在王后的建议下，带着部下和船离开俄罗斯，前往文德兰（Wendland）[①]，在那里他受到布里斯

[①] 现今普鲁士的波罗的海地区。文德兰人是斯拉夫民族（Slavonic）的一支，经常同汪达尔人（Vandals）混淆，但实际上两者不是同一种人。后者根据权威记载，是日耳曼人的后裔。

拉夫国王（King Burislav）的热情款待。他隐藏自己挪威王室的身份，以俄罗斯的奥利（Ole the Russian）称呼自己。布里斯拉夫最大的女儿盖拉（Geira），或者很有可能是他的妹妹，同奥拉夫相爱了。二人结婚后，奥拉夫为岳父做了许多英勇的壮举。在妻子去世后，他又出航探险。这时，他21岁了。一场梦促使他去希腊皈依基督教，据说他还送传教士到俄罗斯，把弗拉基米尔和奥尔佳变成了基督徒。在这之后，奥拉夫又到诺森伯兰、丹麦、苏格兰、法兰西多次探险。25岁时，他来到了英格兰，受到爱尔兰国王奥拉夫·科瓦兰（Olaf Kvaran）的妹妹吉达公主（Princess Gyda）召见。她虽然曾是一位伯爵的妻子，但依旧年轻漂亮。她的追求者不断，其中包括阿尔夫文（Alfvine），一位强大的战士和刽子手。有一天，吉达公主要选择一个男人作为自己的丈夫。许多出身高贵的男人都来了，他们每个人都穿着华丽，身上闪着金光。奥拉夫带着几名随从在市场闲逛，他们离人群远远的，仿佛只是旁观一样。他头戴一顶皮兜帽，肩披一件斗篷，除此之外穿着朴素。吉达公主无精打采地看了看她的追求者们，最后相中了戴皮帽的高个子陌生人。她走近他，抬起他的皮帽，认真地看了他很长时间。

"如果你愿意，"吉达公主说，"那么你将成为我的丈夫。"

奥拉夫同意了，于是他们即刻公布订婚。阿尔夫文愤怒地向这位挪威人发起挑战，但被击败了。很快，奥拉夫和吉达公主举办了婚礼。之后奥拉夫花了几年时间去英格兰和爱尔兰。在这些地方，他越来越了解基督教，便皈依了它，成了它坚定的守护者。据文献记载，他在希腊只是被标上了十字标记。这被看作是新教义对旧教义的妥协。这样一来，他既可以受到基督的祝福，也可以获得旧神的恩惠。

盎格鲁—撒克逊的编年史屡次提到奥拉夫·特吕格弗松，说他是领导强大维京舰队的首领。公元994年，他洗劫了埃塞克斯（Essex）、肯特（Kent）、苏塞克斯（Sussex）和汉普郡（Hampshire）的港口。他还率重兵登陆，在南安普顿（Southampton）筑起冬日营地，并从附近地区征收物资补给。他向埃塞尔雷德二世（King Ethelred II）收取了一万英镑的保护费，分给了自己的部下。蓝牙王哈拉尔的儿子斯文一世·弗克比尔德在故土被驱逐之后，也成为此次远征的首领之一，尽管在埃塞尔雷德和维京人签订的和平条约上没有他的名字。同年，奥拉夫举行了盛大的仪式，埃塞尔雷德也在场。据说，他庄严地承诺，此后再也不会侵犯英格兰的一寸土地，而他也履行了自己的诺言。相反，斯韦恩为金钱利益所驱使，一次又一次地回到英格兰，甚至还赶走了埃塞尔雷德，并在一段时间成为英格兰的实际领导者。

奥拉夫的事迹声名远扬，远在挪威的哈康伯爵一直在密切地关注着他。伯爵知道，这位勇敢的青年只要积攒起力量，一定会觊觎王位；同时，他的声望也逐渐下降，所以非常担心赢不了这场对决。他深知人们对金发王哈拉尔德后代的敬仰，因此他坚信，自己的安全是建立在奥拉夫的死亡之上的。他把计划告诉了好友托雷·克拉卡（Thore Klakka），请求他前往爱尔兰的都柏林（Dublin）去见奥拉夫。如果有机会就直接杀死他，要么就引诱他来挪威，这样哈康就可以轻而易举地干掉他。托雷接受了这项任务，他来到都柏林后很快就获得了奥拉夫的信任。这位年轻人热切地想获得家乡的消息，而托雷则抓住一切机会劝他赶紧回去继承他的王位。他说，虽然哈康伯爵现在很强势，但只要你让民众知道你是金发王哈拉尔德的后裔，他们就会废掉哈康，立你为王。奥拉夫竟然轻易地就被这番奉承所迷惑，在公元 995 年春天，他只带了 5 艘船前往挪威。他听取了托雷奸诈的建议，直接去了哈康势力最强的西北边的郡县，在霍达兰郡的莫斯特（Moster）登陆。他搭好帐篷，将十字架放在沙滩上举行仪式。他还听取了托雷的建议不表明身份，然后继续向北航行到特伦德拉格郡，计划出其不意杀死哈康伯爵。当托雷

第十章 奥拉夫·特吕格弗松的青年时代

回到特隆赫姆峡湾时，他一定很惊讶，因为他对奥拉夫所描述的民意竟然都是对的。农民们一致反对他们的领主，而奥拉夫只需让大家知道他的真实身份，就可以获得援助。所有特伦德拉格郡的首领和农民都来到了尼德（Nid）河口的奥雷集会（Ozre-thing），在这里，奥拉夫·特吕格弗松正式成为了挪威的国王。从此以后，特伦德拉格郡有了拥立国王的权力，直到今天，挪威国王的登基仪式还在特隆赫姆举行。不过，登基以后，国王还是要在各个区域游历，以获得全国民众的支持。最终，挪威境内的所有人都狂热地支持他。

图 33　奥拉夫·特吕格弗松来到挪威

上面的描述确实有一些不可能的地方，但这并不影响故事总体的真实性。毫无疑问，奥拉夫在俄罗斯逗留是真的，但是当时治理诺夫哥罗德（Novgorod）的弗拉基米尔并没有一个叫作奥尔佳的妻子。如果这位奥尔佳指的是他的祖母，那么国王的嫉妒似乎完全是不合理的。同样，奥拉夫去文德兰以及在那里结婚，都是可以在当代诗歌中找到证据的；但是他为布里斯拉夫国王效力的事迹就有杜撰的嫌疑了。他与吉达公主在英格兰的经历更是笼罩着一层虚构色彩。

第十一章
奥拉夫·特吕格弗松

奥拉夫上任后第一件事就是将国家基督化。他非常适合做这件事情，因为他对宗教事务十分热衷，为人果断、坚定而不妥协。如果温和的手段不能成功，他会毫不犹豫地使用暴力。他脾气暴躁，容不得有人反对他；他从不考虑事情的可行性，只懂得一股脑往前冲，什么也阻挡不了他的热情。他第一次以传教者的身份出现是在维肯。在那里，他叫来亲戚朋友，告诉他们，他的梦想就是让全挪威的人都信仰基督，就算他在这个过程中死去也在所不惜。那时住在维肯的是他的母亲和他的继父洛丁，他们有许多朋友和亲戚。这之中的很多人都已经是毋庸置疑的基督徒了，因为25年前两位日耳曼人来传教的时候，他们被画上了十字标记。因此，国王的命令并没有遇到任何大的困难。在维肯——他父亲特吕格弗曾经掌管的这片土地上，奥拉夫很快就如愿以偿，让人们至少在名义上皈依了基督教。不过，并没有证据表明人们已经放弃了之前的信仰。相反，他们还在相信旧神的存在，甚至还暗自信仰着他们。基督教牧师们也会提到奥丁和托尔，但他们说这些神已被基督击败，驱逐到黑暗之中了。于是，基督既掌控凡间又掌控天国，那么给旧神献祭也就失去了意义。正是通过这种现实的方法，许多本来不会入基督教的人也接受了它。人们同旧神的关系就是，只要将有价值的东西献祭给他们，他们就可以保证人们丰收。基督教来了之后，大家和神的关系很大程度上是一样的，只不过换了名字而已。人们之前是对奥丁和弗雷祈祷，现在转信基督和圣母玛利亚。虽然人们不再献出牛马做祭品，但香火依然还要，这样才能让闻到香火味的神保佑他们。挪威人一开始最喜欢的新教和旧教最主要的区别，就是新教主张世界和平、人心向善。奥丁和托尔热衷于杀戮和战争，而基督热爱和平，反对流血。

这种教义虽然对第一批皈依者影响有限，但它潜移默化地让几代后的挪威人的道德意识在根本上发生了改变。旧的萨满教和任何文明都不兼容，因为它最终意味着世界的毁灭；只要杀戮在本质上是光荣的、可以获得奖励的，那么军火以外的任何买卖都不会繁荣，任何和平的产业都不能昌盛。在冰岛，日耳曼人的异教影响依然存在，所以就算基督教早就传了进来，肆意杀戮的传统依然延续了几个世纪，最终导致了社会的停滞、退化。而挪威的结果只是比

图 34　发现于挪威卑尔根旁的教堂中的古代挪威织布机

原先好了一点儿，这在之后的记录中会具体展现；相反，负面的结果要更为严重：全国性的资源稀缺导致了挪威人 400 年的自相残杀，这是任何好处都弥补不了的。

奥拉夫·特吕格弗松当时不可能想到基督教能带来更好的社会影响，就连只需要信仰一个神的优点，都没有在当时的传教中被强调；相反，挪威的基督教尽可能贴合之前的多神论，并由三位一体、圣女玛利亚和许多圣人构成的新体系取代之前的诸神。如果说传教的性质由传教者决定，那么我们可以说，早期的日耳曼基督教和它替代的教义并没有太大的差别。我们在《奥拉夫·特吕格弗松传奇》（*Saga of Olaf Tryggvessom*）中看到了唐布兰德（Thangbrand）这样的牧师：他暴力、好斗、喜欢杀人。这在和平的福音里是很少见的。唐布兰德是一位撒克逊人，曾与许多其他传教士一道来帮助丹麦人皈依。来自坎特伯雷的西里克主教（Bishop Siric, of Canterbury）在一次访问中获得了一块做工奇异的盾牌，上面刻着十字架上的基督图案。不久以后，唐布兰德就用这块盾牌获得了奥拉夫的好感。他把盾牌卖给了奥拉夫，因此变得富裕。他接着买下了一个爱尔兰姑娘，因为她的美丽使他着迷。一位日耳曼战士也想占有她，被拒绝之后，对牧师发起了挑战。在一场决斗中，日耳曼人被杀死了，可牧师的名誉也因此受到了影响。他不得不到奥拉夫那里寻求庇护，奥拉夫接纳了他，让他做自己的宫廷牧师，受西格德主教（Bishop Sigurd）管辖。这位西格德主教是盎格鲁－撒克逊人，是奥拉夫从英格兰带来的，很可能有挪威人的血统。他性格沉稳、心地善良，与残暴的宫廷附属牧师形成了鲜明的对比。

维肯基督化之后，下一个就是阿格德尔。在南霍达兰郡，一群有权势的首领聚在一起，想要吓退奥拉夫。在这之前，国王还没有遇到任何有组织的反抗。然而，国王无所畏惧、强势果断的作风让他们最终皈依了基督教。不过，作为交换，他们要求国王将自己美丽的妹妹阿斯特里德（Aastrid）嫁给年轻又高贵的首领索尔的埃尔林·斯克贾尔格松（Erling Skjalgsson of Sole），国王觉得这门婚事很合适，便答应了下来。这次的成功让国王非常高兴。他立刻前往特伦德拉格郡，因为在那里有一座金碧辉煌的哈拉德的庙宇，是挪威异教徒的主要庇护所。奥拉夫仿佛受到神圣力量的驱使，不计后果地摧毁了神坛，烧掉了他们的神像，拿走了供奉的财物。当地人很快做出了回应：他们把战箭[①]传遍每一户人家，集体动员准备迎战奥拉夫，而奥拉夫这个时候只带了一小队人马，所以选择了撤退。他来到北边的哈洛格兰德，在那里，托雷·约尔特（Thore Hjort）和索约塔的哈莱克（Haarek of Thjotta）正带着一路军队准备为他效力。这种情形下，谨慎比勇猛更重要。国王没有急于登陆，而是回到了特伦德拉格郡。农民们这时已经回去了，并开始在神庙旧址的位置建立教堂。奥拉夫想让所有特伦德拉格郡人都知道，他是绝对不会退缩的，不论是暴力还是威胁，都不能让他放弃。为了扩张他的势力，他开始在这里建立皇家住所，为今后的尼德罗斯城或特隆赫姆奠定了根基。

初冬时，奥拉夫再一次召集农民在弗洛斯塔集会（挪威语Frostathing），而这一次，大家又是全副武装准备迎战，比上一次阵势还要大。会场恢复秩序后，国王站起身来，精彩地讲了一番新教的教义，再次要求特伦德拉格郡人接受洗礼、停止献祭。然而，他还没讲多久，就被愤怒的农民打断了。他们威胁道，如果他不立刻闭嘴，他们就会攻击他，将他驱逐出挪威。其中一位最积极的反对者，是斯科

[①] 每一个居民会将战箭（hoerör）插在邻居的门上，以此告知战争即将来临。因此，赠送和砍下战箭，都是发送战争的信息。

挪威的故事

格·阿斯比约恩松（Skegge Aasbjörnsson）首领，又叫铁胡子（挪威语 Jernskjegge）。奥拉夫最终发现，用说服的方式是不能达到目的的，因此他延期了宣传，等待更好的时机。于是，他说话变得温和了，他向农民保证，圣诞节的时候一定会出现在献祭仪式上，然后再跟他们讨论皈依的问题。集会就这样和平地解散了。

献祭仪式之前，奥拉夫邀请周围郡县里最有权势的首领和农民，在哈拉德举办宴会。他安排 30 艘船在海口等着，以备不时之需。宾客们都享受到了皇家的待遇。当夜幕降临时，他们都喝得醉醺醺的。次日清晨，奥拉夫让牧师举行仪式，而船上的士兵也前来参加。宾客们都神志不清，没法享受到仪式的神圣性了，而是焦虑地看着这么多奥拉夫的部下聚集在一起。在仪式结束后，奥拉夫站起身来对大家说：“我们上次在弗罗斯腾（Frosten）的集会（thing）上，我让人们接受基督教洗礼，但他们却让我必须像埃塞尔斯坦的养子哈康那样，和他们一起献祭。我没有拒绝这个请求，而且我也承诺要在摩尔的献祭典礼上出场。然而，如果我参加你们的献祭，我将牺牲最重要的东西。今天，我不会献上奴隶或者罪犯；我将献上出身最高贵、最强大的农民。"

接着，他点了 6 个最有权势的首领，宣布把他们献给奥丁和弗雷，以求换取好的收成。这 6 个首领是最活跃的反对者。这些人还没缓过神来，就已经被捉住。摆在他们面前的只有两个选择：要么受洗，要么牺牲自己向他们的神明献祭。他们很快就决定选择了前者。在仪式结束后，他们请求离开，但国王扣押了他们，直到他们用自己的儿子或者兄弟做人质才放他们走。

之后不久，在莫勒冬季的耶鲁节庆典上，国王带着大量随从而来。农民也全副武装，咬牙切齿准备迎战。只不过这一次，农民们更加蔑视他们的敌人。农民里最显眼的要数高大壮硕的铁胡子了，

第十一章 奥拉夫·特吕格弗松

他积极地担任抵抗军的先锋。国王想要演讲,但是噪音实在太大,没有人听得见他说什么。过了一会儿,混乱渐渐平息,国王便重申之前提出的要求:所有人必须接受洗礼并信仰基督。铁胡子傲慢地回应道,农民们来就是为了阻止国王触犯法律,因为法律规定给神献祭,所以不论奥拉夫愿不愿意都必须献祭,就像他的祖先那样。国王耐心地听完了他的话,宣布自己愿意履行诺言。他带着许多人进入了教堂,留军队在原地不动。这是因为,教堂里是不能带武器的。然而,国王还是带了一根结实的金柄杖。他仔细地打量着每一尊神像,尤其在托尔前面停留了许久。他发现,托尔的手上装饰着金银制作的戒指。突然,在众人瞩目下,他忽然举起杖,给了神像一记重击,导致它从神座上掉落下来,摔成碎片。与此同时,他的部下砸碎了其他神像,杀死了门口的铁胡子。这显然是奥拉夫提前计划好的。农民军被这严重的亵渎行为吓了一跳,顿时不知所措。神像一旦被砸毁,他们就不知自己为何而战了。本来他们还指望铁胡子可以带他们宣泄自己的不满,可是铁胡子已经死了,而其他人不敢站出来发声。于是,当国王第三次要求他们受洗或者与他战斗的时候,他们选择了前者。他们按国王的要求上交抵押品,以确保他们放弃旧教接受新教,然后便悉数赶回家中。奥拉夫为铁胡子家里支付了赔偿金,并决定娶他的女儿古德伦为妻。新婚之夜,古德伦试图杀死国王,但没能成功,最后被遣返回家。奥拉夫对此并未感到惋惜,因为他很快又开始了一段新的婚姻。

这一次,他看中了傲慢的西格里德(Sigrid the Haughty),她是瑞典国王埃里克的遗孀。这位西格里德富有且手握大权,她还是瑞典奥拉夫国王的母亲,同时在哥特兰拥有大片地产。因此,她身边有很多烦人的追求者,他们从世界各地赶来,只为获得她的芳心,享有她的财产。其中还有金发王哈拉尔德的后代,名叫哈拉尔德·格隆斯科（Harold Grönske，格陵兰人之意），而西格里德把他活活烧死了，因为他求婚的姿态非常傲慢。

"我要让这些小国王知道向我求婚的风险。"她说道。接着，她便下令烧掉追求者们居住的房屋。

不过，西格里德很高兴同奥拉夫·特吕格弗松以谈判的方式商讨婚约，并同意在康格海尔（Konghelle）与他见面，此地在挪威和瑞典的边境线之间。奥拉夫提前送了她一枚在哈拉德神庙门上拿下来的金戒指。西格里德一开始很喜欢它，可之后她发现这枚戒指里面竟然是铜的，这让她很生气，不过她还是决定去见奥拉夫。二人如约见了面，对成婚的条件进行了商讨。奥拉夫坚持一条，那就是西格里德必须受洗，而她坚决不同意。国王跳了起来，用手套指着对方的脸，大喊道："我从你这异教的老女人身上还能得到什么？"她也起身，气得说不出话来，心中充满了愤怒。当她走到门口准备离开时，她转过头来对奥拉夫说："你能得到死亡。"

图35　出土于哈德兰的格兰的符文石。上面的铭文翻译如下："塞里克之女贡沃尔，为纪念她的女儿阿斯特里德而修建了一座桥。她是哈德兰最漂亮的少女。"巴格教授说："这是最心灵手巧的少女。"

这一次见面后不久，很可能只是为了更好地进行她的复仇计划，西格里德嫁给了丹麦的斯文一世·弗克比尔德。然而，斯韦恩迫使妹妹塞拉（Thyra）嫁给文德兰国王布里斯拉夫（King Burislav）后，塞拉立刻逃往挪威，寻求奥拉夫的庇护。二人之前可能见过面，并且奥拉夫对塞拉产生过好感。不论怎样，二人最终结婚了（998年），虽然塞拉和西格里德一样，之前有过两次婚姻。

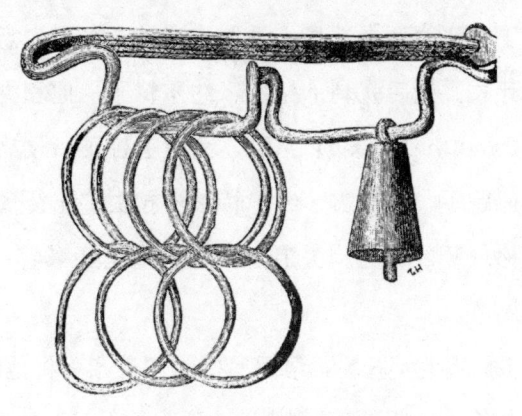

图 36 用途不明的乐器

可能按照两个八度的音高制造的，出土于布拉兹堡的西尔戈德

这段小插曲过后，奥拉夫再次投身于他终生的事业之中。那位曾阻止过他登陆哈洛格兰德的首领仍然不屈服于他，而现在时机已经成熟，是时候让他们屈服于自己了。有三个人他需要攻克，分别是托雷·约尔特（Thore Hjort）、艾文德·金利瓦（Eyvind Kinriva）和吟游诗人艾文德的儿子索约塔的哈莱克。他们三人是这一地区的贵族和首领。他们的权力来源于旧教，因此他们自然很希望延续传统。由于哈莱克是金发王哈拉尔德一个女儿的后代，他觉得自己和奥拉夫在血统上一样高贵，所以不用武力是不可能让他屈服的。同时，有两个哈洛格兰德人被国王抓住后，又逃了出来。他们分别叫作西格德和霍克（Hauk）。他们伪装成国王的敌人，得到了哈莱克的优待。有一天，他们获得许可，开启了一次航行征程。他们带着补给品和酒上船，前往尼德罗斯（Nidaros），并将哈莱克送到了国王的手中。哈莱克坚决不接受基督教洗礼，可国王在拘留他一段时间后，居然送了他一艘船，让他毫发无损地回到了家里。从那时起，虽然哈莱克表面上没有改变，心底里却成了国王的盟友。他甚至还背叛了朋友艾文德，把他也送到了奥拉夫国王的手中。国王给了艾文德两个选择：受洗或者被杀。出人意料的是，艾文德选择了死亡。最后就剩下托雷·约尔特了。他和据说是男巫的强者劳德（Raud the Strong）结盟，和国王打了一仗后落败。劳德乘着他的龙船跑了，而托雷·约尔特被奥拉夫追击。奥拉夫国王派一只叫作维格（Vige）的狗去追击托雷，嘴里还喊着："维格，去抓那头牡鹿①。"

那只狗果然追上了托雷，最后奥拉夫国王亲手将他的头颅砍下。不过，奥拉夫还是没能追上劳德，因为恶劣的天气让他不敢出海。他开始怀疑，是劳德用巫术使天气变糟；几天后，等天气变好，他传唤大主教西格德，寻求他的建议。据说，大主教拿出来一个十字架，放在国王的"仙鹤号"船头，周围环绕着点燃的蜡烛。他换上一身牧师服装，一边祈祷一边洒圣水。这时，虽然风暴还在咆哮，但是却避开了"仙鹤号"。后面的船只沿着"仙鹤号"开辟的航道航行，风雨无阻。由巨浪掀起的白雾在船两边形成两堵墙。人们立刻拿起船桨，向劳德的住所进发。劳德在睡梦中惊醒，被抓后因不愿成为基督徒而受到酷刑，最终被折磨至死。据传说，国王往他的嘴中放入一条蝰蛇。蛇穿过他的整个身体，最终毒液杀死了他。

显然，这个故事有许多杜撰的部分，但是对罗德船只"蟒蛇

---

① 在挪威语中，约尔特（Hjort）是牡鹿的意思。

号"的细节描写是非常真实的。国王得到了这艘船，在之后的斯沃尔德（Svolder）战役里用到了它。人们可能很难相信像奥拉夫·特吕格弗松这样有风度又高尚的君主居然会有如此残忍的行径。事实上，这样的事情他做过不止一件。在艾文德·金利瓦拒绝皈依基督教的时候，奥拉夫下令将一块烧红的炭块放在他的肚子上，最终将他折磨致死。奥拉夫认为，上帝会奖励他惩戒异教徒的行为。但是，和善、拘谨一些的人很可能无法将整个挪威基督化。事实上，正是因为奥拉夫的热情和专一，以及这种为达目的无所顾忌的决心，让他变得高尚。

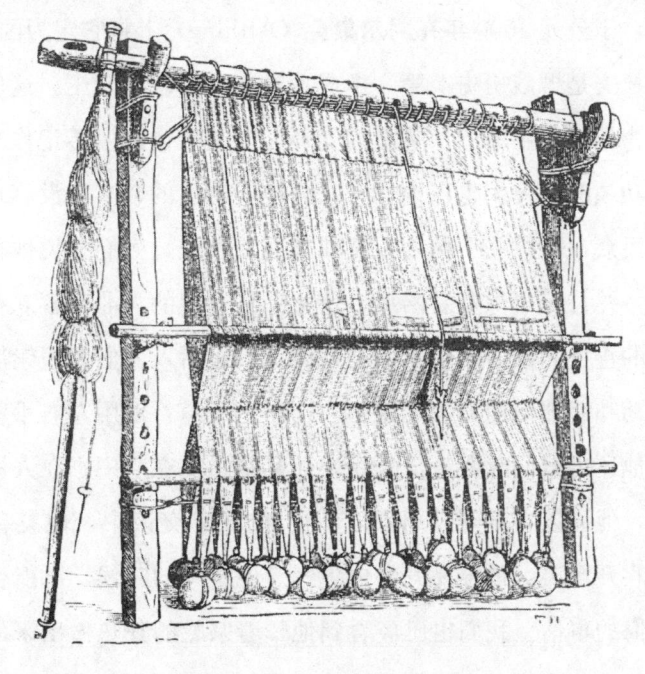

图 37 法罗岛上的老织布机

在他结交哈洛格兰德的首领哈莱克之前，他就派过使者前往法罗群岛（Faeroe Isles）、冰岛和格陵兰，让当地的首领放弃原先的宗教。法罗群岛的伯爵西格蒙德·布里斯特松（Sigmund

Bresteson）在公元 999 年来到挪威受洗。唐布兰德被送到冰岛传教，起初他获得了巨大的成功，成为重要的首领，给附近的小白王吉苏尔（Gissur the White）以及伯格索尔山上的大律师恩加尔（Njaal of Bergthor's knoll）等首领施洗。可是当这位好斗的牧师遇到困难后，他很快就诉诸暴力，杀死了几个人。他因此被逐出了岛屿。在这之前，他还住在挪威的时候，奥拉夫给了他一座位于莫斯特的教堂。他嫌收入不够养活自己，便从邻近的异教地区抢掠物资。这种强盗行为让国王大为愤怒，因此让他前往冰岛将功补过。但他这一次传教的成功让奥拉夫和他自己都大为震惊。人们非常崇尚新教，于公元 1000 年在阿尔集会（Althing）上将它定为国教。

奥拉夫是挪威历史上第一个成功推广基督教的国王。这项伟大的成就为他的名字戴上了耀眼的光环，以至于让许多传记作家给了他超出功绩的好评。也正因如此，与他同时代的、本来没有理由敬仰他的民众，也被关于他的传记所迷惑。首先，人们总说他很有男子气概，并且长得像贤君哈康，这就让见过他的人非常喜欢他；其次，他的善良和魅力吸引人们与他交流；最后，人们都很崇敬他在体育运动和武器使用方面的造诣。斯诺里写道：他用左右手都可以射箭；他还可以同时耍三支长矛，让其中一支在空中；在人们划船的时候，他可以在船桨上来回跑动。在日常交谈中，他友善又慷慨，喜欢开玩笑，很容易开心或生气。他生气的时候，可能会做出让他后悔的事情。我们也已经看到他带着宗教的狂热做出来的一些事情。他为此应该感到后悔，只不过没有证据表明确实是这样。

在奥拉夫·特吕格弗松执政期间，虽然挪威四面受敌，但很少有国际战争。血斧埃里克最后一位活着的儿子古德罗德在公元 999 年的夏天进攻了维肯。国王没有参加这场战役，他的两位内兄索尔吉尔斯（Thorgeir）和亨宁（Hyrning）打败了古德罗德并杀死了

第十一章 奥拉夫·特吕格弗松

他。不过,更危险的还是傲慢的西格里德,她一直等待着复仇的机会。尽管奥拉夫知道危险,但仍然为仇人创造了机会。他的王后塞拉在丹麦的文德兰有大片地产,但最近因为哥哥斯文一世·弗克比尔德不让当地人给她上贡而有些不满。每次与哥哥聊天,她都会谈起地产,两人展开口水战。她见口头说服不行,便用眼泪和祈祷,这让奥拉夫最终失去了耐心。如果国王派人以和平的姿态前去谈判,那么事情会很好地得以解决。在三月的一个周日,是基督教的棕枝主日(Palm Sunday),国王在路上遇到一个卖蔬菜的商贩。他买了一些带给王后,说这些蔬菜在这么早的季节居然可以长这么大。然而王后一如既往地为她在文德兰的土地流泪,将买来的蔬菜轻蔑地扔掉,边哭边说:"我的父亲哈拉尔德·戈姆松在我长牙的时候送给我的最好的礼物被斯韦恩抢走了,可你却因为害怕我的哥哥斯韦恩而不敢去丹麦把属于我的东西拿回来。"

国王对此愤怒地答道:"我从不怕你的哥哥斯韦恩,如果他见到我,一定会屈服于我。"

于是国王召集所有郡县的首领,让他们把所有战舰都投入战斗。他自己也刚刚建造完一艘巨大且华丽的战舰,叫作"长蛇号"(The Long-Serpent),其名声响彻北方大地。它全长 56 埃尔(挪威单位),约 120 英尺;战舰的每一侧都有 52 个桨位,可以容纳 600 名士兵。船上的每一个人都是精心挑选的,全部在 20 岁到 60 岁之间。这之中只有一个特例,那就是艾纳·恩德里松(Einar Eindridsson),绰号塔姆巴斯克勒弗尔(Thambarskelver)。他虽然只有 18 岁,却是全挪威最棒的弓箭手。他有一副名叫塔姆巴(Thamb)的弓,能将一支钝箭射穿悬挂的生牛皮,而他也因此而得名。

为了区分"长蛇号"和他从强者罗德那里掳获的船,他把后者称为"短蛇号"(The Short-Serpent)。除此之外,他还有很多战舰,而他的内兄们包括索尔的埃尔林·斯克贾尔格松、索尔格尔和亨宁，都各自带着大批精良的舰队加入他的行列。

他南下前往文德兰的时候，共有60艘战舰和差不多数量的小型运输船。虽然布里斯拉夫国王见到塞拉有些不快，但还是热情地迎接了奥拉夫。这很可能是因为他的女儿盖拉曾是奥拉夫的妻子，于是他们便有了共同的敌人——斯文一世·弗克比尔德。土地的问题和平解决了，奥拉夫结束了愉快的旅程，准备打道回府，但是，他在文德兰的消息传到了敌人的耳朵里。为了打他个措手不及，敌人召集了西格瓦尔德伯爵和尤姆斯维京人的首领。这一次，叛徒伯爵得逞了。他获得了奥拉夫的信任，让其打消了斯韦恩可能会攻打他的担忧；接着，他提出要带自己的军队护送奥拉夫，带领他走出危险的文德兰海域。西格瓦尔德伯爵的夫人阿斯特里德在行动的前一天晚上尽可能在众人面前警告丈夫，还提出要送一艘船保证国王的安全。奥拉夫对这虚伪的朋友产生了一种错误的好感，在西格瓦尔德的建议下，他甚至同意让自己的一部分部队先出发，原因是海岛之间的空隙非常狭窄。与此同时，叛徒正不停地和斯韦恩国王交涉，最终他同意将奥拉夫引入陷阱。除了斯韦恩国王，还有想为父亲哈康之死复仇的埃里克伯爵、瑞典的奥拉夫国王和傲慢的西格里德的儿子。这些人各自带着六七十艘战舰，躲在斯沃尔德小岛的背后，也就是吕根岛（Rügen）和现今普鲁士的波美拉尼亚（Pomerania）之间。他们等了好几天也不见挪威船只的踪影，开始变得不耐烦了，于是带着人上岸来打发时间。三个指挥官站在一起，向远处眺望着，突然，他们惊喜地发现，挪威的运输船队跃入视线，迎风驶了过来。

这一天天气晴朗，阳光灿烂，平静的水面几乎没有波澜。船只顺利地驶入海域，一艘比一艘宏伟、壮观。当斯韦恩国王看到埃尔林·斯克贾尔格松所在的那艘漂亮的大船时，他一眼就认出那就是

第十一章　奥拉夫·特吕格弗松

"长蛇号"，尽管船头没有龙首。"奥拉夫今天一定是害怕了，"他说，"他都不敢在船头挂上龙首。""我认得它的船帆，"埃里克伯爵说，"这艘船不是奥拉夫的，应该是埃尔林·斯克贾尔格松的儿子的。让这艘过去吧，因为我觉得他本人一定在这艘船上。如果他和他的部队不在的话，我们就开战。"

就这样，挪威的大船三三两两地过去了，而每一次，瑞典和丹麦国王都觉得其中一定有一艘是"长蛇号"。这时，西格瓦尔德伯爵的 11 艘船都出现了。他收到盟军的信号，突然让船绕着小岛走，这让驾驶国王那艘"仙鹤号"的船长索基尔·戴迪尔（Thorkill Dyrdill）大吃一惊。斯韦恩国王一见到这华丽的舰队，便不顾埃里克伯爵的警告，率人登上甲板。他甚至还含沙射影地嘲讽埃里克伯爵过于软弱，不敢替父亲报仇。埃里克则回答道，瑞典和丹麦的部队与他的部队相比哪方作战更勇猛，天黑之前就可以见分晓。

索基尔·戴迪尔降下"仙鹤号"的帆，看了看情况，决定等待国王到来。接着，"短蛇号"也来了，它金光闪闪的龙头倒映在波光粼粼的水面上。斯韦恩国王兴奋地大喊道："今晚，这艘船就将把我载在水面上，而我将驾驶它远航。"

对斯韦恩的嘲讽依然怀恨在心的埃里克说："即使奥拉夫现在没有比这艘更大的船，斯韦恩就算倾其丹麦所有的兵力也不可能赢过他。"

当泛着金光的"长蛇号"在远处的地平线上甩动它的船头时，三位君主都被它的美丽所折服。许多人看到它密集排布的盾牌以及闪烁的剑光时，也不由得害怕颤抖。

"这艘华丽的船，"埃里克伯爵说道，"和奥拉夫这样的国王非常般配。或许他说得对：奥拉夫的卓越与其他国王相比，就像'长蛇号'较之于其他船一样。"

挪威的故事

奥拉夫的舰队现在只有 11 艘船还看得见，他手下的许多首领都建议他不要打这场寡不敌众的仗，可他完全听不进去，而是让所有船只都做好战斗准备。

"我这辈子在海上，"奥拉夫大声喊着，整个海面都能听到，"还从来没有从任何战役里逃跑过。我的命运由上帝掌握。我绝不会逃跑的，因为一个国王从不畏惧他的敌人。"

敌人的舰队也从小岛后面驶出来了，他们船只众多，远远望去，仿佛整片海域都被船填满了一样。打头的是斯韦恩国王率领的 60 艘大帆船。

"在我们正对面的，是哪一位首领？"奥拉夫问道。

"那是率领丹麦军队的斯韦恩国王。"他的一名部下回答道。

"我可不怕他们，"奥拉夫国王说，"历史上丹麦人还从来没有赢过挪威人，他们今天也赢不了我们。那么右边的那位首领是哪里来的？"

他被告知，这是瑞典的奥拉夫国王的部队。

"瑞典人啊，"奥拉夫说，"他们今天来迎战我们的'长蛇号'，不如在家舔舔祭祀的碗①。我认为我们不需要担心这些吃马肉的人。那么丹麦人左边的那些大船是谁的？"

"那些船，"情报员告诉奥拉夫国王，"属于埃里克伯爵。他是哈康伯爵的儿子。"

"和他的战斗或许可以打一场硬仗，因为我觉得，埃里克伯爵有很充分的理由攻击我们，而他和他的士兵们也都是我们挪威人。"

国王正说着，王后塞拉也来到甲板上。她见敌方如此庞大的舰队，而自己丈夫的力量如此渺小，不禁哭了出来。

---

① 这是对还在信仰异教的瑞典人的嘲讽。

第十一章 奥拉夫·特吕格弗松

图 38 莫斯特岛上的教堂，被认为是由奥拉夫·特吕格弗松修建的

"请不要哭了，"奥拉夫国王说，"因为你将会拥有文德兰的土地。今天，我就要把你一直跟我说的，你长第一颗牙时得到的礼物要过来。"

斯韦恩国王打头阵，但进攻后没一会儿就被迫撤退。他的战舰一艘接一艘地失去战斗力，船上的士兵遭到血腥的屠杀。奥拉夫站在"长蛇号"最高的甲板上[①]，好让所有人都能看到他。他指挥着防守，自己也时不时地掷出长矛，射出弓箭。他镀金的头盔和盾牌在阳光下非常耀眼，他在盔甲外面还穿着一件深红色的短上衣。丹麦人败下阵来之后，瑞典人又立刻来助阵。他们的进攻持续了很久，因为每当有一个丹麦或瑞典人倒下都会有 10 个人来填补他的位置，而挪威阵营四面受敌，必须一直忍受雨点一般的长矛和弓箭，还要迎接一波又一波的近战。不管他们多累多渴，都不敢给自己一点儿休息的时间。每一个因伤而倒下或不能再战斗的人都没有人来填补空缺。然而，尽管敌方在数量上占绝对的优势，但如果埃里克伯爵没有对奥拉夫军队的右翼造成致命打击的话，他们或许还可以看到斯沃尔德的太阳。事实上，丹麦和瑞典的联军在奥拉夫的军队

[①] Löftingen 是老式战舰船尾上一个高高立起的平台，和法国与西班牙在 13 世纪的"皇家船尾"的高台非常像。

面前已经败退。不过，埃里克带领自己最大的战舰"铁羊号"（The Iron Ram）在右翼撕开一个大口。这一次是挪威人打挪威人，那么决定成败的就是数量了。国王船上的士兵英勇奋战，但实在是敌不过数量庞大的对手，有的跳入海中，有的跳到别的船上。第一艘船拿下之后，埃里克按照计划，逐一攻破。最终，奥拉夫国王只剩下"长蛇号"了，其他的防御者都死了。"铁羊号"在前方开辟出了一条宽广的道路，它直直地撞上"长蛇号"的船腹。宏伟的大船每一根柱子都断了，但是因为没有风，所以并没有受到严重的损伤。艾纳·塔姆巴斯克勒弗尔站在"长蛇号"的船桅前，看见埃里克正站在"铁羊号"的船头，被许多盾牌拥护着。他弯弓射向埃里克，这支箭从他头上呼啸而过；紧接着，另一支从埃里克伯爵的身体和胳膊中间穿过。伯爵赶忙转向他的弓箭手费恩·艾文德松（Finn Eyvindsson）说："快射死那个在甲板上的高个子。"

　　费恩在艾纳要射第三支箭的时候放出了自己的箭，正中敌人弓的中央；在一声巨响中，艾纳的弓断成两半。

　　"什么东西被毁掉了？"奥拉夫问。

　　"是挪威断在了您手中，陛下。"艾纳哀嚎道。

　　"但愿我的弓箭还没被破坏得太严重，"国王说，"你拿去用吧。"

　　他把自己的弓扔给弓箭手，可弓箭手将这支弓折成两半，然后扔了回来，说："陛下的弓箭太弱了。"

　　埃里克伯爵正信心满满地准备着最后一击，他认为结果已毫无悬念。

　　奥拉夫的士兵们已经穷途末路，无处可逃了。国王从高台上一次投出两支长矛，击毙了多个敌人。同时，他也观察着前方甲板的战斗。他发现埃里克伯爵正在组织进攻，而自己的部下却毫无进展。

　　"你们就这样软弱地挥舞你们的剑吗？"他叫道，"我看它们毫无杀伤力。"

"不，"一名士兵答道，"这只是因为我们的剑已经又钝又破。"

国王赶忙跑到前甲板上，打开一个武器盒，里面有许多明亮而锋利的剑，他拿起它们，扔给自己的士兵。当他弯腰时，铠甲下的鲜血从他手上滴落，士兵这才知道他受伤了，但是他们没有时间处理任何人的伤口。埃里克伯爵的士兵像风暴一样冲过来，挪威人一个接一个倒下，实在没法阻挡他们了。雨点般的弓箭向国王袭来，他显然撑不了多久了。不过，国王并没有试图隐藏或庇护自己，因此所有人都看得见他。一位忠诚的勇士科尔比约恩·斯塔拉雷（Kolbjörn Stallare）见国王不妙，跳上高台来到国王身边。他和国王长得很像，个头也一样，还穿了一身相似的战服。于是，弓箭开始向两人密集地袭来。他们抬起的盾牌因为插满了箭头而变得沉重。一时间，空气中弥漫着兵器碰击、士兵呻吟和弓箭呼啸而过的声音。国王放下盾牌看到，除了他和科尔比约恩只有8个人还活着。他将盾牌举过头顶，跳下水去。科尔比约恩，也想跟着这么做，但被埃里克伯爵的士兵拦下了，因为对方误以为他就是国王。奥拉夫国王溺死了，没有什么有力的证据证明他还活着。不过，人们很喜欢的一个传说，他游到了西格瓦尔德伯爵的妻子阿斯特里德派来的救援船上。之后，他前往罗马朝圣，在圣土以隐士的身份生活了很久。

奥拉夫·特吕格弗松国王去世时享年36岁（1000年）。塞拉王后悲痛不已，认为丈夫的死自己负有很大责任。战斗结束后，当她来到甲板，看到她所带来的灾难时，她陷入了深深的懊悔。埃里克伯爵很同情她，温柔地对她说，她回到挪威后会以伟大国王的遗孀身份受人尊敬。她感谢了伯爵的好意，她说自己不愿意再活下去了。战争结束后的第九天，塞拉王后就去世了。

第十二章
埃里克伯爵和斯韦恩·哈康松以及发现文兰

在奥拉夫国王死于斯沃尔德战役后，同盟的三个君主平分了他的王国。除了挪威奥拉夫国王的七个郡县外，埃里克伯爵获得了挪威西海岸从芬马克（Finmark）到林德斯内斯角（Lindesness）[①] 的所有郡县；斯文一世·弗克比尔德则获得了从林德斯内斯角到瑞典的地盘，包括瑞典边境线上的阿格德尔，排除兰里克；而兰里克（现在属于瑞典）则交给了瑞典国王，而斯韦恩又把它转手送给了他的内兄斯韦恩伯爵（Earl Sweyn）作为封地（这位斯韦恩也是埃里克伯爵的亲兄弟）。不过，条件是斯韦恩要上交给瑞典奥拉夫国王一半的税收，并且如果国王遇到战争，斯韦恩也必须出兵援助。斯文一世·弗克比尔德也以类似的条件将东边的劳马里克和文古尔马克交给了埃里克伯爵。

虽然埃里克有出色的能力和高尚的品质，他却从来没有像父亲哈康伯爵那样统治整个挪威。他的兄弟斯韦恩伯爵的权威比他还要弱。在奥普兰郡，还有一些金发王哈拉尔德后裔做了半独立国王；在罗加兰（Rogaland），奥拉夫·特吕格弗松的内兄索尔的埃尔林·斯克贾尔格松（Erling Skjalgsson）建立了可以与伯爵相媲美的宫

[①] 林德斯内斯角是挪威最南端。

廷，每天有 90 名士兵为他站岗，有时甚至还会达到 240 人以上。埃尔林拒绝承认任何比自己地位高的伯爵或国王。除了大量耕地的仆人，他每天还会带 30 名贴身侍从在身边。他是一个好主人，鼓励手下节俭持家，给他们定量的工作，然后分给他们各自一片耕地。只要他们完成了工作，就可以自由分配自己的时间。他们还可以将自己土地里种出来的农作物以市场价卖给主人，然后用一至三年的积累就可以赎回自由身。之后，埃尔林还会继续照顾他们，雇他们渔猎、开垦森林或做些其他工作。

由于埃尔林严格遵守奥拉夫的规定，便难免与其他伯爵产生冲突。他对哈洛格兰德的农民征收土地税，但因为埃里克伯爵也征收了一份，可怜的农民若是不加以反抗，就要交两份税了。不过，双方都不允许这样的事情发生。事实上，像埃里克这样在境外有很多亲信的人，能够容忍一个小头目挑战他的权威，也是很不可思议的一件事。埃尔林确实有很多有势力的亲属，也在沿海地区有许多支持者，如果他要反抗，或许也可以形成一股力量。不过，如果埃里克真的想要讨伐他，他几乎毫无机会。其实，虽然埃里克伯爵之前一直生活在战乱之中，却有一颗善良的心。当使命召唤他时，他是一个强大的战士；但是，除非是极端情况，不然他不会轻易拔出自己的剑。不幸的是，他的出身和经历让他代表了一个即将逝去的时代。这就是所谓的"英雄"时代——一个充满狂热的个人主义、违反现代国家观念的时代。很显然，埃里克对金发王哈拉尔德建立的封建体系毫无感觉，而正是金发王哈拉尔德激进的想法让他有意或无意地成了文明进步的主导者。已经有足够的证据表明，是埃里克让挪威的附属地区、奥克尼和设得兰群岛与故土疏远，而且没有努力让它们回归同盟关系。他们家族也没有渴望国家统一的传统；不过，在当地的分离主义传统下，他们还是享有很高的特权与名誉的。为了继续实行这样的政策，埃里克伯爵和斯韦恩就需要像他们的父辈一样，重回异教信仰。他们也确实不太接受基督教，因为他们从没有在人们面前宣扬过自己的信仰，也没有镇压过其他异教的复兴。

在复古风气盛行之下，奥拉夫·特吕格弗松执政时期有些衰落的维京征程也重获新生。埃里克伯爵年轻时是一名勇敢的维京人，而且他很可能觉得老日耳曼异教传统是完美无缺的。同时，斯韦恩·弗克比尔德组织大批挪威人前往英格兰远行，又燃起了对这种旧生活的热情。这些人虽然名义上是基督徒，但他们心里却是异教徒，只崇尚武力与野蛮。

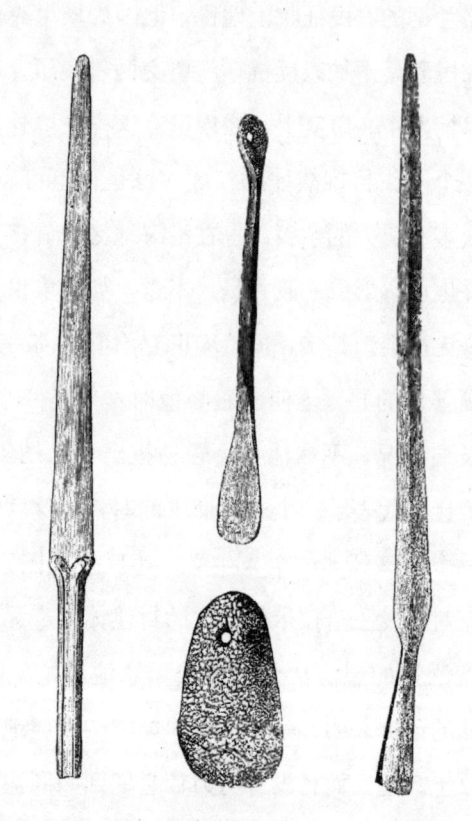

图39 铁与鲸鱼骨制的梭子、织布机的配重

第十二章 埃里克伯爵和斯韦恩·哈康松以及发现文兰

伯爵们要想巩固自己的统治,就必须在特伦德拉格郡之外建立联系。那个年代的政府很大程度上要依靠当地贵族的帮助,因为这些人的意愿通常可以直接影响到民众。因此,团结奥拉夫·特吕格弗松晚期的支持者就显得很重要,因为可以利用他们的社会影响力左右社会舆论。埃里克伯爵可能就是基于这样的考虑,没有攻击埃尔林·斯克贾尔格松;此外,他给艾纳·塔姆巴斯克勒弗尔的待遇应该也是一样的道理。我们已经看到,这位年轻的弓箭手在斯沃尔德是如何只差毫厘就取了伯爵的性命,伯爵也因此对他的勇武十分敬佩。战后,伯爵一如既往地对敌宽容。他释放了艾纳,并想方设法和他建立友谊。埃里克伯爵把自己的妹妹伯格尔约特(Bergljot)许配给他,还赐予他大片封地,让他成为特伦德拉格郡最有权势的首领。

对于自己的兄弟斯韦恩,埃里克像对待其他有求于他的人一样,大度地赐予他权力。然而,斯韦恩因为自己的所得比埃里克少而不满:他只能做瑞典国王的大臣,掌管三分之一的国家,而埃里克可以直接掌管三分之二。这些抱怨随着时间的推移变得越来越强烈,最终埃里克不得不放弃自己的政府。1015 年,他召集国内所有有权势的首领和农民并宣布退位,然后将自己的土地平分给了他的儿子哈康(Haakon)和他的兄弟斯韦恩。由于哈康还未成年,暂时由艾纳做他的监护人。1015 年的秋天,埃里克伯爵前往英格兰,帮助强大的克努特(Knut the Mighty)征服了这个国家。后来,他的儿子哈康被挪威的奥拉夫·哈拉尔松(Olaf Haroldsson)驱逐出境,被迫宣誓再也不能统治挪威,只好加入了父亲的队伍。埃里克伯爵因为一次手术,于 1023—1024 年在英格兰去世。在哈康被驱逐之前,斯韦恩和哈康伯爵同埃尔林·斯克贾尔格松和好,承认了他从奥拉夫·特吕格弗松那里继承的封地,并获得了从松恩峡湾

(Sogne-fiord)到林德斯内斯角的所有沿海省市。为了加固他们之间的友谊，斯韦恩伯爵将女儿西格里德（Sigrid）①嫁给了埃尔林的儿子阿斯拉克（Aslak）。

正是在这些伯爵执政的时期，挪威人第一次探访了美洲大陆。一个叫作本贾尼·赫尔朱尔夫松（Bjarne Herjulfsson）的冰岛人在一次前往格陵兰（公元986年）的旅途中，被风吹离了航向，在向北行驶的时候发现他的左边有一块未知的陆地。由于没有冰川，海边只有长满树木的小山丘，所以他推断那里不是格陵兰。当他回到真正的格陵兰时，本贾尼将发现新大陆的消息告诉了大家，但因为他没有上岸探索而受到人们的嘲笑。不过，他的这段故事让红发埃里克（Erik the Red）爱探险的儿子雷夫（Leif）颇有触动。他买下了本贾尼的船，带上35个人踏上了寻找西边未知海岸的征程（公元1000年）。在向南航行的时候，他从右手边看到了第一块陆地。这里到处是冰川，没有草地的踪影。他给这块陆地取名为赫鲁兰（Helluland），因为在冰川的下面看起来有一块平面支撑着它②。这应该就是现在的拉布拉多了。雷夫继续南下，来到一片树木茂盛的地区，这里还有一片平坦的海滩。他给这里起名为马克兰（Markland，长满树木的土地之意），应该就是现在的新斯科舍省（Nova Scotia）。有北极星指路，他们一路向前，一天之后来到了一座岛屿，这里是一条河的入海口。由于适逢涨潮，船不能着陆，这一队探险者迫不及待地跳下船来，涉水上了岸。根据记载，此地的纬度是 41°24′10″，此时光照的时间又是一年中最短的。早上七点半日出，下午四点半日落。根据推断，雷夫一定是在马萨诸塞州（Massachusetts）的科德角（Cape Cod）附近或福尔河（Fall

---

① 有人给她起名叫西格里德，也有人叫她贡希尔德。
② Helle 在挪威语是"石头很平的地"意思。

第十二章 埃里克伯爵和斯韦恩·哈康松以及发现文兰

River)登陆的。他发现这个地方有很多优势。这里的冬天非常温暖,不需要将牲口赶到棚内喂养;河里有充足的鱼类,树林里有许多猎物。一位名叫蒂尔克(Tyrker)的日耳曼人发现了葡萄,他开心得不得了,以至于出现了家乡的口音,让大家误认为他中毒了。雷夫一行人管这里叫作文兰(Vinland),他们搭起小房子,在这里过冬。次年春天,他们继续起航前往格陵兰。

从描述中可以发现,要么是纬度计算出了错误,要么是新英格兰地区在最近的九个世纪里气候变得越来越恶劣,如今在科德角几乎不能把牲畜放养在野外,任何品种的葡萄也不能在马萨诸塞州沿海地区的冷风中生长,而美洲葡萄也不能够吊起日耳曼人的胃口。

1006年,冰岛人托尔芬·卡尔瑟文(Thorfinn Karlsevne)和妻子古德里德(Gudrid)组织了第二次远征。随行人员有160名,其中包括红发埃里克的儿子索尔瓦德(Thorwald)和女儿弗雷蒂斯(Freydis)。这是抱有殖民目的的第一次远征。他们带着牲口,计划长久定居。托尔芬不费吹灰之力就发现了雷夫的小房子,然后又在它们旁边盖了几座。接着,一群奇怪的人来了。他们乘着皮制的小船前来,希望用兽皮交换衣物、装饰品和武器。他们把这些人称作斯克雷林人(Skraellings)。不过,托尔芬拒绝卖给他们武器。当一头公牛从树林里出来大声咆哮的时候,斯克雷林人马上被吓跑了。从那一刻起,这些人开始敌视定居者,并一再攻击他们,杀死了好几个人。这种不安全感让幸存者不想再待下去。3年后,他们回到了格陵兰。

第十三章
智者奥拉夫

我们已经看到，在诸位伯爵温和而松散的治理下，基督教并没有在挪威继续发展。奥拉夫·特吕格弗松再有热情和精力也不能在5年之内根除民众心中对异教的影响；更糟糕的是，在他死后，很多他好不容易劝入基督教的人又回归了异教。直到奥拉夫·哈拉尔松国王（King Olaf Haroldsson）在位时，也许更多是在他死后成为挪威民众迷恋的对象时，基督教才在这片土地上稳定地传播开来。

奥拉夫的父亲是哈拉尔德·格隆斯科（Harold Grönske），爷爷是商人比约恩，后者被他的兄弟血斧埃里克杀死。因此，这又是一支可以上位的金发王哈拉尔德的后裔。前文提到，他的父亲因为大胆地追求西格里德而被她烧死，而同时，他还有一位即将分娩的妻子。奥拉夫由他的姥爷养大，在继父西格德·希尔（Sigurd Syr），也就是灵厄里克的国王那里度过了自己的童年。西格德·希尔的爷爷叫作巨人西格德（Sigurd the Giant），父母分别是金发王哈拉尔德和斯奈芙里德。根据法律，他和当时执政的奥拉夫·特吕格弗松都可以获得王位。不过，他是一个喜欢安静又没有野心的人，一心想着种田和管理自己的家产，无意治理国家。他在儿子刚出生的时候，曾在家里招待过奥拉夫，并受他引导皈依了基督教。据说，奥拉夫国王资助了西格德和其他亲戚的洗礼。

奥拉夫·哈拉尔松10岁的一天,他的继父让他给马套上马鞍。奥拉夫来到马厩,把鞍子套在一头公羊身上,然后带它来见西格德。西格德问他这是什么意思,他回答说,公羊之于战马,就像西格德之于其他君主一样。因此,西格德更配得到公羊。

奥拉夫在和其他孩子玩游戏的时候,总是盛气凌人。他始终觉得自己出身比他人高贵,要凌驾于所有人之上。12岁时,他就踏上了维京征程,让所有人对他的勇气与力量刮目相看。他频繁地侵略瑞典港口,以此为父亲报仇;在一次进攻英格兰的任务中,他还帮助埃塞尔雷德的儿子们对抗丹麦人(1008年)。在这动荡又狂野的生活中,奥拉夫丰富了阅历,并进一步锻炼了他与生俱来的领导力。1015年,埃里克伯爵的离开给王座留下了空位,他便抓紧时间回到故土。不过,他非常谨慎,因为他深知登基成功与否在很大程度上取决于民意。他离开了充满战争的英格兰,带着两艘商船跨过北海。在下船的时候,他脚下一滑,摔在了海滩上。

"天哪,我在这里倒下了。"他哭了出来,担心这是一个不祥的预兆。

"不,"他的一个手下说,"您是让您的脚在挪威的土地里扎根了。"

奥拉夫继续沿着海岸向南航行,一路上没有人认识他,也没有人知道他要做什么。一天,他正坐在海边的帐篷里打磨着矛头刺。这时,一个农民进了帐篷,一直盯着他看。

"你是谁?"他问道。

"我是个商人。"奥拉夫回答道。

"你有可能确实是个商人,"那人又说,"不过我认得奥拉夫·特吕格弗松的眼神,而且我相信,你即将遇上哈康伯爵,并且会胜利。"

"如果你说的是真的，"王子答道，"那么请加入我的阵营帮助我吧。"

奥拉夫回避纠纷的精明和聪慧马上就要体现了。在桑德峡湾，他成功地降服了年轻的哈康伯爵。后者此时毫无安全意识，只带着一艘船和几个随从航行在海上。奥拉夫见到他时，觉得他非常英俊。他只有17岁，身材高大而匀称；他的头发卷曲着搭在肩上，像丝绸一样闪烁着，在他的头发上还系着一根金色的头绳。

"看来关于你和你家族的传说都是真的，"奥拉夫说，"你确实很英俊。不过，你的好运看来是到头了。"

"我可看不出来我们的好运已经到头，"年轻人骄傲地说，"就算这种事情真的会发生，也不会发生在我们身上。自古以来，胜败乃兵家常事。我现在年轻又缺乏经验，也没有挑起过战争，所以没有能力保护自己。如果有下一次，我会做得更好的。"

"你难道不知道，"奥拉夫说，"从此以后对你来说，再也没有胜利和失败了吗？"

"那全都取决于你。"伯爵毫不畏惧地说。

"如果我让你毫发无损地离开，你以后会做什么？"

"请告诉我你想要我怎么做。"

"很简单，从此以后你离开这个国家，放弃对它的统治。另外，你要发誓永远不要对我宣战。"

伯爵别无选择，便答应了他的条件，然后前往英格兰投靠自己的舅舅——克努特国王。

在同斯韦恩伯爵开战之前，奥拉夫决定先确保让有势力的首领支持自己。为了这个目标，他去灵厄里克拜见自己的继父西格德·希尔，以寻求建议。在他母亲阿斯塔（Aasta）接待他的这一部分记录中，斯诺里记录了许多生动的细节，为我们清晰地展现了很多当时的风土人情。当阿斯塔得知儿子即将到家时，她立刻前去准备。阿斯塔让4名女仆用布盖住墙和凳子，然后架起桌子，上面摆满了食物和酒。信使们在邻里间奔走相告，还给那些没有好衣服的人提供了衣服。这时，西格德王还一如既往地在田里管理着自耕农。此时正是收获的时节，每分每秒都十分珍贵。他穿着蓝色的长袍、粗糙的布衣、蓝色的腰裙、高勒靴、灰色的披风，戴着一顶宽檐帽子，手中握着一把顶端镀银的手杖。当妻子派来的信使前来告知他儿子的到来时，他一点儿都没有停下的意思，更让他不高兴的是，妻子让他抓住机会证明自己是金发王哈拉尔德的后代。他在田野里与妻子讲了几句话，尽量掩饰自己的不悦，然后坐下来，换上妻子送来的衣服。在自耕农的注视下，他换上了丝绸长袍和腰裙，以及由科尔多瓦皮革制成的、闪着金光的靴子。他戴上头盔，披上深红色的披风，腰间还别了一把精心打造的宝剑，然后带了30个随从前去迎接自己的养子。在骑马越过田野的时候，他看到奥拉夫带着120名士兵从对面过来，挥舞着旗帜进入后院。在那里，西格德迎接他回来。母亲亲吻了他，告诉他想待多久都可以，然后把自己的一切财产——包括土地、奴隶和金钱，都交给他使用。

随后，家中举办了一场盛大的欢迎仪式。在仪式结束后，西格德答应用自己的影响力帮助奥拉夫。不过，他告诫养子，在拥有足够的力量之前不要对抗斯韦恩伯爵，一定要谨慎行事。最后，他说他深信养子一定会成功。

"这群人，"西格德说，"总是变。奥拉夫·特吕格弗松来到这片土地上时，就印证了这个道理。虽然他没有在位多久，但所有人都喜欢他。"

阿斯塔骄傲地说，她宁愿儿子做出一番光辉的事业之后，像奥拉夫·特吕格弗松一样英年早逝，也不希望他像西格德·希尔一样，浑浑噩噩地度过一生后死去。

在奥普兰郡，很多像富有地主一样的小乡绅都是金发王哈拉尔德的后人。西格德·希尔把他们都叫来开会，告诉他们奥拉夫的计划，希望得到他们的支持。其中一个名叫罗雷克（Rörek）的人选择了拒绝，因为他觉得不论是民众还是郡主，离国王越远越好。比如，治理丹麦和瑞典的伯爵们都是贤君，因他们离得太远，没有办法给百姓带来灾难。总而言之，罗雷克希望没有人管束他，而他建议其他人都这么做。不过，他的兄弟林（Ring）不赞同他的观点。

"我非常乐意让我们的族人再一次成为这片土地的领主，"西格德·希尔说，"如果我们让亲人奥拉夫统领这个王国，那么他一定会极好地对待他的朋友。"

其他乡绅也有同样的看法，于是准备伸出援手。之后，奥拉夫又召集所有民众集会，庄严地宣布他有权获得王位。为此他承诺，一定以先人为榜样，按照法律治理国家，为保护土地对抗外来敌人的侵害。一大批士兵加入他的队伍，但他的追随者实在是太多了，以至于给他带来了不便。原因在于那时的食物并不是很充足，而如果征税的话，一定会失去民心；此外，如果他要奇袭正在特伦德拉格郡的斯泰恩克尔（Steinker）小住的斯韦恩伯爵，那么应该尽量避免声张，选择不常走的山地野路。不过，他最后还是带着360人抵达奥克达尔[①]；紧接着又有900名农民前来投诚，这些人本来是艾纳·塔姆巴斯克勒弗尔派来干掉他的。斯韦恩伯爵得知这天大的坏消息后，立刻向南逃跑到弗洛斯腾，以免落入追杀者之手。奥拉夫召集特伦德拉格郡的所有人，在集会上让民众推举自己为新的国

[①] 奥克达尔是特伦德拉格郡的一部分。

第十三章 智者奥拉夫

王（1015年），不过民众都很不情愿，因为他们已经习惯了哈拉德伯爵家族。许多有权势的首领，包括艾纳都更希望和伯爵一起共事，所以没有出席集会。

虽然奥拉夫的地位还没有稳固，但他执意要在尼德罗斯庆祝圣诞节，因为这座小镇是奥拉夫·特吕格弗松建立的，之后也被称作特隆赫姆。不重视商业的伯爵们让这个交易地带的经济变得萧条，这里曾经的繁华景象现在已经无迹可寻。奥拉夫一再强调这个地方的重要性，并尽全力用自己的收入去修复倒塌的房屋，可这件事没能顺利进行。他刚把货物从船上搬下来，斯韦恩伯爵和艾纳·塔姆巴斯克勒弗尔就带着2400人前来追杀他。要不是奥拉夫的哨兵及时通知，他恐怕就要葬身于此了。奥拉夫选择南下回到奥普兰郡，受到养父热情的欢迎。他现在的第一要务，就是组建一支军队以击败他的敌人。西格德·希尔凭借自己的影响力获得了许多首领的支持，其中包括灵厄内斯的凯提尔·卡尔夫（Ketil Calf）。在冬天剩余的时间里，奥拉夫致力于修建战船，为大战准备物资。这时，"村夫之首号"（Churl's Head）建成，它的船头有一张由国王亲自雕刻的人脸图案。春天到来了，冰河融化，奥拉夫带领1500—2000人，登上20多艘战船，驶出了福尔登峡湾。

在另一边，斯韦恩倾其所有准备迎战。在索尔的埃尔林以及艾纳·塔姆巴斯克勒弗尔的帮助下，他集齐了45艘装备精良的战船以及3000名士兵。双方在西福尔郡海岸边一处凸起的高地相遇了。由于这一天正好是棕枝主日（1016年3月25日），所以奥拉夫派信使请求伯爵次日再战，可伯爵对节日毫无兴趣，于是直接打响了战争。在那时的海战，船只一般都用绳子系在一起。"村夫之首号"占据了船队中心，小船则在首尾两端。奥拉夫的船上有1200个人，每个人都身披战甲、头戴法国头盔。他们白色的盾牌上镶嵌着红色或蓝色的十字,头盔上也有同样的图案。奥拉夫命令士兵们在开始时只防守不进攻,等敌人靠近之后再掷出长矛。这一战术被证明是有效的,伯爵的舰队一靠近,就被暴风雨般的长矛打得措手不及;而奥拉夫这一方看敌人已经畏惧,士气大增。等伯爵一方的弓箭和长矛所剩不多时,奥拉夫下令冲锋,而他们的敌人几乎无力抵抗。奥拉夫趁敌人还没回过神来,立刻带人登上了伯爵的船,与他展开近战。这一场战斗非常激烈,双方死伤无数。终于,斯韦恩伯爵的士兵开始动摇,一个接一个地解开战船之间的绳索准备逃跑。但是,奥拉夫的士兵用船钩紧紧地抓住他们的船,斯韦恩下令砍下船头。若不是他的内弟艾纳及时抛给他一支锚,将其拖离战场,他恐怕活不下来。奥拉夫在峡湾外重新集合了他的船队,准备发起新一波的进攻。因为西格德提议奥拉夫不要错过这千载难逢的击杀埃尔林和艾纳的机会。

"这是因为,"西格德说,"我可以肯定地说,这些人将来依然会有野心。您不可信任这些已经习惯了挑战首领的权贵们。"

但斯韦恩伯爵的舰队四面分散得太开,从而失去了击杀他的机会。奥拉夫做的第一件事就是在海边下跪,感谢上帝赐予他胜利。

虽然斯韦恩伯爵的力量还足以继续抵抗,但他选择前往东边的瑞典,到他内兄瑞典奥拉夫国王那里整顿军队。瑞典国王鼓励他复仇,而他似乎也谋划好了要攻击挪威;不过,刚开始可能是为了掠夺财富,他次年夏天进攻了俄罗斯,不幸的是,他病死在了半路上(1016 年)。

奥拉夫利用斯韦恩东进的这段时间逼迫沿海百姓对自己效忠。不知道什么原因,他没有进攻埃尔林,航行途经自己的封地时也没有登陆。他回到尼德罗斯,重建了"国王的宫殿"和圣克莱蒙教堂(Church of St. Clement)。在国外的短暂居住让他了解了商业的巨大好处，于是他鼓励商人和工匠来到这座重建的城市。但他对特伦德拉格郡人还是不放心，所以他身边带的都是外地人。不过，斯韦恩伯爵的死讯传来后，情况就大不相同了。特伦德拉格郡的居民们开始给奥拉夫传来友好的信号，并以各种方式支持他，这一次，奥拉夫觉得时机已到。不久，他认为可以安全地召集首领和农民到集会（thing）上去见他，让特伦德拉格郡的民众都认可了他国王的身份。但是我们可不要忘记，这里的四个郡，以及它们旁边的努尔莫勒（Nordmöre）、罗姆斯达尔（Raumsdale）和松德摩雷（Söndmöre）在斯沃尔德战役之后都送给了瑞典国王，而斯韦恩伯爵又以瑞典国王的名义管理这些地区。因此，当瑞典的奥拉夫国王得知特伦德拉格郡的民众要拥立"大奥拉夫"（Olaf the Big）的时候，他气得火冒三丈。这个绰号是由于对手坚实魁梧的身影得来的；他每次称呼敌人的时候，总要带一些侮辱性的词语。不过，他的威胁和羞辱没有收到任何回复，于是他派一批人去这些省市收税。一番徒劳之后，这些人求见了当地的奥拉夫国王。国王让他们给瑞典国王传信，在两国的边境线上相见。"到时候，"他说，"如果他愿意，我们可以达成协议，都只掌管各自继承的土地。"

这些征税者中，有 12 个人不愿意服从他的命令，便被他逮捕并处死了。瑞典国王绝不会允许自己受到如此的羞辱，于是立刻策划复仇；而奥拉夫也早料到了这一点，随时准备迎战。他在临近萨普恩（Sarpen）瀑布、延伸到格洛门（Glommen）河的岬角上建立了一座简陋的堡垒，在这些防御工事旁边，他建立了一座名为柏格或萨普斯堡（Borg or Sarpsborg）的城市，在城市中修建了"王宫"，为来到此地的交易商提供保护。瑞典显然会以这座城市为进攻目标，所以其选址是有其战略价值的。然而，瑞典国王在短时间内并没有什么大动作，只是杀死奥拉夫在耶姆特兰（Jemteland）的收税者以示报复。事实上,这一次的冲突只是国王两人之间的,而他们的手下互不憎恨,只希望和平共处。国王的好友兼指挥官比约恩·斯塔拉雷(Björn Stallare)决定为民众说话。他申请作为奥拉夫的使者前往瑞典,以已经商量好的协议达成和解。这一次行动非常危险,因为瑞典的奥拉夫国王不允许有人提起敌人的名字。于是,比约恩让他的冰岛朋友哈尔特·斯凯格松(Hjalte Skeggesson)先行一步为自己探路;同时,他在维斯特哥特兰的伯爵拉格瓦尔德(Ragnvald)处暂居。这位拉格瓦尔德伯爵的妻子,就是奥拉夫·特吕格弗松的妹妹,而他的养父是当地有权势的执法者①,名叫索尔格尼·索尔格尼松(Thorgny Thorgnysson)。正是因为这层关系,比约恩不会轻易受到瑞典国王的伤害。在乌普萨拉(Upsala)的冬日集会上,比约恩从人群中站出来,用洪亮的声音对所有人说:"奥拉夫国王派我来议和,并且他愿意把一直以来夹在两国中间的土地送给瑞典。"

瑞典的奥拉夫一听到"奥拉夫国王"这几个字,以为说的是自己;当他听完这句话时,立刻站起来愤怒地令他闭嘴,因为他不允许有人提到敌人的名字。比约恩见状,只得坐了下来。但紧接着,拉格瓦尔德站了起来,说他的民众因为不能与挪威通商而吃尽苦头,因此他们一致希望国王可以接受"大奥拉夫";此外,为了确保和平,他们还希望国王将自己的女儿英格尔德(Ingegerd)送去联姻。瑞典国王听到这番话后愤怒地说,他不许任何人再提议和;他将伯爵定为必须驱逐出国家的叛徒,还谴责他娶了一个同情国王敌人的妻子。为了不使事情闹僵,他又回到了座位上。这时,执法

---

① 挪威语"Laga-madr",和当今律师之意不同。当时的律师更像是法官。瑞典的法庭由挪威的斯韦勒国王传过来,其作用在当地产生了变化。

者索尔格尼站了起来。他高个子、灰头发、宽肩膀，胡子像瀑布一样一直垂到腰间。他一起身，人群就向他跟前涌动，发出巨大的声响。"如今的瑞典国王跟以前比起来，"索尔格尼说道，"真是大不相同了。我的爷爷索尔格尼还记得埃里克·埃蒙德森。他曾对我讲过，埃里克在精力最旺盛的年纪，每年夏天都去外地征战，前后征服了芬兰、卡累利阿（Karelen）、爱沙尼亚（Esthonia）、库尔兰（Kurland）和许多其他的东边岛屿。人们现在还可以看到他建造的房屋和创造的功绩，而他又会虚心倾听别人重要的建议。我的父亲索尔格尼则陪伴比约恩国王很长时间，非常了解他的性格。在他执政的那段时间，瑞典十分强盛，没有遭到过任何损失；同时，他还待人友善、广交好友。而我对胜利的埃里克国王（King Erik the Victorious）有印象，我同他参加过许多战争。我们扩张了瑞典的疆土，然后英勇地保卫了它。埃里克那时候也会接受我们的忠告。可是，我们现在的这位国王不允许任何人说他不爱听的话。他有本事闭塞言路，却眼睁睁地看着他的民众不能去边境的省市经商。他还想征服挪威，这是一件历来所有瑞典国王都没有想过的事情，也让许多人忧虑万千。现在，我们平民的愿望就是，您和挪威的国王'大奥拉夫'和好，然后把自己的女儿英格尔德许配给他。如果您不同意的话，我们必然会群起而攻之，这样就再也不用忍受您破坏和平与违犯法律了。我们的前辈们也有过先例，他们把5个王扔到了莫拉（Mora）集会的沼泽里，因为他们都太傲慢了——就像您一样。现在，请告诉我们，您选择哪种局面。"

在场的人振臂高呼，纷纷表示赞同。国王被这个场面震撼了，他起身宣布，在这件事上，他完全听从民众的决议。于是，瑞典同意讲和，婚礼的日子也确定了。比约恩带人回到挪威，受到了奥拉夫国王的重赏，因为他完成了一项艰巨的任务。遗憾的是，瑞典国王等风波过去，又反悔了。他的敌人在边境线上没有等到新娘，只得回到了萨普斯堡（Sarpsborg，1018年），而这正是他想看到的。但他没有想到，自己的部下会因为这下流的小伎俩而不满，他更不会想到，一场革命在离他很近的地方爆发，让他险些丢掉了王位。这一次，他不得不再次做出妥协：他承诺与挪威国王和好，并且让他12岁的儿子阿农德·雅各布（Anund Jacob）成为摄政王。同时，挪威国王违背了父亲的意愿，娶了英格尔德的妹妹阿斯特里德（Aastrid）。在康格海尔和谈时（1019年），两位国王终于见面了。瑞典国王承认了这门婚事，同意建立友好关系，并规定耶姆特兰省依然是挪威的领土。

这是挪威有史以来第一次以一个独立王国的身份与其他势力打交道。在这之前，瑞典国王和丹麦国王都宣称自己是拉格纳·洛德布罗克（Ragnar Lodbrok）的子孙，神的后裔，从来不认为金发王哈拉尔德的后裔能够统治一片完整土地，因此也不认为他们可以与自己平起平坐。在他们眼中，挪威只不过是一些小而零散的群体。它们曾经合并过，之后又很快分裂，还多次臣服于瑞典和丹麦的君主。因此，瑞典国王不愿意把女儿嫁给奥拉夫·哈拉尔松这件事就很好理解了。

毋庸置疑，奥拉夫·哈拉尔松是继金发王哈拉尔德之后第一个有完整国家愿景的国王。奥拉夫·特吕格弗松或许也有此想法，不过他还没来得及实行就死了。奥拉夫·哈拉尔松有目标地团结了所有信仰基督教的挪威人。他只带着300个士兵，一个郡接一个郡地巡游，严厉惩罚那些进行异教活动的人。有的被没收了财产然后放逐，有的被殴打致残，还有的直接被绞死或砍头。逃出来的异教徒把国王的暴行传了出去，让所有阿莎信徒对国王憎恨不已。在罗雷克的领导下，曾宣誓效忠奥拉夫的5个奥普兰乡绅结成同盟，谋划

第十三章 智者奥拉夫

杀死奥拉夫。他们的计划被灵厄内斯的凯提尔·卡尔夫知道了,他立即告诉奥拉夫,让奥拉夫得以在夜晚横渡穆森湖(Mjösen)抓住了他们。罗雷克被戳瞎了眼睛;统治哈德兰和劳马里克的古德罗德国王被割掉了舌头,其他人也都受到了类似的惩罚。西格德·希尔去世时(1018年),奥拉夫前往灵厄里克帮助母亲料理事务。阿斯塔同西格德有三个儿子——古托姆、哈夫丹和哈拉尔德。她将这三人带到宫廷里,让国王认识一下这三个同母异父的兄弟。据说,奥拉夫将古托姆和哈夫丹放在自己膝上,对他们做了一个凶狠的表情,把他们吓跑了。接着,他又对最小的哈拉尔德做出了同样的表情。然而,这个孩子没有跑,而是盯着国王,还给了他一个同样严厉的目光。为了继续测试他,奥拉夫揪了揪他的头发,可小哈拉尔德依然毫无惧色,揪了揪国王的胡子作为报复。次日,奥拉夫和阿斯塔看着孩子们玩耍。古托姆和哈夫丹搭建了一座牲口棚,然后做了一些小玩偶代表羊和牛;哈拉尔德却将一些碎片撒在池塘中,看着纸片随风飘荡。国王问他这些是什么。

"战舰。"男孩答道。

"我相信,"奥拉夫国王说,"总有一天你会统领真正的战舰。"

接着,国王问古托姆最想要什么。

"土地。"古托姆说。

"要多少土地?"奥拉夫国王问。

"我想要,"古托姆说,"海岬那么大的土地。"

海岬足足有十个农场大。

"那里能种不少粮食。"奥拉夫国王说。

哈夫丹说他想要很多牛,多到它们一起喝水的时候可以把古托姆的海岬盖住。

"那么你想要什么呢,哈拉尔德?"奥拉夫国王问道。

"人①。"哈拉尔德说。

"要多少人?"

"多到他们一顿饭就可以吃掉哈夫丹哥哥所有的牛。"

"母亲,"奥拉夫转向阿斯塔,笑着说,"您这是在培养一位国王啊。"

这句预言应验了,哈拉尔德·西居尔松果真成了挪威国王。

奥拉夫从灵厄里克南下,准备去往通斯堡庆祝复活节。他带着已经失明的罗雷克一同前往,似乎想用善意让他忘记悲惨的命运。奥拉夫赐予了他仆人和金钱,以及坐在自己身边的权利。不过,罗雷克始终不会忘记,他是金发王哈拉尔德的后代,而且他也曾是一位国王。在很长一段时间里,他都隐藏着自己的真实感情,表面上看起来无忧无虑十分快活,而内心里却策划着复仇。他首先指使仆人斯韦恩杀掉国王,但在千钧一发之际,国王狠狠地瞪了他一眼,让斯韦恩吓得面色惨白,连忙跪在地上请求宽恕。从那一次之后,罗雷克就再也不能与国王同桌了,并且被两个人监视,但奥拉夫国王依然很善待他。在朋友们的帮助下,罗雷克杀死了两个监管,试图逃跑而没有成功。可这一次,国王还是没有惩罚他。在1018年的耶稣纪念日(Ascension Day),奥拉夫国王前来参加弥撒,让罗雷克跟着他。当奥拉夫跪下时,罗雷克把手放在他的肩上,说:"我的亲人,您今天穿了貂皮。""是的,"奥拉夫国王说,"因为今天我们要举行隆重的仪式,以纪念耶稣从人间升上天国。"

"你总是跟我讲耶稣的事情,"罗雷克说,"但我并不理解,因此也记不住。不过,可以肯定的是,古时候发生过很多不可思议的

---

① 原挪威语单词是"hus-karler",英语是"house-carles",也就是仆人的意思。男孩是说,他想要能够统领的部下。

第十三章 智者奥拉夫

事情。"

弥撒开始时，奥拉夫站起身来，双手举过头顶，对圣坛深鞠一躬，披风从他的肩上垂下来。这时，罗雷克抓起匕首，闪电一般朝国王刚刚站立的位置刺去。国王的披风被劈成两半，但幸好他身体向前倾，躲过了致命一击。接着，罗雷克要刺第二下，不过奥拉夫早已躲到了他够不到的地方。

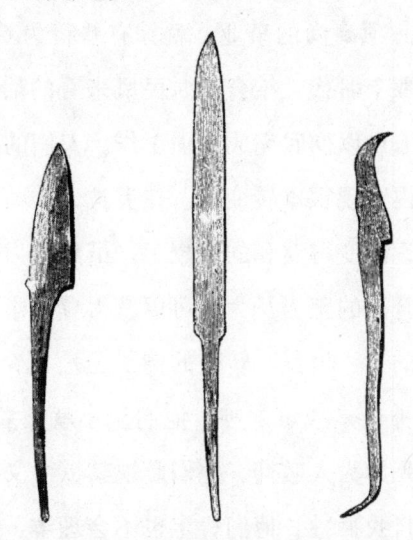

图 40　铁制刀，出土于海德马克和哈德兰

"大奥拉夫，"罗雷克大喊，"你难道还畏惧我一个盲人？"

他将手放在国王肩上只是为了知道他是否穿了盔甲。这位谋杀犯被抓住了，但即使众人一再劝说，奥拉夫依然没有治他死罪。为了防止他再次谋害自己，奥拉夫把他送到了冰岛。几年后，罗雷克死在了那里。到此为止，所有的郡主都失去了权力，而全挪威也是第一次除了国王以外，再没有人有王族血统了。一种狭隘的地方民族情绪让大家觉得，这些拥有王室血统的人都是最强大的，因此不消灭这些人就不能建立一个稳固的国家。但同时，像之前我们看到的那样，如果国家的宗教还是阿莎教的话，消灭他们的势力也是不可能的。这是因为旧部落的首领们也认同神权，所以他们的地位是基于宗教和政治两者之上的。于是，奥拉夫国王把国家基督教化，既有宗教原因又有政治原因；他同时对抗旧神以及通过他们获得权势的首领，也绝非偶然。在1020—1026年这几年和平的时间里，奥拉夫全身心地投入到铲除异教的事业中，然后让法律制度符合基督教的规范。这是一项高尚的事业。就算有些行为看起来过于暴力，但只要我们回到那个时代，结合当时民风来看的话，也是可以理解的。然而，没有人可以彻底完成这项工作。人们的理想与情感是不可能在一两代之内实现根本转变的。在奥拉夫·哈拉尔松之前，人们其实就已经有逐渐变得温和的迹象了。虽然暴力依旧可以赢得荣耀，但通过一些合法的正当行为也可以获得尊重了，即使这些人还是不愿收起手中的剑。可是，转变的例子还是太少。战争是维京人的主业，他们的神也是战争之神。他们从小就被灌输这样的理想：生前战功累累，死后为人敬仰。他们蔑视禁欲主义与谦逊，更不会欣赏耶稣伟大的自我牺牲。他们肯定也不会理解，为什么一个神居然同意让他的敌人杀死自己，这和强大的雷神托尔实在是差太远了。根据他们的价值观，快乐就是住在英灵殿，身边的瓦尔基里亚人递来酒杯，每天吃着猪肉，有永不停息的战争，以及与死去的英雄们聊着友谊。相反，在基督教的天堂里，整日回响着赞歌，身边都是不爱征战、不求荣耀的圣人，一定非常无聊。据说，一个弗里斯兰人（Frisian）的首领在受洗之前问牧师，他那些没有受洗的、勇敢的祖先们在哪里。

"他们在地狱里。"牧师说。

"那样的话，"首领一边说，一边脱掉他的洗礼裙走出圣水，"我宁可在地狱里与奥丁和我的先人在一起，因为他们都是勇敢又高贵的人，不像胆小的基督徒和秃头的僧侣。"

由此可见，奥拉夫·特吕格弗松死后，异教的重现是可以预料的。伯爵执政期间，对基督教的态度也是非常自然的。所以，奥拉夫·哈拉尔松在很大程度上就是把先人做的再做一次。他实在是太努力了，以至于挑起了和阿莎教的战争。最终他虽然落败，但基督教得以在他的坟墓上重获新生。

奥拉夫国王天生适合完成这个使命。他体格健壮，意志坚强，又善于忍耐。他的外表让别人一看就知道此人不可小觑。驱使他行动的不是年轻时的冲动，而是了解其政治与道德意义后产生的一种坚定不移的信念。我们不要怀疑他的诚意，因为他既是为上帝服务，也是为自己服务；他的行为也证明，他打心底里是一个信仰基督教的人；但他又不是一个狂热者，很多传奇故事都因此而歪曲了他。虽然他后半生沉溺于宗教，但他始终是一个意志坚定、富有野心又精于世故的人。他的计划十分有远见，而且其行动具有商业头脑；他所憎恨的人绝不会轻易放过，而且他的惩罚手段十分残忍。可就算是这样，在罗雷克的例子中我们可以发现，他还不乏恻隐之心，能够在适当的时候展现大度的一面。

萨迦传说中还经常提到他的严厉，但这是根据事情的严重性而定的。强盗、小偷和劫掠土地的维京海盗，不论出身高低，都被处以死刑。他这么做，是因为要想建立一个强大统一的国家，就必须遏制这野蛮的灵魂，阻止自相残杀的行为。

从外表上看，奥拉夫国王中等个头，四肢健壮，粗脖子，面容华美，稍显富态。他的整个胡须都是红的，眼神熠熠生辉，极具穿透力。他不仅坚毅，而且动作灵活、积极主动。他看人很准，只要是为他立过功的人，都会和他产生长久的友谊。他让可能带有挪威血统的英格兰主教格里姆柯（Grimkel）详细阐释基督教义，并修改之前的法律以迎合耶稣的指导。虽然他不是专家，但他非常重视神学，十分器重从英格兰请来指导民众的牧师们。这种指导是非常必要的，因为他在探查基督教发展的过程中，发现了很多令他失望的情况。在尼德罗斯，他发现那里的特伦德人虽然名义上信仰基督教，但依然在举办异教的仪式，给奥丁和弗雷献祭以求丰收。埃格的欧尔夫首领（Oelve of Egge）因为两次对国王隐瞒情况、甚至还私自参加异教仪式，被判以死刑；许多其他犯有相同罪行的人都被杀死、致残或驱逐，他们的财产也被没收了。800名古德布兰斯达尔（Guldbransdale）的勇敢民众在当地的初任首领达尔·古德布兰德（Dale-Guldbrand）之子阿尔夫（Alf）的带领下，准备进攻国王，不过，战争还没有真正开始，人们就四处逃散了。达尔邀请国王举办集会，详细商讨关于转变信仰的事宜。国王要求所有当地人必须信仰唯一的上帝，并全部受洗。

对此，达尔说："我们不知道您在说什么，因为您所说的上帝任何人都看不见，您自己也没见过。我是不会向我从未见过也不了解的人寻求帮助的。但是，有另一种神是我们每天都可以看到的。他今天没有出来，是因为今天雨下得太大了。不过我敢说，您一旦见到他，一定会被他的力量所震撼，从而感到畏惧。如果像您所说，上帝真的是全能的话，那么请您让他把明天的天气变成多云，但不下雨。"

第二天早上，人们参加了集会。这一天天空乌云密布，但没有下雨。国王把演讲台让给西格德主教，主教宣讲了耶稣在人间时创造奇迹的故事。第三天的集会上，人们带来了一幅雷神托尔的肖像，并放在草地上。天上依然乌云密布，但还是没有下雨。

达尔从平民当中站起来说："国王啊，您的神现在在哪儿呢？他的头低得都看不到胡子了，而且我看您和您旁边那个叫作主教的、戴个帽子的人,也都没昨天那样理直气壮了。这都是因为,今天,我们的神来掌管一切了,他用凶狠的目光看着您。我看您的内心现在已经充满畏惧,不敢直视他的双眼了吧。我看,您还是放弃您那荒唐的一套,我们信仰掌管一切命运的神吧。"

对此,国王回复道:

"您今天对我们说了很多,而且您觉得我们的神是看不到的,可我觉得他马上就要降临到我们身边了。你想用你的神来吓唬我们,可他又聋又瞎,既不能照顾自己,又不能保佑别人。只要你们不抬着他,他连走都走不了。我预感,他马上就要无地自容了。看!往东边瞧啊!你们的上帝带着金光来了。"

在那一刻,阳光穿透乌云,所有人向东边望去。强壮的科比约恩(Kolbjörn the Strong)按照国王命令,一棒把雕像打成碎片,从里面跳出来好几只像猫一样大的老鼠,还有蛇和蜥蜴,它们因为吃着贡品而变得又大又肥。异教徒看到他们的神像里藏着的东西时惊恐万分,他们跑到河边想要逃走,但奥拉夫早就料到了这一点,所以在船底扎了洞,让它们在水面浮不起来。最后,丧气的民众不得不回到集会的草地上,听国王讲话:"刚刚你们也看到了,你们的神有着什么样的力量,你们一直以来供奉的金银财宝、面包和肉,都是谁享用了——都是老鼠、毒蛇、蟒蛇和蛤蟆……快把地上散落的金子和饰物捡起来交给你们的妻子,再也不要把它们悬在木桩或石头上。现在,我给你们两个选择:要么接受基督教,要么与我战斗。我们各自信仰的神将会赐予我们胜利。"

平民们已经无心战斗,因为他们已经对自己的神失去了信心。在场的人都皈依了基督教,由国王的大主教给他们洗礼。牧师们留下来继续指导他们,而达尔在古尔德布兰德山谷建立了第一座教堂。

奥拉夫用同样强硬的手段消灭了海德马克和劳马里克的异教

后,在埃茨沃尔举办了一场盛大的集会。在这里,他颁布了埃茨沃尔法,并要求全奥普兰都遵守它。他要求所有地区的法律都有同样的思想,所以他很自然地把注意力转到了西海岸,因为那里还实行着古拉集会法。这些郡在林德斯内斯角到松恩峡湾之间,所以算是埃尔林·斯克贾尔格松的领地。奥拉夫对他与埃尔林的友谊没什么信心,所以这次前往,他带了一大队人马。由于北方郡的部分作物歉收,他禁止他所经过的郡向外运送粮食。这条律令实际上只是为了自卫,虽然也有一些压迫的意思,但绝没有任何不友善的动机。埃尔林的外甥是哈洛格兰德郡的首领阿斯比约恩·西居尔松(Aasbjörn Sigurdsson)。他得到叔叔的许可,不顾禁令,从奴隶那里买来麦芽和面粉,于是被国王的管家托雷·赛尔(Thore Sel)在阿格瓦尔兹内斯没收了货物。阿斯比约恩非常生气,在国王面前杀死了管家,结果被逮捕并判处死刑,可他的舅舅强行释放了他。还从没有人这样大胆地挑战过国王。奥拉夫恼羞成怒,想出兵消灭埃尔林。不过,他还是被西格德主教说服,选择了和解,但需要阿斯比约恩前来投降并乞求原谅。可这还没完,他又提出了在当时比第一个条件还要过分的第二个条件:他要求这个年轻的首领为他杀死的人举行仪式。在那个时候,任何个人仪式,即使是对国王进行,也是一种屈辱;王室的管家一般都是下等人,有时还是奴隶或奴隶的儿子。对于一个出身高贵的伯爵来说,这就相当于被奴役。阿斯比约恩当然拒绝了这一要求,依靠埃尔林·斯克贾尔格松和他父亲的兄弟比亚克的托雷·洪德(Thore Hund of Bjarkö)来保护自己。不过,他还是失算了。一天他在港口航行的时候,另一艘船在经过他们旁边时,忽然从上面扔出一支长矛,刺杀了他。这支长矛是国王的一位朋友投出来的。阿斯比约恩的母亲西格里德为儿子举行了盛大的葬礼,给前来的每一位宾客赠送礼物,让他们记住他。这之

第十三章 智者奥拉夫

中,只有托雷·洪德没有收到礼物。离别之时,西格里德送他到船上,给了他一支镶着特殊符文的长矛。

"这支长矛,"她说,"就是刺杀我儿子阿斯比约恩的那一支,上面还有他的血……你必须勇敢地用它刺穿'大奥拉夫'的心脏,不然我就在所有人面前宣布你是个胆小鬼。"

6 年后,在斯蒂克莱斯塔战役上,托雷仍然记得这条命令。

至此,奥拉夫和埃尔林·斯克贾尔格松两家已经结下世仇,一场冲突在所难免,而且双方都想彻底摧毁对方。统治英国和丹麦的克努特王借此机会,通过贿赂和虚假的承诺,让不满意的首领聚集力量,反抗这暴政的君主。他还秘密地给所有的地方贵族送信,并热情招待那些亲自前来英格兰的人。埃尔林·斯克贾尔格松的两个儿子来伦敦会见克努特,被他的热情和友好所打动。克努特想撺掇造反的第一个目的是惩罚奥拉夫,因为后者在 1024 年傲慢地拒绝了他获得挪威统治权的要求。第二,他一直有统一英格兰和三个斯堪的纳维亚国家的野心,这样他就能和南边的法国与日耳曼势均力敌。

奥拉夫得知了克努特国王的计划后,也采取了行动。从 1025 年到 1026 年的冬天,他没有一如既往地前往尼德罗斯,而是待在萨普斯堡,因为他知道克努特国王已经到达丹麦,策划入侵挪威了。维肯是距离丹麦最近的省,之前又曾归丹麦国王管理,因此一定是第一个被进攻的目标。为了壮大自己的力量,奥拉夫又去找自己的内兄瑞典国王阿农德·雅各布,给他讲了唇亡齿寒的道理,于是获得了他的援助。克努特国王得知此消息后,也派大使前去拉拢,希望阿农德可以帮助自己,或者至少保持中立。大使献上的礼物都非常精致,可阿农德国王无动于衷。他们献上的第一份礼物是两盏金色的烛台。

"这小玩意儿挺漂亮的嘛,"阿农德说,"但我是不会为了它们而背叛奥拉夫的。"

大使又端上来一个镶着珠宝、做工精美的金盘子。阿农德盯着它看了好一会儿,然后说道:"这宝物可真是精美啊!不过我是不会为了一枚盘子出卖奥拉夫的。"

大使并没有就此放弃,他十分努力地试图说服国王,最后拿出来两枚极其华美的戒指。

"克努特国王确实非常精明,"阿农德说,"他知道我喜欢财宝,并且对宫廷习俗所知甚少。不过,奥拉夫国王是跟着我从小一起长大的,我非常爱戴他。因此,我绝不会抛弃他。"

可能是阿农德的坚定让克努特国王不敢向奥拉夫宣战。1026年,他所能做的一切只是去罗马朝圣,而不是征服挪威。同时,他的内兄乌尔夫伯爵[①](Earl Ulf)同奥拉夫·哈拉尔松和阿农德结盟,在丹麦组织了起义。两位盟友都觉得这是打压克努特的好机会,便组织力量袭击了哈兰德和斯卡恩(Skaane)的港口,甚至还在某些地方召集民众集会来获取他们的忠诚。克努特听到这些消息后,立即从朝圣之旅返回,奇袭两个国王,险些得逞。克努特国王的船比其他的船都要大,装备更精良,数量也更多,因此让它们待在港口里显然是不明智之举。于是,克努特一路沿着斯卡恩沿海追赶奥拉夫和阿农德,一直到瑞典境内。后者在瑞典和丹麦边境线上的关键地带黑尔吉亚(Helgeaa)河上展开攻势。奥拉夫很快在河上建起大坝,把树木之类的阻挡物铺在河床上,因此克努特下午前来的时候,发现这里已经干涸了。同盟军在港口外早已埋伏好,准备迎战,不过这时天色已晚,不适合战斗。克努特派了一批士兵勘察敌情。等到了晚上,他下令破坏大坝,大量的河水涌了出来,冲垮

---

① 乌尔夫伯爵,丹麦国王的祖先,他的奶奶是斯韦恩·福克比尔德的妹妹提拉,爷爷是瑞典的王子斯提尔比约恩(Styrbjörn)。因此,从他奶奶这一支里,他是老戈姆和拉格纳·洛德布罗克的后代。

了丹麦和英格兰军队。许多人都淹死了，不过船只虽然遭到破坏，却没有损毁，实际上军心的混乱比想象的要小。乌尔夫伯爵想到克努特或许有办法自救，便背叛了奥拉夫，自己逃跑了。瑞典和挪威的军队见丹麦国王如此强大，没有发起攻击便划船离开了（1027年）。克努特也没有追击，而是回到了英格兰，次年带着人数更多的军队再一次进攻。他贿赂了许多对奥拉夫不满的挪威首领，然后毫无顾虑地来到了尼德罗斯，在这里自立为挪威的国王。他在出征时，让自己的侄子、埃里克伯爵的儿子——哈康伯爵代替自己执政。

奥拉夫现在只能离开挪威了。不过，他决定再做最后一搏。他带着几艘船和一些依然效忠于他的人沿着海岸上行，希望可以再聚集足够的力量赶走哈康伯爵。埃尔林·斯克贾尔格松得知消息后，带领自己的禁卫军去攻打奥拉夫。国王本来无心与埃尔林对抗，但是不出手便会失了先机，从而陷入被动局面，所以还是迎战了。埃尔林起初还占优势，但却中了调虎离山之计。最后，他的军队被奥拉夫歼灭，自己也被生擒了。他站在一片尸体中央，灰色的头发搭在肩上。

国王问他："你今天可是与我直接做对啊，埃尔林。"

"老鹰之间的战斗都是面对面的，"埃尔林说，"你会放了我吗？"

奥拉夫考虑了一会儿，说他会；但转念间，他又对自己的大度有些后悔。他拿起斧头，在老人的脸颊上轻轻划了一道，说："对背叛国王的人，我总得做点什么标记吧。"

国王身边的一个手下突然举起斧头，劈开了埃尔林的头骨，说："这才是应该对背叛国王的人做的事情。"

挪威最强势的首领就这样死了，在此之前的地方贵族都没有埃尔林·斯克贾尔格松这样强大，之后也再没有过。

接着，奥拉夫又向北前往松德摩雷，所到之处皆受到敌人的阻拦，因为他们得知奥拉夫杀死了埃尔林之后非常愤怒。奥拉夫的很多追随者也离开了他。他意识到，最后一点儿希望也没了，于是带着几个朋友穿过瓦尔达伦（Valdalen）绵延的山脉来到瑞典，把妻子和女儿留在了那里。接着，他来到俄罗斯（1029年），得到了雅罗斯拉夫国王（King Jaroslav）的热情款待。雅罗斯拉夫国王娶了阿农德·雅各布的妹妹英格尔德，因此是奥拉夫的内弟。

现在的挪威被外族力量统治了。旧部族首领的分裂主义让奥拉夫国王的统一愿景破灭了。摧毁这个国家统一的是他们的贪婪，而不是克努特国王。他们只顾自己的权力，不顾国家的安危。因为克努特的权力也是这些人给予的，所以他需要对部落首领们做出巨大的妥协。他不断讨好艾纳·塔姆巴斯克勒弗尔，暗示若不是因为哈康伯爵是他的侄子，挪威的摄政王就非艾纳莫属了。此外，他还把特伦德拉格最有权势的首领卡尔夫·阿内松（Kalf Arnesson）召到英格兰，并向他保证，他就是哈康伯爵席位的继任者。他说，之所以认命哈康伯爵统治挪威，是因为他不敢打破奥拉夫·哈拉尔松留下的誓言，害怕奥拉夫回来重新夺走王位。但奥拉夫或许真的不信任伯爵，因为在某些前提下，他派伯爵前往英格兰，而其动机却不明。哈康从未回来，有人说他和他的部队都掉进海里溺死了。奥拉夫的朋友比约恩·斯塔拉雷立刻带着消息赶到俄罗斯，在雅罗斯拉夫的王宫里见到了老国王。奥拉夫向他询问故乡的新消息，以及他的朋友们是否还忠诚于他。

"有好有坏。"比约恩说着，跪在了国王脚下，抱住他的膝盖，"世界上的一切都由国王您和上帝掌管。我已经收下克努特的钱，宣誓为他效忠了；但是现在，直到我死，我都会追随您，不离开您一步。"

"在挪威，还对我忠诚的人已经寥寥无几了，"奥拉夫国王伤心地说，"他们像你一样都被引入了歧途。"

一开始，他还没准备好接受比约恩的请求返回祖国。在不能行动的这段时间里，他甚至想当僧侣，到圣地（Holy Land）去朝圣。他拒绝了雅罗斯拉夫的封地，并将大量时间投入到宗教冥想之中，也获得了圣人的名声。在这样的思想状态下，他幻想着奥拉夫·特吕格弗松命令他重回挪威，将它征服或为它而死。这让他不再犹豫了。他不顾雅罗斯拉夫和英格尔德的劝阻，将儿子留在俄罗斯王宫，自己踏上了征服的旅途。在瑞典，他获得了阿农德国王的支持，允许他招募任何他需要的士兵。在选人阶段，他宁愿要那些愿意受洗的强盗、歹徒，也不愿意要那些不想放弃异教的勇士。

图 41　圣奥拉夫，图像源自特隆赫姆大教堂祭坛帷幔，于 1691 年被移到哥本哈根

从瑞典到决定生死的沃尔达伦（Vaerdalen）战场的路上，许多

事件都表明，人们已经对他失去了忠诚。当他带着基督的福音回到民众身边时，他身上带着一种落日的悲情光环。一开始，西格德伯爵来迎接他，并极力劝阻他不要回到这个国家，但他听不进去任何规劝。他穿过丛林和野地，一直开辟着自己的道路，在最艰难的时刻依然保持乐观，鼓舞着他的民众。只有一次，他向人们展示了他生命中的预言。那一次，他翻过挪威和瑞典之间的高山，第一次俯视生养他的这片土地上的山、水以及阳光下的峡谷。他停下马，沉浸在这美丽的风景之中。他脸上泛起一股深邃的忧伤。接着，大主教把他从梦中叫醒，问他在想什么。

"一些奇怪的事情，"奥拉夫国王说，"已经在我心里待了很久了。我总觉得我看到的不是特隆海姆，而是整个挪威。我看得越久，景色就越宽阔，最终我看到了整个世界，陆地和海洋都看得到。接着，我就认出所有我去过的地方，而且我还能清晰地看到我没去过的地方，甚至有些地方我听都没有听说过——有的有人居住，有的荒无人烟，一直到世界的尽头。"

据说，主教下了马，抱住国王的脚说："我们跟随的是一位圣人。"

身份高贵的挪威人只有很少几个在奥拉夫跨越边境之前就投奔了他，其中一个是他同母异父的兄弟哈拉尔德，他的父亲是西格德·希尔。那时他只有 15 岁，身材比同龄人都要高大。他带着 720 个人投奔奥拉夫。战争前一天，奥拉夫国王的所有士兵集合，一共有 4100 人，其中 500 人都被送走了，因为他们是异教徒。这些人中很多无疑都加入了敌方军队。大战之日的清晨，奥拉夫国王起得很早。他让吟游诗人索尔莫德·科布鲁纳（Thormod Kolbruna-Scald）为自己唱一首赞歌。索尔莫德挺直身板，唱了一首古老的比亚克马尔（Bjarkemaal），歌声在树林中回响。士兵们都醒了，开始在斯蒂克莱斯塔德（Stiklestad）的高地上排成战列。面对上万名强壮的平民

第十三章 智者奥拉夫

士兵逐渐靠近。随着奥拉夫国王大喊一声："前进啊，上帝的子民们，十字军战士，国王的人民！"他的士兵便从山顶上冲下来。对面的平民也一拥而上，喊道："上啊，上啊，战士们！"虽然国王的士兵占领了高地，但农民军却有着顽强的决心，而且他们人多势众，使得战争持续了很久。奥拉夫国王周围的人逐渐力竭，他不得不鼓起勇气，冲开包围他的盾牌，带着一小队忠士向敌军的首领冲过去。他的士兵一个接一个地倒下，他的旗手也不断地被击杀，而他自己也受了重伤，靠在一块大圆石上。最后，托雷·洪德一个箭步冲上来，用长矛刺穿了国王的腹部。接着，卡尔夫·阿内松割破了他的咽喉，杀死了他。太阳逐渐变成血红色，在这片土地上洒下奇异的红光；接着，士兵们的身上逐渐变暗，太阳也暗了下去。平民们开始恐慌，因为他们觉得日食①象征着奥拉夫信仰上帝的愤怒。

奥拉夫国王死后，战争基本上就结束了。平民继续掌管自己的土地。双方受伤的士兵在树林里和石头旁蹒跚着，有些来到了一间小屋中，一名外科女医生正忙着清洗和包扎伤口。吟游诗人索尔莫德也进了屋内，他的身体左侧被弓箭射中。他坐在一个凳子上，旁边一个平民队伍的士兵问他："你的脸色为什么这么惨白？是因为你的伤很重吗？"他用诗文回答说，他被丹麦的武器所伤——他这么说是为了嘲讽地暗示挪威农民跟丹麦国王是一伙的。女医生不知道他的伤势，让他出去抱一捆柴火回来。在他进门时，脸色已经像鬼一样惨白了。她看了看索尔莫德的伤口，试图用一把夹钳把箭头取出来，可箭柄已经断了，医生没能成功。索尔莫德将国王因诗歌赐予他的硕大的金手环交给了她。

---

① 这次的日食发生在 1030 年 8 月 31 日，从下午 1 点 31 分到 4 点 58 分，正是这场战争的时间。在瓦尔达伦可以观察到日全食。

图 42　圣奥拉夫和特伦德拉格郡人
图像源于阿普兰的泰吉斯莫拉教堂

"它来自一个伟人,"他说,"奥拉夫国王今天早上给我的。"

索尔莫德接过夹钳,把伤口内残余的箭头拔了出来。钩刺上还带着他红色的肉以及白色的肌肉纤维。他盯着这些东西看了一会儿,然后说:"国王把我们喂养得很好,看我的心脏还这样健壮。"说完,他就死了。

一位叫作索吉尔斯(Thorgils)的平民找到了奥拉夫国王的遗体,他战前向国王承诺,如果国王战死就会为他下葬。之后有许多神奇的故事写到奥拉夫的血有各种神力,甚至被他已经没有生命的手碰一下都会发生奇迹。不论是他生前还是死后,都有无数描写他具有神奇力量的故事,有些传说还把雷神托尔的神力给予了他。他可以杀死那些听不惯教堂钟声的魔鬼,并把它们变成石头。有着火焰般鲜红胡须的圣奥拉夫不仅成为教义里的圣人,也成为民族的英雄。他悲壮的死亡以及对基督教的奉献一并让世人所铭记。

第十四章
斯韦恩·阿尔菲法松

克努特国王掌管的地盘实在是太大了，以至于不可能在挪威投入太多精力。于是，他让儿子斯韦恩代替自己掌管这个国家。斯韦恩的母亲名叫阿尔吉法（Aelgifa），是北安普敦一位郡长的女儿，也跟着儿子来到挪威。不过，挪威人管她叫阿尔菲法（Alfifa），管她儿子叫阿尔菲法松。首领们终于领悟到，这就是他们造反的结果——让这个国家由一个外族人治理，而且这个外族人还是他母亲的傀儡，这对他们来说实在是难以忍受的羞辱。阿尔菲法哪怕是了解一点点民意，就可以让她的儿子在王位上多坐一会儿；可她还是为了封建政体而采取行动，得罪了那些支撑她权力的人。首领们想要的是地方自治，他们希望尽可能不受中央影响，所以选择了一个离他们很远的国王。可是现在，斯韦恩带着许多有地位的丹麦人来到了挪威，并且把这里的法律修改得更接近丹麦法律。比如，任何人没有国王的允许，不得私自出国，违反者将被没收财产；同样，杀人也会被没收财产；犯罪者的遗产也会被国王收回；渔船、商船、牧场，就连农民的炉底石都要交税。一套榨干民众财富的敲诈制度逐渐形成。国王甚至规定了农民每年圣诞节要给他送礼物。政府的主要职责似乎就是把民众兜里的钱转移到国王手里。有人说，在斯韦恩执政时期，虽然法律上并没有明确规定，但是一个丹麦人的证词足以使挪威人的证词无效。。

这一套法律的核心是封建制度下国王对一切财产的所有权。平民中的土地所有者都是他的租客，因此必须缴纳租金。从金发王哈拉尔德开始，每一位实行绝对所有权的国王都有着差不多的标准。

人们觉得阿尔菲法是这些邪恶法律的制定者，但实际上她并没有怎么参与到其中来。很显然，是克努特想要打消挪威人反叛的想法，而斯韦恩和阿尔菲法只不过是他的代理人而已。

于是，首领们开始后悔推翻了奥拉夫国王。没参加斯蒂克莱斯塔德战役的艾纳·塔姆巴斯克勒弗尔特别积极地唤醒了特伦德拉格郡人对奥拉夫国王之死的懊悔情绪，以及对丹麦统治者的厌恶情绪。他召回已被驱逐到瑞典的格里姆克尔大主教，后者同意和他共商大计，让农民索尔吉尔斯把国王的尸体挖出来。人们得到斯韦恩国王的许可，将尸体运到尼德罗斯，然后放入一口极其豪华的石棺中，葬在了圣克莱门特教堂的祭坛下（1031年8月）。据说，在国王死后的一年里，尸体毫无腐化的痕迹，而且头发和指甲还在生长。艾纳和主教逢人便讲述这件事，并鼓励大家传开。在这个过程中，细节不断地增多，也变得更加可信。接着，格里姆克尔将奥拉夫定为圣人，而斯韦恩和阿尔菲法也不敢不承认这件事。7月29日是纪念奥拉夫国王英勇战死的日子，挪威人有史以来第一次感觉到，挪威是一个完整的国家。他们团结一心，共同纪念死去的国王，对抗外族的统治。

斯韦恩和阿尔菲法虽然知道了民意，但也没有把它放在眼里。但他们没有想到的是，1033年，有人开始公然对抗他们。这一年，一个叫作特吕格弗（Tryggve）的年轻人说自己是奥拉夫·特吕格弗松和吉达的儿子。他从英格兰或爱尔兰带来一支军队，想要夺回

第十四章 斯韦恩·阿尔菲法松

他应当继承的王位。斯韦恩赶忙召唤首领们出兵迎战,但艾纳、卡尔夫和许多其他权贵都不愿意帮助他。国王带着几个还愿意效忠他的人到南方的松恩峡湾,并速战速决,击败了特吕格弗。可当他回到特伦德拉格郡的集会上,和阿尔菲法一起面对不满的民众时,他们没能给出一个令人满意的答复。接着,艾纳用洪亮的声音说:"我和奥拉夫国王并不是朋友,但是特伦德拉格郡的民众都已经看到,出卖他们的国王只能让他们没生意做,而且换来的还是一匹带着小马的母马。现在的国王毫无发言权,而他的母亲只会干坏事。"

阿尔菲法也站起来讲话,但是她的话已经没人听了。艾纳当众侮辱她,可是在民众的激烈反应下,她不敢处决他。国王感觉非常不安全,于是举家离开特伦德拉格郡,到南方安居。他虽然还是国王,但是已经没有了权力。1034年,艾纳·塔姆巴斯克勒弗尔、卡尔夫·阿内松和其他几位首领到俄罗斯邀请奥拉夫国王唯一的儿子马格努斯(Magnus)回挪威执政。在他们的恳求下,马格努斯原谅了他们对父亲的所作所为,他们也宣誓永远效忠新国王,保护他不受伤害。10岁的马格努斯就这样跟着他们回到了故土,在奥雷集会上受到了热情的欢迎,并宣布成为国王。斯韦恩和阿尔菲法还想起兵,但因为没有人响应他们的召唤,便又逃回了丹麦。斯韦恩在1036年去世,他的父亲在1035年去世。最后,挑战挪威的事业由其同父异母的兄弟哈塔克努特(Harthaknut)继承。我们在后面的内容中会看到,他是怎样采取行动的。

第十五章
贤君马格努斯

据说,马格努斯·奥拉夫森是一个私生子,他的母亲名叫阿尔夫希尔德(Alfhild)。一份记载说她是英国的贵族;另一份记载则说她是王后的洗衣女工。

马格努斯在出生的时候非常弱小,看起来似乎活不了多久。那时正值深夜,没有人敢叫醒国王,于是,由国王的朋友西格瓦特(Sighvat Scald)承担给孩子起名的重任。他给孩子取名为马格努斯,用的是日耳曼统治者卡罗勒斯·马格努斯(Carolus Magnus)的名字。接着,人们又找来一位牧师给孩子洗礼。奥拉夫国王醒来后非常愤怒,将西格瓦特斥责了一番。他的家族中还从没有一个人叫作马格努斯,他甚至还怀疑西格瓦特在选择国王的拉丁姓氏而不是他的真名卡尔(Karl)方面犯了错误。正是这样一个出生时没有任何吉兆的孩子,背负着民众对奥拉夫国王的缅怀,继承了王位。在奥雷集会上称王时,他还不到11岁,但是他在身体和智力各方面都超出了同龄人。在他统治前几年,他先请求艾纳和卡尔夫的辅佐,不过之后他很快具备了独立的执政能力。

哈塔克努特准备趁新王上任不久立刻进攻挪威;而马格努斯也想为父亲报仇,计划进攻丹麦。一些小冲突时有发生,但是在打响决定性的大战之前，双方的首领都劝两位年轻的国王和好。最终，双方在布伦群岛（Brenn Islands）的哥达河（Götha Elv）入海口达成协议，各自成为对方死后无条件的继承者（1038年）。这看起来是一个很难生效的协议，不过4年之后（1042年）哈塔克努特就死了，于是马格努斯在维堡集会（Viborg-thing）上宣布自己成为丹麦国王，并获得了民众的认可。这样一来，挪威和丹麦在历史上第一次实现了统一，拉格纳·洛德布罗克一族的丹麦人终于承认了金发王哈拉尔德后代的正统性，就像瑞典的执政者已经做到的那样。

马格努斯深知，自己的支持率在很大程度上来源于父亲的神圣性，所以他在重大仪式上都会向父亲致敬。他在尼德罗斯开启了修建一座教堂的工程，并为父亲制作了一口精美的新石棺，上面镶着金银和各种珍奇的宝石；此外，他奖赏了那些在斯蒂克莱斯塔战役上与他父亲并肩作战的人们。战争所遗留下来的仇恨依然存在，这让那些想要煽动仇恨的人有了可乘之机。马格努斯如此年轻，很轻易地就受到了这些邪恶之人的影响。虽然在俄罗斯的时候还常常赦免那些曾经手持武器反对圣奥拉夫的人，但现在却开始严厉地惩戒所有起义军的首领。首当其冲的是特伦德拉格郡的民众，因为当年是他们支持克努特国王，并且在驱逐圣奥拉夫国王这件事上最积极。卡尔夫·阿内松是第一个受难的：他和艾纳之间发生了矛盾，因为他们都宣称自己是国王的养父，并且炫耀自己深受国王信任。有一次，卡尔夫坐在国王旁边的椅子上，而这里本是艾纳的位置；不料，艾纳却坐在了卡尔夫的肩上，然后说道："老牛就应该坐在小牛肩膀上[①]。"

还有一次，在瓦尔达伦的豪格（Haug）庄园的派对上，国王小

[①] 卡尔夫（Kalf）谐音小牛（calf），艾纳在这里使用了一个双关语。

声对艾纳说,他想去父亲战死的地方看一看。

"这我可帮不了您,"艾纳回答说,"因为当时我不在场。让卡尔夫带您去吧,他能给您讲出许多细节。"

"那么请你和我一同前往吧,卡尔夫。"卡尔夫虽然很不情愿,但还是去了。

二人来到了原来的战场,国王从马上下来,要求卡尔夫指认出当年父亲受致命伤的地点。

"他就是在这里倒下的。"卡尔夫用自己的长矛指了指。

"那你当时站在哪里?"马格努斯问道。

"就是我现在站的地方。"

"所以你的斧头轻而易举地就可以砍到他!"国王大声叫起来,满脸通红。

"我的斧头并没有砍到他。"卡尔夫说完,便骑上马走了。在这之前,他已经让部下准备好船只,上面装好了一切能搬走的财产。他一回家就来到海边,驾船驶往奥克尼,而他没能带走的巨额财产都被马格努斯没收了。

托雷·洪德为了逃避惩罚,到耶路撒冷去朝圣,从此再也没有回来;索约塔的哈莱克被他的私敌杀死,而国王许可了这次谋杀;剩下和奥拉夫国王之死有关的人都被剥夺了财产或受到了刑罚。斯韦恩·阿尔菲法松定下的邪恶法律并没有被撤销,因为新国王觉得他能够掌管所有人的生命、财产和人身自由。可挪威人向来不能忍受如此肆意妄为的国王,于是各地出现了反抗的苗头:在松恩,平民们已经全副武装;在特伦德拉格郡,人们召开大会商讨废黜国王的事宜。好在马格努斯对一些人还是比较友善,他们决定让国王知道民意。那么问题来了,由谁来完成这项重大的使命呢?国王的脾气非常暴躁,扬言要惩罚松恩的平民反抗以警示其他地区。最终,

第十五章　贤君马格努斯

他们同意通过抽签的方式来决定。抽中的是西格瓦特。他通过一首诗歌《真诚的谎言》(*Lay of Candor*)，让国王真诚地反省自己的暴行，认识到这样做的后果，并提醒他是民众推举他坐上了这个王位，所以他有责任带给民众幸福。这首诗歌深深印在了国王的心中，从那天起，他改过自新。他马上放弃了所有的复仇计划，为人温柔而大度，治理遵循法律，不再肆意妄为。他高尚的人格让任何赞美之词都黯然失色，人们称他为贤君马格努斯。

图 43　贤君马格努斯和卡尔夫·阿内松在斯蒂克莱斯塔

1042 年，当他成为丹麦国王的时候，他的野心更大了——他希望成为哈塔克努特的继承者。这句话让当时在英格兰掌权的忏悔者爱德华（Edward the Confessor）听到了，他才是哈塔克努特的正式继承者。在名义上，为了尊严，他没有理会马格努斯的宣言，但是暗地里他已经准备好与挪威军队开战了。本来马格努斯也已经准备好出战，但国内发生的一件事迫使他放弃了。在宣布效忠国王的丹麦人中，有一个名叫斯韦恩·埃斯特里德松（Sweyn Estridsson）的人。他的父亲是乌尔夫伯爵，母亲是埃斯特里德（Estrid）——克努特的妹妹。他的父母都是拉格纳·洛德布罗克的后人，所以比挪威国王更适合登上丹麦的王座。斯韦恩和他父亲非常像，他们都是精明的挑拨者，油腔滑调、外表光鲜，但内心虚伪而奸诈。斯韦恩表面上宣称自己愿意以死效忠马格努斯，因此获得了后者的信任，甚至国王在众人的反对下，给了他和他父亲一样多的封地。此外，斯韦恩还获得了保护日德兰不受文德兰和撒克逊人进犯的重要使命。在其就职典礼上，艾纳·塔姆巴斯克勒弗尔对国王喊道："我的干儿子，这个伯爵实在是太强大了！实在是太强大了！"国王却愤怒地回应道："我不需要你告诉我怎么看人。我也不知道你觉得有些伯爵'太强大'和有些伯爵微不足道是什么意思。"

斯韦恩还没有离开国王马格努斯，他就匆忙为艾纳的忧虑辩护。在夺回了父亲的封地之后，他召集丹麦的首领在维堡集会，宣布自己为丹麦国王。马格努斯得知斯韦恩的背叛后非常愤怒，派出重兵去讨伐，斯韦恩先是逃到了瑞典，后来又去了靠近波罗的海的文德兰地区。因此，马格努斯的军队一路上没有遭到任何抵抗。他惩罚了那些承认斯韦恩是国王的人之后，动身前往尤姆斯堡，因为那里也有反叛的消息。同时，一大批文德兰人士兵在斯韦恩的带领下涌入里斯维克，于 1043 年在莱尔斯科格斯荒地（Lyrskogs Heath）上与马格努斯展开决战。尽管斯韦恩一方的人数更多，却还是失败了。据说，战后，沙场上有一万具尸体。这次胜利证明了马格努斯国王的英明神武，也给了他极高的威望，甚至还间接促使了斯拉夫人向北的迁徙。假如文德兰人在日德兰扎根下来，那么现在的丹麦很可能就是斯拉夫国家，整个北方斯堪的纳维亚都会发生重大变化。马格努斯在里斯维克度过冬天，在他解散一部分军队之后，斯韦恩又卷土重来，马格努斯分别在阿罗斯（Aaros）和赫尔根内斯（Helgeness）两次击败了斯韦恩。1044 年春天，20 岁的马格努斯回到了挪威。当时，他已经在北方名声大振，因为在他之前很少有国王能在如此年轻的时候就有如此大的成就。虽然他脾气暴躁，但人们都爱戴他，因为他为人正直、慷慨且高尚。关于他的性格，有一则有趣的故事可以说明。

在马格努斯的护卫中，有一名出身显赫的冰岛人，名叫索尔斯坦（Thorstein），他是赛德霍尔（Side-Hall）的儿子。和许多乡下人一样，他不太遵守纪律，一次因为没有获得批准擅自前往都柏林而触怒了国王，被驱逐出境。接着，他利用亲朋好友的关系又回到了挪威，而且完全不在乎被放逐的身份。他带来几匹种马作为礼物送给艾纳·塔姆巴斯克勒弗尔，众所周知，后者和国王的关系不一般，艾纳没有收这份礼物，可他的儿子艾因得里德（Eindride）并不知情，便欣然接受了。艾因得里德冬天邀请索尔斯坦来自己家做客，甚至让他陪同自己参加国王的圣诞宴席。不过，艾纳还是说服了儿子，让他在国王看到他们之前赶快回家。在圣诞节后的第四天，艾纳坐在马格努斯旁边的时候，称赞了索尔斯坦。对此，国王回应道："咱们还是说些别的吧，我不想在你面前发火。"

又过了四天，艾纳再次提到了这个冰岛人，国王以十分友善的态度再一次回避了这个话题。五天之后，他又一次请求国王赦免这个冰岛人。

"我们不要再说这件事了。"马格努斯有些不满地说，"我实在不理解你为什么要袒护一个触怒了我的人。"

"这都是我儿子艾因得里德干的好事，不是我的主意，"艾纳说，"不过我觉得我的求情也许会对您有影响。我们至今为止做的所有事情都是为了提高您的威望，之后也会是这样。如果您不接受我儿子给索尔斯坦付的罚金，而是选择与他战斗，我就会处于一个十分尴尬的境地。当然，我是不会攻击您的。话虽如此，不过我看不出您是不是还记得我是怎么在俄罗斯东部找到您，成为您的养父，从那以后，我一直支持您，为国家效力，日夜想着如何提高您的威望的。现在我将离开这片土地,不再帮助您,只不过可能会有人说,这些荣耀和地位都不是您亲手得来的。"

艾纳说完,从椅子上一跃而起,向门口走去。国王赶紧追上他,用胳膊搂住艾纳的脖子。"请回来吧,我亲爱的养父,"他哀求道,"没有任何东西能够破坏我们之间的感情。您希望的话,那就放过那个人吧。"

在马格努斯掌权的第9年,他的叔叔哈拉尔德·西居尔松,也就是西格德·希尔和阿斯塔的儿子,来到了挪威,向国王提出要求分割半个王国。我们之前看到,哈拉尔德在15岁时就在斯蒂克莱斯塔战斗过,当时受了重伤。身体恢复以后,他来到俄罗斯,在罗斯拉夫手下当了几年的指挥官;接着,他来到君士坦丁堡(Constantinople),在那里担任瓦兰吉人(Varangians)的指挥官,给希腊统治者们当护卫。他身材高大,面庞英俊,有着一头金色的秀发,以及区别于其他族人的、帝王般的眼神。传说,他仅用自己的外表就获得了许多人的赞赏,而他的智慧、力量与勇气又让其在辉煌的职业生涯中更进一步。作为一名瓦兰吉的首领,他在西西里和亚洲多次参加对抗萨拉森人的战争,并从中积累了大量财富。据文献记载,他和希腊总首领乔治斯·马尼阿克斯(Georgios Maniakes)之间存在着许多矛盾,因为这其中有许多关于哈拉尔德的自傲和瞧不起其他南方国家的记载。由于这些传说的源头都是来自哈拉尔德的挪威追随者,所以夸大他在这些战役中的贡献也就不难理解了;然而,即使把夸大的部分抹去,他还是给自己赢得了一个好名声。只要他想,他随时可以违抗希腊长官,但是,哈拉尔德没有。

第十五章　贤君马格努斯

图 44　大理石狮子像

来自希腊的比雷埃夫斯，公元 1687 年移到威尼斯，现在仍然矗立在兵工厂入口。瓦兰吉人刻在石像上的铭文已经无法识别

哈拉尔德在西西里的历险中，发明了许多巧妙的攻城战术。不过，之后的故事有些烂俗：他同佐伊（Zoë）王后的亲戚玛丽亚（Maria）发展出了一段浪漫的关系，可佐伊心生嫉妒，决定除掉他；他被关起来，然后同蟒蛇战斗，最终逃跑、复仇。正是因为这些情节实在是太常见了，所以有些并不可信。许多日耳曼的英雄，有挪威裔也有日耳曼裔①，在前往东方历险时都有过这样的经历，并且他们之后也都陷入了爱情，经历了战争。传奇中的细节就更相似了：为了配得上雅罗斯拉夫的女儿伊丽莎白（Elizabeth，又名埃

---

① 日耳曼的《恩斯特公爵》（*Herzog Ernst*）、《哈格迪特里奇》（*Hugditrich*）以及《罗瑟王》（*King Rother*），尤其是《罗瑟王》中，有许多情节和关于哈拉尔德·西居尔松的记载相似。

莉西芙，Ellisif)，哈拉尔德踏上了追寻名望和金钱的道路。最后，他回来成功迎娶了她，并把她带回了他的祖国。他在沿着斯卡恩海岸航行时，遇到了自己的侄子。他用来装载财宝的船是北欧有史以来最豪华的，所到之处都会引来羡慕的眼光。马格努斯一见到这艘船，就派人上船登上甲板去拜访它的主人。一个高大而英俊的男人礼貌地走上前来，说他是马格努斯国王的叔叔哈拉尔德·西居尔松的使者，而他前来请教国王准备如何接待他的主人。慷慨的马格努斯说，他准备热烈欢迎自己的叔叔，因为他非常希望结交有权势的朋友，况且这次还是亲人。其实，这位高个子男人就是哈拉尔德本人。于是就安排了一次见面，两个亲戚彼此相见甚欢，而唯一不开心的是艾纳·塔姆巴斯克勒弗尔，因为他已经预见到会发生什么。当哈拉尔德向国王提出自己的要求时，艾纳险些没能抑制住自己的愤怒。不过，直接牵扯此问题的国王并没有立刻拒绝他，而是礼貌地说，他需要征求一下军师们的意见。艾纳作为最重要的一位，站起来说，如果国王要把一半的领土分给哈拉尔德，那么后者就必须把他的财宝也分享给国王。对此，哈拉尔德并不同意，他说自己历尽千辛万苦得来的财富不是给他侄子的手下一帮人挥霍的。

"可是，"艾纳看准时机插了一句说，"我们把这片土地从克努特手里夺回来的时候，你可还在十万八千里之外呢，我们现在不想把国土分给别的首领。至今，我们一直都只侍奉一位国王；只要马格努斯国王还活着，以后也会如此。我会尽我所能阻止你分割这个国家。"

其他军师也都持相同的观点。这样，哈拉尔德和艾纳之间就产生了矛盾，从而导致不久以后发生了一些不愉快的事。哈拉尔德在他一路顺风的生涯中还没尝到失败的滋味，因此他对侄子非常不满。于是，他和反叛的斯韦恩·埃斯特里德松结盟，凭借自己的财

第十五章 贤君马格努斯

富组建了一支庞大的军队。在斯韦恩的帮助下，他进攻了丹麦，并无情地摧毁了西兰岛（Seeland）和菲英岛（Funen）。当哈拉尔德得知马格努斯率领舰队逼近时，他竟离开了盟友，匆忙返回挪威。为了让这次背叛显得合理，他散布谣言说斯韦恩想要刺杀他。事实上，还真的有人在深夜划着斯韦恩的船来到哈拉尔德的船上，潜入小屋偷窃。哈拉尔德假装认为是刺客要来杀他，于是在床上放了一根原木，然后用床单盖好。刺客潜入房间后，把斧头砍入原木逃走了。第二天早上，他给大家展示这块插着斧子的木头，并谴责斯韦恩的背叛，然后启航回到了挪威。不过，这一切完全有可能是他一手操办的。

　　回到挪威后，哈拉尔德来见他在灵厄里克的老朋友们，只要他们承认他是国王，就能获得很大的奖赏。不过，可能是因为马格努斯实在太受人喜爱，也可能是因为他们畏惧后果，这些首领都没有向他示好，并且劝他放弃这个计划。可古尔德布兰德的人对他的态度就好很多：在这里，他成功地召集起一些看中他钱财的商人，然后举办了一场集会，让他15岁的表兄弟斯泰格的托雷（Thore of Steig）宣布他为国王。马格努斯获得消息后，立刻向南方进攻，而哈拉尔德也准备开战了；可实际上马格努斯并不想攻打自己的亲人，于是双方经过协商，最终决定两个人都当国王，共同治理国家，平分税收和地产（1046年）。二人并不是将挪威分成一样大的两部分，各自掌管一半，而是共同享有治理整个国家的权力。可后来的事情表明，二人开启了一种灾难性的先例。

　　为了感谢侄子的妥协，哈拉尔德同意和他共享财富。有了这笔钱，马格努斯就可以全力讨伐斯韦恩·埃斯特里德松了。不过，两位国王之间的和平关系没能维持多久，因为他们不仅在利益上经常发生冲突，二人的性格也大相径庭。哈拉尔德爱财如命、压迫百姓、嫉妒马格努斯权势的特点让后者心中产生了不满，可他实在是太大度了，以至于传到他耳边的抱怨他都当作没听见一样。他认为，只要不伤及尊严，尽量避免一切冲突。可哈拉尔德却好像已经预见到这段情谊不能长久，甚至还想终结它。此外，他的暴脾气让他不能接受任何权力上的限制。

随着双方争执不断，艾纳决定召开一次集会告诉养子，哈拉尔德是多么不值得信任。这一天，艾纳戴着一顶镀金的头盔，在60名士兵的护送下走了上来。哈拉尔德见状非常生气，用比对待平民更严厉的态度斥责了艾纳。这时，一位名叫托克（Toke）的老平民站了起来说："我这辈子已经在好几个国王执政期间做了平民。我觉得，我们一直有一个掌管一切的国王，他在奥雷集会上由民众和首领们同意而上位，之后又有一个人要求获得国王的名号和权力，但我们只服从于前者，而不是后者。所以，我对其他平民的建议是，我们等待马格努斯国王决定如何处理哈拉尔德对我们的压迫，然后我们继续服从于马格努斯国王。"

老人说完后，艾纳站起来，表示感谢所有平民前来支持马格努斯国王；可哈拉尔德国王再也忍受不了了，他暴跳如雷，对艾纳喊道："你现在戴着个头盔很风光啊，艾纳！你总是与我作对。不过，好消息是，今天你的头盔要摘下来了。你现在比别人高一等，马上就要比别人矮一头了。"

两位国王之间也经常产生分歧，但因为马格努斯谨慎又懂得克制，宫廷上还从没有公然发生过激烈的矛盾。关于二人共同讨伐斯韦恩·埃斯特里德松的战役，我们没有找到任何记载。据说，马格努斯出的兵要比哈拉尔德多，而且这场战役中没有什么关键的战斗。传言有一天，当挪威军队在低地埋伏的时候，一个装备华丽的骑士从树林中骑着马出来，开始向挪威人展示他的马术。他让人们欣赏了一会儿

第十五章　贤君马格努斯

之后,又骑马来到水边,喊道:"我背叛了马格努斯国王,可哈拉尔德国王也背叛了我。这两个国王之间有着天壤之别。"

马格努斯走上前来,一眼认出这个人就是斯韦恩,可后者立刻调头朝树林跑去。他并没有下令追赶。

"斯韦恩·埃斯特里德松是个好人,"马格努斯说,"如果他军队的人数像他的勇气一样多的话,那他很可能会多次赢得胜利。"

他对斯韦恩做出这样宽容的评价,其实也是因为他不喜欢自己的叔叔。我们之后会看到这种情绪是如何影响他的行动的。一天,他带着部下在西兰岛的阿尔斯特德(Alsted)村骑马时,马受惊将他摔在地上,他瞬间陷入了昏迷,不过后来完全恢复了健康;然而,对死亡的恐惧却笼罩着他。他还做了一个梦——与其说这是他伤感的根源,不如说这是他长时间郁郁寡欢的结果。在梦里,他看到父亲圣奥拉夫来到他面前,给了他两个选择——要么跟着他走,要么继续活下去,成为最强大的国王之一,但代价是犯下不容原谅的罪行。

"请您帮我选择吧,我的父亲。"他回答道。

"那么请跟我走吧。"圣奥拉夫说。

不难猜到这里的罪行指的是什么;更不用说,马格努斯心里也早就想用暴力解决他的心腹大患,反倒是为什么他还没有采取行动更让人感到好奇。

几天过去了,马格努斯一直在思考着这场梦。一天早上,他醒来时发现自己发烧了。站在旁边的艾纳问他是不是病了。

"不是很严重,亲爱的养父。"他回答道。

"如果我们现在失去您,那这份伤痛将永远无法抹去。"艾纳说。

接着,马格努斯不断请求将他搬到船的另一处,最后,他又要求回到刚开始的位置。艾纳立刻警觉了起来。

"国王,请对您身边的朋友说些心里话吧,"艾纳说,"给我们一些好的建议；因为我担心咱们能够交谈的时间不多了。"

"我亲爱的朋友，"国王说，"恐怕这场病就要中断我们的对话了。"

此时，哈拉尔德也得知马格努斯病了，便登上他的船，询问他的病情。

"没错，我的亲人。我确实病了，"国王说。"我想求你一件事。希望我死后，你能善待我的朋友。"

"为了你，我愿意承担这个责任，"哈拉尔德答道，"但有很多人看起来相当自满、傲慢，常常无视我。"

"你跟哈拉尔德说这些有什么用？"艾纳说，"不论他承诺什么，他心里早就想好该怎么办了。"

马格努斯死前，哈拉尔德把能想到的都和他谈了。二人关于分摊钱财和丹麦的王位继承发生了争执，前者想让斯韦恩当国王，而后者想自己当。在发放完礼物和纪念品后，年仅 24 岁的马格努斯国王去世了（1047 年）。他在挪威共执政了 12 年半，统治丹麦 5 年。在马格努斯刚闭上双眼的那一刻，哈拉尔德立马就派人拦截了通知斯韦恩继承丹麦王位的消息。

马格努斯国王的死讯通过长号[①]传达给了人们。所有人都对他进行了哀悼。

图 45　维京时代的镶铜马鞍

---

① 此处指阿尔卑斯长号，由桦木或铁捆绑木头制成，声音非常洪亮。

第十六章
无情者哈拉尔·西居尔松

贤君马格努斯膝下没有儿子，于是哈拉尔·西居尔松以金发王哈拉尔德男性分支里唯一继承人的身份，顺理成章地继承了王位。虽然挪威不严格遵循君主制，但人们基本都接受让初代国王的后裔继续治理国家。即使没有实践过，在理论上，人们也可以在郡里独立举办集会，私下里承认一位国王，只要他承诺遵守法律和古代的传统。我们已经了解到，首领们从不会盲目地效忠通过血缘关系继承王位的国王，他们还会拒绝受到任何人的摆布，亲自从竞争者中选举他们接受的人。如果不是哈拉尔德有多位有继承资格的儿子，出现了一次尴尬的情况，这一传统就可以防止他滥用权力，从而造福民众。事实上，民主的宪法就是在这一次次关于王位的矛盾中逐渐形成的。挪威的国情以及挪威人的性格使这个国家更适合像英国一样实行立宪制。如果不是争夺王权的内战耗尽国内的资源，这个国家就不会有长达 400 年的政治衰退。

哈拉尔·西居尔松很快便领悟到他作为金发王哈拉尔德和圣奥拉夫唯一继承人的好处。其中，圣奥拉夫巩固了他的王权，后来的国王也更多地从圣奥拉夫这里获得继承合法性。马格努斯的死讯传到国外后，哈拉尔德召开了一次集会，宣称他无意遵守已故侄子马格努斯的遗愿,把丹麦送给斯韦恩;他有权继承丹麦王位,并准备立刻前往维堡集会,正式宣布自己是丹麦的国王。马格努斯国王的朋友们对此很不高兴。艾纳提醒哈拉尔首先应该把遗体运到尼德罗斯,庄严地把马格努斯埋葬在其他先烈旁边,并趁此机会道出人们的不满。军队就此解散,哈拉尔只剩下一小队人马,迫使他不得不接受艾纳的建议。接着,他先后在波尔加尔集会(Borgar-thing)和奥雷集会上称王,没有任何人产生异议。不过,人们也并没有积极地效忠他,因为他们知道这位国王做不出什么好事情来。他在南方逐渐渗透了专制思想,而在崇尚尊严和男子气概的北方,这一套就行不通了。虽然他有着比之前的任何一位君主都更清晰的政治理想,但很可惜它不适用于向往自由的日耳曼民众。

哈拉尔的第一个目标是摧毁敌对贵族势力。这些小王的影响力不断挑战他的权威,就像肉中刺一样让人烦心。他高大的身材,强健的体魄,以及取得的成就让他觉得任何人都无法抵抗他。他鲁莽的行为给自己带来了很多敌人,人们叫他哈德拉德[①],也就是无情者的意思。让他还能坐在王位上的,是他超人的智慧。斯诺尔说:"这位国王非常聪慧。人们都觉得北方从来没有比他更聪明的国王。此外,他还很强壮,剑术极佳,懂得战争的策略,并且知道如何达到自己的目标。"

有趣的是,他在诗歌上也颇有造诣。据说,他陪冰岛的盲诗人斯图夫·卡特松(Stuf Katson)坐了半个晚上,只要斯图夫仍在吟唱诗歌,他就不睡觉。这个细节让他的形象更生动,也让我们更深入地了解了他。

[①] 在英国史书中,哈拉尔被称作傲慢的哈拉尔(Harold the Haughty);在德国史书中,他则被称为无依无靠的人(H. der Unbeugsame,英文 H. the Inflexible)。

艾纳·塔姆巴斯克勒弗尔成为一反对哈拉尔国王的领袖。作为哈康伯爵的养子、埃里克伯爵的朋友、马格努斯国王的养父，他的地位高高在上不容动摇。在才能上，他与哈拉尔国王不相上下；而在自信果断方面，他也不亚于后者；此外，他还熟知法律，国王经常向民众过分索取，这时候他便会站出来，指出国王权力的界限。不用说，哈拉尔国王肯定恨透了他，但由于他受到民众的广泛支持，才迟迟没敢动他。在哈拉尔国王身上没有冲动这一弱点，他会在行动前就预知到后果。他知道敌人有过长年的军旅生活，能够时刻准备应对紧急情况，所以与之对抗风险极高。要想赢得这场对决，就必须先削弱对手的力量。于是，他任命冰岛人乌尔夫·乌斯帕克松（Ulf Uspaksson）做自己的臣子，还在特伦德拉格郡赐予他比艾纳更多的封地。接着，为了击垮当地权贵，他迎娶了美丽的索拉（Thora）。这位女人来自富有威望的阿恩莫德灵家族（the Arnmodlings）①，是埃斯泰因·奥尔（Eystein Orre）的姐妹。此时的国王还没有和埃莉西芙王后（Queen Ellisif）离婚，所以大家都认为索拉是他的小妾，可她的族人们显然不允许她是这样的身份，因此所到之处，她似乎都以王后的名义出现②。于是，哈拉尔国王不得不承认，他同时拥有两个正妻。

这场婚姻体现了哈拉尔国王一切为政治服务的观点。之后，当他在南方造就一位与奥拉夫对抗的圣人时，这种想法也体现了出来。国家的圣人安葬在特伦德拉格郡修道院，这让南方地区的人民非常嫉妒，居住在之前属于丹麦的维肯民众也始终没有和金发王哈拉尔德的族裔亲近过。哈拉尔德巧妙地让他的一位亲戚成为当地的

---

① 这个家族属于芬恩·阿内松（Finn Arnesson）和卡尔夫·阿内松。前者是斯蒂克莱斯塔战役中圣奥拉夫阵营的士兵，后者被贤君马格努斯放逐。
② 见蒙克《挪威民间史》（Det Norske Folks Historie），第二章，第180页。

圣人，同时解决了这两个问题。此人是国王的表兄弟，名叫哈尔瓦德（Hallvard），是韦比约恩（Vebjörn）的儿子。他的事迹就算加些修饰也算不上精彩，可这正是国王想要的。后来在圣哈尔瓦德的圣坛确实有如下记载："人民"没有请求大主教意见，而是自立他为圣人；哈拉尔为了修建圣所，建立了奥斯陆镇（Oslo，1051年或1052年）。通过精确地选址，最终国王决定让它坐落在福尔登峡湾尽头，也就是现在的挪威克里斯钦尼亚（Christiania）的所在地。

细想哈拉尔国王办事时的智慧，我们不得不承认他实在是一个很有能力的人，可他是为了民众还是为了自己，那就是另一回事了。显然，他同丹麦之间的战争无论是对民众还是对自己都没有好处；他每年夏天的娱乐活动总会包括袭击丹麦港口，然后野蛮而残忍地洗劫当地。终于，双方都不想再这样继续下去了，于是斯韦恩同意和哈拉尔国王在哥达河入海口见面，准备以放弃丹麦王位为条件停止这场战争。不过，斯韦恩并没有到场，哈拉尔国王带军队到南方又洗劫了日德兰，然后烧毁了黑达比城（Heidaby，也就是里斯维克），绑架了许多出身高贵的妇女，获取了大量的战利品（1049年）。丹麦军队离追上他们还很远，于是哈拉尔国王决定让手下分头撤回。然而，逆风和大雾天气让挪威人行驶缓慢。一天早上，他们在莱索（Lesö）岛上休息时，突然发现从迷雾中闪出一道亮光。士兵把这件事情汇报给国王，问他这是什么。

"丹麦的舰队追上来了，"他说，"那个闪烁的东西是金色的龙头。"

他并没有想正面对抗，因为硬打胜算不大，他的智慧在这里帮到了他。他让士兵登上小木船，而不是已经泡在水里很久的大帆船。不久，大雾消散，几百艘挪威战船追了上来。哈拉尔接着下令让士兵把精美的器物和值钱的东西都绑在木头上，然后扔给丹麦人。丹麦人一看到这些东西,就立刻停下来去捡,结果浪费了时间,被斯韦恩斥责了一顿。哈拉尔国王为了让自己的船再轻一些,只好又扔出去啤酒、麦芽酒和猪肉,可这次斯韦恩没有再浪费时间去捡那些东西。很快,哈拉尔位于最后方的龙船要被追上了。在绝望之中,他用木板和木桶做成木筏,一艘接着一艘地让丹麦的贵妇们乘着木筏漂走。丹麦人看到自己的妻子和女儿大喊着求救,都停下来救她们。最终哈拉尔成功逃脱,而斯韦恩只得抱怨自己运气不好。可他还是俘获了几艘落在后面的船,但并没有向他们报复。

在后来又一次去往丹麦的远征中(1060年),哈拉尔再一次展现了超凡的智慧和过人的胆识。前不久,他刚刚在乔尔萨(Djursaa)击败了斯韦恩,所以他觉得可以安全地潜入细长的利姆峡湾(Lim-Fjord)烧杀掳掠一番。可斯韦恩得知敌人竟然自投罗网,便召集所有的军队在哈尔斯(Hals)埋伏,因为这里峡湾很窄,用几艘船就可以对抗一支船队。哈拉尔意识到自己要被算计了,于是下令前往峡湾的末端。在这里,一条窄窄的地峡把峡湾和北海(North Sea)分割开来。他费了很大的劲让自己的船只全部通过,然后向北航行,让斯韦恩守着一座空笼子等了很久。为了终止这种没有意义的战争,哈拉尔向斯韦恩提议,双方在哥达河附近打一场决定性的战役。

我们不是很清楚斯韦恩到底有没有接受挑战,但哈拉尔如期到了那里。那天,哈拉尔并没有等到对手,于是他和主力军分开,自己带着180艘船沿着斯卡恩海岸来到尼萨(Nis-aa),遭到斯韦恩360艘战船的袭击。这场血腥的战斗打了一整晚,最终以丹麦人的落败而告终。挪威的这场胜利在很大程度上要归功于一位名叫哈康·伊瓦尔松(Haakon Ivarsson)的首领。虽然国王平时待他严厉而刻薄,但他在国王危难之时还是出手相救了。斯韦恩顺利逃脱也归功于哈康·伊瓦尔松。

虽然尼萨战役战绩辉煌，但像哈拉尔认为的那样，它也没有什么意义。既然斯韦恩还有力量抵抗，那他肯定不会让出王位；就算他真的让位，挪威军队的屡次袭击也让丹麦人恨透了他们，挪威的国王更不可能妄想统治丹麦人了。可长久的战争让两边都劳民伤财，所以哈拉尔还是很不情愿地于1064年在哥达河同意讲和。他承认斯韦恩是丹麦国王，并宣誓再也不侵犯他。

哈拉尔发动战争的代价是巨大的——民众对他非常不满。这里，我们需要讲讲和谈之前的几件大事。打仗的时候，国王最不爱听的就是来自首领的反对与批评，其中最令人懊恼的就是艾纳了。他不论走到哪里都带着600名贴身侍从，公然蔑视国王的权威。一次，哈拉尔在尼德罗斯的码头见到他，后者在他眼前炫耀自己的力量。哈拉尔大声感叹道："许多伯爵身边带着少数男仆就已经很满足，而如今我却看着艾纳带着众多的侍从。或许，他是想登上王位；不到他亲吻斧头边缘的那一刻，想必他是不会罢休的。"

虽然没有明显的证据，但我们可以确定艾纳不遗余力地抓住任何机会挑衅国王。一次在哈拉尔在场的会议里，艾纳强行休会，并让携带兵器的随从强行释放了一个之前为他效力的小偷；还有一次，国王在地下发现了财宝，法律规定它归国王所有，但艾纳用武力胁迫国王放弃，因为箱子上的铭文写明，这是他岳父哈康伯爵的财产，因此只有他的妻子博纳尔约特能够继承。

我们完全理解国王想要惩罚这种傲慢无理的人，但他的方式实在是有些下流。他之前抓住过几个贿赂挪威首领的丹麦人，他们都携带着斯韦恩国王的印章。这些人很可能是丹麦国王派来的秘密使者，就像当年克努特国王赶走圣奥拉夫那样。哈拉尔想到，他可以用这些人来考验首领们对自己的忠诚度，并且最重要的是，他能得

第十六章 无情者哈拉尔·西居尔松

到公正的理由来证明谁是叛徒,然后消灭他们。不用猜也知道,这次行动就是针对艾纳的。这些人自称是斯韦恩国王派来的,带着重金以及写满夸赞和承诺的信来见艾纳,以示友好,可艾纳竟然通过了测试。"所有人都知道,"艾纳说,"哈拉尔国王不是我的朋友,而斯韦恩国王却尽经常对我说好话,我很希望成为他的朋友。可他若是带兵入侵挪威,想要夺取王位的话,我将尽全力帮助哈拉尔国王保护挪威,抵抗外族人。"

哈拉尔听到这些话后,说道:"虽然他并不喜欢我,但这回答证明,他是一个有尊严的男人。"

然而,这一次试探带给哈拉尔国王的意外还不止于此。——国王的亲人和挚友斯泰格的托雷,也是第一个认可他王位的人,竟然接受了贿赂。当他得知国王要来惩罚他的时候,他乐呵呵地迎上去,把钱全部交给国王,说道:"前不久,一些丹麦人来到我家,送给我来自斯韦恩国王的钱和表示友好的信件。我接受了这笔钱,因为我觉得您应该得到外族国王从您那里偷走的钱。"

这番话实在是太精明了,以至于哈拉尔虽然看穿了他的把戏,但还是对他暗自钦佩。

第三位是名叫赫格尼·朗比约恩松(Högne Langbjörnsson)的农民。当信使来的时候,他说:"我觉得斯韦恩国王肯定没听说过我,因为我只是一个普通的农民,但我还是想告诉他:如果他带兵来攻打挪威,那么没有农民能比我更勇猛。"

这话传到哈拉尔那里,他非常高兴。作为奖赏,他封赫格尼为自己的臣子,也是仅次于伯爵的头衔。可赫格尼对此并不兴奋,而是说:"陛下,您对我如此赏识让我非常感激。但我不想接受臣子的职位,因为我知道会发生什么。其他臣子聚在一起时一定会说:'赫格尼理应坐在最次的座位上,因为他是农民出身,所以只能是地位最低的臣子。'那样的话，我的职位就只能带给我耻辱，而不是光荣了。相反，我更希望继续做一个农民，这样农民们聚在一起的时候会说，我是他们之中地位最高的。"

正是民众这种普遍的独立意识让挪威的历史和其他任何国家的历史都不一样，也让这个国家成为欧洲自由体制的源头。挪威的封建体制就是建立在这块基石上，并随着历史的潮流传递到了瑞典、丹麦和其他欧洲国家。

哈拉尔非常赏识正直与忠诚的人，即使是他的敌人。在这次试探艾纳之后，他对艾纳的态度比之前缓和了许多。为了彻底消除两人之间的隔阂，哈拉尔邀请这位老人在尼德罗斯的宅邸里宴饮，给予了他在自己身边的最高席位，并用王子的待遇款待他。宴席上，酒杯不停地被斟满，这让将近80岁的艾纳不禁有些昏昏欲睡。不巧的是，国王正在讲述自己在君士坦丁堡的奇遇，而宾客的困倦在他眼里就是对自己的不敬。他派人对艾纳做了个粗鲁的把戏，第二天，艾纳就把这个人杀了。就这样，二人的旧恨加新仇，哈拉尔终于决定杀死艾纳。他假装以和好为名，邀请艾纳参会，后者带着儿子艾因得里德和一大批随从赴约。国王把刺客藏在大厅隐蔽处，然后盖住通风口以遮蔽光线。艾纳把儿子留在门外，自己走了进去，首先就是感叹屋子里的黑暗。

"国王的大厅真黑暗。"艾纳一进屋就说。

刺客们见机，立刻跳下来将他杀死。

在死前，艾纳喊道："国王的爪牙如此尖利。"

艾因得里德听到父亲的声音，立刻冲进去想要保护父亲，但立即被包围起来杀害了。几分钟后，国王大步走出大厅，下令所有人准备迎战；可艾纳的部下已经乱了阵脚，毫无追击的意志，眼睁睁地看着国王带着护卫驶出峡湾。老伯格尔约特得知国王的行为，冲

第十六章 无情者哈拉尔·西居尔松

到小镇的街上，胡乱叫喊着要大家替她丈夫和儿子报仇。她来到国王的住宅时，正好发现哈拉尔的船沿着河顺流而下。"要是我的亲人哈康·伊瓦尔松在就好了。"她叫道，"因为他是绝对不会放这些凶手走的。"

这件事激怒了特伦德拉格郡人，而哈拉尔国王也很明智地躲避了一段时间。他拜访了妻子的亲戚芬恩·阿内松，说服了他用自己的影响力平息人们的怒火；作为回报，他承诺还给他哥哥卡尔夫被马格努斯国王剥夺的权力与财产。此外，芬恩还需要到哈康·伊瓦尔松那里，劝他不要为亲人报仇，而是接受国王的赔偿——他可以要求国王做一件力所能及的事情。芬恩成功地完成了这两项任务。哈康的条件是希望与贤君马格努斯的女儿朗希尔德（Ragnhild）结婚。然而，国王还是没有完全认识到杀死艾纳的后果。虽然人们已经从哀悼逝者的悲伤中走了出来，但国王背信弃义的行为实在是与其地位不符。这一事件的严重后果，就是所有人都逐渐失去了道德约束，既然国王都可以背信弃义，谁还不能这么做呢？臣子们一个接一个离开了他，前往丹麦投靠了斯韦恩国王，并在那里受到优待。第一个这么做的是芬恩·阿内松。他的哥哥卡尔夫有勇有谋，所以国王开始器重他。在一次前往丹麦的远征中，哈拉尔国王只派了一小批部队上岸，然后命令卡尔夫攻击一支强大得多的丹麦队伍，并承诺在需要的时候会施以援手。卡尔夫服从了命令，但他们都死在了战斗中。最后，等国王亲自登陆，将城市洗劫一空。之后他吹嘘自己只牺牲了 13 人，芬恩猜测这其中有他的哥哥。他为国王的行为感到愤怒，不愿意再见到他。最后，他带着自己的财产投奔丹麦，在那里，斯韦恩让他做了哈兰的伯爵（Earl of Halland）。现在的哈兰属于瑞典，与挪威的维肯接壤。

哈康·伊瓦尔松在哈拉尔国王这里也有过相似的经历。国王确实传唤了朗希尔德,不过后者说她只愿意嫁给伯爵。哈康于是请求国王封他为伯爵,但哈拉尔说,他不希望自己的王国中同时有两位伯爵。就这样,哈康也投奔了斯韦恩国王,后来在尼萨战争中他还回来救了哈拉尔。同时,在这场战争中,他也尽到了报答斯韦恩的本分。他把斯韦恩救了下来并送到了朋友身边。这些功绩不仅没有获得哈拉尔的赏识,反而让他更加憎恨哈康。哈拉尔先说服了朗希尔德答应成婚,许诺一定会封哈康为伯爵。不过,等婚礼进行完毕,他不停地搪塞哈康,直到哈康强硬地询问结果时,他才给了哈康一个彻底的拒绝。那天,妻子见哈康回来,以为事情已经谈成了,于是对他说:"欢迎回来,我的伯爵。"哈康不得不告诉她事情的经过,因为他不想让大家觉得自己是欺骗朗希尔德成的婚,所以他允许朗希尔德离婚,并依然享用他的财产。这份提议非常慷慨,但朗希尔德还是拒绝了。在那之后,哈康开始秘密地打点自己的财产,计划趁国王不注意,偷偷离开挪威。哈拉尔还是获得了消息,计划派240人,在夜里杀掉哈康;而哈康也得到了朋友的警示,立刻逃到了瑞典,之后又前往丹麦。在芬恩死后,斯韦恩让哈康做了哈兰的伯爵;瑞典国王斯腾克尔(Steinkil)也封给了他维斯特哥特兰(Vestgotland)和韦姆兰(Vermeland)两个大省。就这样,哈康的权力几乎可以和王室相媲美了,于是他开始准备讨伐哈拉尔国王。他在奥普兰郡十分受人爱戴,而哈拉尔国王由于剥夺了当地农民在圣奥拉夫时代被赋予的权利而失去了支持。哈康大胆地征收了当地的关税,并告诉国王的征税者,税收已经被哈康伯爵拿走了,所以没有他们的份了。哈拉尔国王不是忍气吞声的人,他集结军队入侵瑞典,击败了哈康和维斯特哥特兰人,并严厉惩罚了奥普兰郡的民众。

1066年,英格兰国王哈拉尔德·戈德温森(Harold

Godwineson)的弟弟托斯蒂格伯爵（Earl Tostig）来到挪威，请求哈拉尔·西居尔松加入自己征服英格兰的阵营。在这之前，他已经去过一次丹麦，不过收获甚微，因为斯韦恩说他不想像他强大的克努特叔叔那样，只要能保卫自己的国家他就知足了。相反，哈拉尔一向喜欢冒险，于是饶有兴致地了解了伯爵的计划，并在1066年驶出挪威港口，带领着有史以来最多的船队来到英格兰，与差不多两万名士兵一起登陆；此外，再加上他让奥克尼的伯爵们带来的先遣部队以及托斯蒂格伯爵的贡献，这个阵营总共有300到350艘船和3万名士兵。他把王后埃莉西芙以及两个女儿玛利亚（Maria）和英格尔德（Ingegerd）留在了奥克尼，自己沿着苏格兰海岸航行到了诺森伯兰（Northumberland）。在富尔福德（Fulford），他与马基尔勒伯爵（Earl Markere）、伊德温伯爵（Earl Eadwine）带领的军队进行了一番较量，最终取得了胜利。紧接着，约克郡沦陷了。他在离约克郡七里外的斯坦福桥（Stamford Bridge）安营扎寨，让他儿子带领三分之一的军队守卫船只。由于天气温暖，士兵们没有预料到危险即将到来，所以都没穿盔甲。竟然就在这时，哈罗德·戈德温森带领重兵袭击了他们。托斯蒂格建议立即撤退到船上，但高傲的哈拉尔·西居尔松不愿意这样做，而是下令待在原地应对英格兰的进攻。他们在列阵的时候，20个英格兰骑兵冲了过来，其中一个士兵问托斯蒂格伯爵是否在场。

"你们当然可以在这里找到他。"托斯蒂格本人答道。

"你的哥哥让我们给你传信，"英格兰人说，"他愿意与你和好，并送给你诺森伯兰。如果实在不行，他甚至不介意将国家的三分之一都给你。"

"他上次对我说话，是去年秋天，那时候他满嘴都是斥责与侮辱。如果我现在真的接受了他的条件，那他之后又会给挪威国王送去什么呢?"

"他已经定好准备给哈拉尔·西居尔松国王的土地了,大概有七英尺。可能要多一些,因为他的地位比别人要高。"

"如果是这样的话,"托斯蒂格说,"那就回去告诉哈拉尔国王,开战吧。"

哈拉尔·西居尔松听到这段对话,问托斯蒂格这位说话的英格兰人是谁。

"那是我兄弟,哈罗德·戈德温森。"伯爵回答说。

"我要是早知道就好了。"哈拉尔国王说。

英格兰的骑士们进行第一波进攻,但很快就撤退了。挪威人认为这是敌军整体撤退的信号,于是打破队形直接追击。事实上,哈拉尔德国王还打算继续保持队形,等船上的援军到了再进攻,不过事态发展到了这一步,他也顾不了那么多了。他像狂暴战士一般冲到战斗最激烈的地方一顿乱砍,英国军队的战线被攻破了,一切迹象都表明挪威人要取胜了。可就在这时,挪威国王被弓箭刺破了喉咙,坠马而死。托斯蒂格拒绝了来自他兄弟的停火请求,接过指挥官的职位,英勇地奋战了许久。挪威人虽然疲惫且受伤,但依然呐喊着向前冲锋,意图为国王报仇。但是,托斯蒂格也被杀死了。宽阔的战场上尸横遍野。就在这时,哈拉尔国王的内兄埃斯泰因·奥尔前来援助,让挪威军队又抵抗了一会儿,直到他也牺牲为止。在月光的掩护下,残存的士兵抵达船上。其中一个名叫斯蒂卡尔·斯塔拉雷(Styrkaar Stallare)的人抢下一匹马,骑着它在战场上逃跑了。他的衣服在激烈的搏斗中被撕毁了,冷风袭来,刺骨的寒意让他难以忍受。在路上,他遇到了一个穿着羊皮短上衣的英格兰农民。斯蒂卡尔问他多少钱能把这件衣服卖给他。

"这衣服我是不会卖给你的,"农民说,"因为我从你的口音里听出，你是个挪威人。"

"这说的什么话，"斯蒂卡尔说，"那你想要什么呢？"

图46　奥克尼群岛中　霍伊岛上的老人石柱

"我想要杀死你，但很遗憾我没有带武器。"

"既然你杀不死我，"斯蒂卡尔说道，"那就让我看看能不能杀死你吧。"

说着，他举起剑砍下了自耕农的头，拿走了他的衣服。

战争结束后的几年，战场上还散落着尸骨，没有人去埋葬他们。之后，征服者威廉登陆英国（9月29日），在黑斯廷与哈罗德·戈德温森会面，夺走了斯坦福桥战役的成果。

哈拉尔·西居尔松的儿子名叫奥拉夫·哈拉尔松。他先来到奥克尼，在这里，他同父异母的妹妹死去了。他在这里度过了冬天和春天，在夏天带着埃莉西芙王后和妹妹英格尔德回到了挪威。在他父亲率领的众多战船中，只有24艘返回。

哈拉尔国王去世时，享年51岁。虽然首领们对他有许多不满，但在他执政期间,挪威的内部稳定了不少。每一个管理分支都能感受到国王的掌控,零散的小部落由此逐渐融合成为一个民族。他发动的战争看似是灾难性的,却让挪威在列国中占有了一席之地。关于教义的事情,他和不来梅的阿德尔伯特大主教(Archbishop Adalbert of Bremen)争执了许久,最终赢得了胜利。虽然没有什么官方名义上的成果,但挪威教会在一段时期之内不再承认不来梅地区的权威性。如果哈拉尔国王的道德像他的能力一样出众,那么他一定会给后世留下一个美名。

第十七章
安静的奥拉夫·哈拉尔松和马格努斯

奥拉夫·哈拉尔松回到挪威后，见到了哥哥马格努斯。令他意外的是，马格努斯已经在国王死前就被承认为国王。两人经过协商后，决定将这个国家分成两半分别治理——马格努斯获得北边和西边较大的地区，奥拉夫则满足于小一些的维肯。如果两兄弟有同样的分配权的话，那么这个结果很显然不公平。可不愿争执的奥拉夫还是接受了，并且据我们所知，他对这一决定丝毫没有异议。

英格兰的战役让挪威劳民伤财，丹麦国王斯韦恩·埃斯特里德松认为报复哈拉尔国王的时候到了。两兄弟为了应战，立刻在全国范围内征兵，但斯韦恩在马格努斯援助之前就在哈兰进攻了奥拉夫的军队（1067年）。这场战斗应该是平局，因为双方都宣称自己胜利了，但很可能奥拉夫的损失更大，因为是他先讲和的。在讲和的同时，马格努斯赶到了。他所带领的军队至少和斯韦恩是等量的。不知是什么原因，斯韦恩突然失去了发动战争的欲望，在康格海尔（Konghelle，1068年）定下和约，与奥拉夫承诺结下长久的友谊。据说，奥拉夫在谈判的时候十分坚定而强势，以此赢得了斯韦恩的尊重。两桩婚姻也由此产生：无情者哈拉尔的遗孀埃莉西芙嫁给了斯韦恩国王，奥拉夫娶了斯韦恩的女儿英格莉德（Ingrid）。

马格努斯当时在不在康格海尔尚不明确。即使他在场，也会因为身体原因无法进行交涉，否则我们在和约上不会只看到奥拉夫的名字。次年的情况也是一样，所有事务都由奥拉夫处理，因为马格努斯在尼德罗斯卧病不起，最终于1069年去世了，只留下一个尚在襁褓中的儿子哈康（Haakon），交由斯泰格的托雷照料。没有人提议让他继承王国，于是奥拉夫接管了整个挪威。

除了刚上位时一些小规模的冲突外，在奥拉夫·哈拉尔松20年的执政期没有发生一次战事。他的传奇故事全部是有关和平的记载，也是一部象征着长久文明进步的光荣记录。他最大的特点就是精明而谨慎。他信教却不狂热，虔诚却不偏执；他性格随和，却从不玩忽职守；他乐观但不轻浮，冷静但不懒惰。事实上，他是金发王哈拉尔德后代中独一无二但又很吸引人的角色，比起同龄人，他要更出众，因为他的性格和其他人大不相同。他宁静的灵魂在他的话语中闪现，这些语句都在文献中被记录了下来。其中一段话体现了他超越时代的价值观。

"我和你今天坐在这里，纪念我的祖先圣奥拉夫，眼前的人们自由而快乐，我何尝不高兴呢？在我父亲那个时代，这些人可都天天生活在压迫和恐惧中啊。那个时候，他们只能把金子和宝物藏起来，现在我看到，他们都愿意把好看的东西拿出来让大家欣赏了。人们的自由和快乐就是我的快乐。"

人们给他取的绰号凯里（Kyrre），就是宁静者的意思。不论开始时是不是褒义，但随着时间的流逝，它逐渐成为一种光荣的称号。在之后一个世纪的冲突和流血中，人们回顾奥拉夫和平的统治

第十七章　安静的奥拉夫·哈拉尔松和马格努斯

时期,都称其为"黄金时代"[1]。正如后来的编年史家所说:"他受到了上帝和人民共同的爱戴。他非常重视和平与安宁,允许所有人有自己的财产,并且只打压邪恶的人。在他的时代,谷物丰收,景色优美,挪威从金发王哈拉尔德之后就从没有这样繁荣过。所有人都爱他,因为凡是哈拉尔松严于管制的地方,他都妥协为人民谋求福利。在金银和饰品方面,他一向没什么要求,可他对土地方面的要求尤其严格。在这背后是他的智慧,因为他知道这是王国兴亡的根基。"

安静的奥拉夫在文献里只有几页的记载,而身为战士的父亲和儿子却占了很大的篇幅。比起和平治理、爱护生命和修复国家创伤,挪威王室的史学家们对征战以及建功立业更感兴趣。虽然斯诺里讲述奥拉夫的事迹不多,但字字句句都是赞语。在奥拉夫的时代,民众每天想的不是战斗,而是唱歌之类的和平生活。为奥拉夫唱赞歌的唱诗者曾经就在他父亲鲁莽的英格兰远征队伍中与斯韦恩·埃斯特里德松战斗。

奥拉夫显然对当时还在盛行的维京精神不怎么感兴趣,我们不知道他具体做了什么,但维京征程在他统治时期确实减少了。其中一个原因,就是周围地区都增强了防御工事,所以侵略的风险增大了。征服者威廉统治下的英格兰不再是挪威海盗的停留港,法国、西班牙和日耳曼也相继采取措施保护港口,让挪威首领们失去了掠夺的机会。前往爱尔兰依然可以获得一些奴隶和战利品,但在瑞典和俄罗斯的波罗的海港口,当地的部落竟然学会了维京人的战术,开始以自己的名义进行掠夺,这让挪威人无利可图。若没有之后的

---

[1] 引自提奥德雷克·蒙克(Thjodrek Munk)的《挪威民间史》(*Det Norske Folk's Historie*)。

大屠杀，我们也有理由相信基督教在感化人心、制止杀生方面有所作为，虽然物质原因显然更有说服力，但虔诚而一心向善的国王对民众也是有影响的。他向大家证明自己是一个虔诚的基督徒——他不仅喜爱牧师（他经常坚持为他们披上法衣），还尽全力改变和压制一切他认为有违基督教义的事物。因此，他还是挪威第一个试图取消农奴制的国王。他下达法令，要求每个郡每年必须释放一个奴隶。这么做的第一个目的实际上是为了让更多的自由民回到家乡，从而振兴商业以及其他和平的事宜。许多奴隶都是工匠，还有很多人因战争而被奴役，但他们都具有过人的智慧和商业头脑。

图 47　奥克尼的挪威老式建筑内部

另外，商业其实在安静的奥拉夫之前就已经开始繁荣起来。除了做海盗之外，维京人也是商人，因为他们必须把战利品换成能带回去的东西；另一方面，维京人之外的其他商人也会带剑保护自己，所以两者其实没有什么显著的区别。此外，有权势的首领也喜欢做些买卖，他们也不会认为自己从中赚来的钱而感到不光彩。因此，我们能看到圣奥拉夫与商人古德雷克·格尔德斯克（Gudleik

第十七章　安静的奥拉夫·哈拉尔松和马格努斯

Gerdske）一次共同的航行，以及无情者哈拉尔在芬兰买断田地送给部下的记载。以物易物的交换在挪威和丹麦、瑞典和英格兰之间大量产生，再加上海盗的减少以及金属的广泛使用，商业交流越来越频繁。这种规范的社会活动在安静的奥拉夫时代逐渐开始显现，也正因如此，我们看到了越来越多城市致富的案例。例如，奥拉夫建立的比约格温〔Björgvin，现在叫作卑尔根（Bergen），1070—1075年建成〕，很快成为非常重要的商业中心。

挪威人以征战为主，让奴隶从商的传统使他们很难发展经济。在安静的奥拉夫之前，即使是最富有的挪威人生活也显得特别原始，他们吃的食物非常粗糙，居住环境也很简陋。他们的住宅只有一间屋子，在靠近床一侧的墙上设有壁龛，地面是踩踏平整后的泥土铺上稻草，生火的时候满屋子都会充满烟雾和火星。屋顶上没有天花板，只露出一个大洞，用来通风和采光。在被烟熏过后硬邦邦的椽上会挂一些捕鱼设备、动物皮毛和衣服，它们耷拉下来，垂在墙壁上。靠近屋檐的部分有方形的孔，被类似百叶窗的东西封着；篝火的两边是桌子和椅子，它们在房间里延展开来。贴着墙的两个长椅之间是一个雕刻过的长腿椅，也叫高椅（high-seat），它坐北朝南，属于房子的主人。南边靠墙的座位则留给地位高的宾客。如果是首领家，那么墙上还会装饰着打造精良的武器和彩色布挂，并且除了主厅（skâli）外，还有几个小房间，分别作为浴室、厨房、主人卧室和仆人卧室，有时还会单开一个会客室。在房子外围，仓库、牲口棚、谷仓都是非常重要的。这样一来，富裕农民的住宅都像一个小村庄一样。

奥拉夫在这样的基础上做了些改变，让房间的布局变得更加舒适了。首先，他把中间的壁炉转移到了角落里，并在上面安装了烟囱，以此作为排烟口。地板换成了石质和木质的。墙上会留出窗户，用薄玻璃板或透明薄膜装饰；屋顶设有天花板，让室内温度更加均衡。渐渐地，多个房间逐渐都汇聚在同一个屋檐下。主人的高椅被移到墙边变成了交叉凳；在国王的宴会厅里，主座放在高台上，专供国王、王后和其他高官贵族使用。在以前，参加宴会的时候人们都围着篝火，而奥拉夫带来了蜡烛后，给王宫里每一个皇室人员面前都配了一个烛台。他还分配内侍们迎接宾客，能进入这个大厅的人都是上等人。

这些改变一反之前简单的民主制。宫廷里的花销更高了，奥拉夫把内侍（hirdmennir）的标准人数从60人增加到120人。这种奢华直接导致了更精细仪式的产生，身份地位间的差别也比以前更重要了。国王谦逊善良的性格更加彰显了这一切的重要性，并让大家找不到任何弊端。事实上，挪威人在那段时间都很喜欢奢华，独立的性格让他们都想彰显自己。然而奥拉夫并没有通过加重民众的负担来增加这些花销，因此他的王宫让他更加受人欢迎了。

我们知道，安静的奥拉夫是个虔诚的基督徒，他对民众的道德状况非常重视。为了让他们的性格变得温顺，少做杀人放火、危害国家安定的事情，他成立了带有严格纪律的俱乐部或公会。这些所谓的俱乐部或公会最初是在其成员的家里举行，等公会组织逐渐扩大，他们就有了自己的俱乐部，有的甚至以他们的保护神为名建立了教堂。圣奥拉夫是最常见的保护神，当然，他们还会向其他圣人寻求庇护。在这些公会里，牧师管理着其他成员，确保公会内部的成员之间亲和友好。武器绝对不能进入会议厅，一切纷争在双方冷静后都会得到解决。为了阻止斗殴、避免混乱，名声好的女人也可以进入公会，而且每次开会之前都将进行一次短暂的宗教仪式。这样的集会开始只是社会性的，但当有些公会逐渐壮大，就没有人能阻止它们变成半政治组织了。公会里的条例规定，成员间必须相互保护，若是有人被杀，在通常情况下，其他人要为他报仇。为了防止他们对王室产生威胁，国王和他的军师们加入了这些公会，时刻规范成员们的行为。

从这些社会公会之中逐渐发展出来工匠协会，他们开始并没有限定在某一个专业分支，任何工种的工人都可以加入。这些公会在中世纪晚期逐渐开始产生政治影响力。

在奥拉夫的时代，我们很少看到有关部族首领的消息，因为他们之中最显赫的都在斯坦福桥阵亡了，而国王的人气也让他们不敢反抗。其中一个有记载的首领叫作斯库里，他是托斯蒂格伯爵的儿子。奥拉夫在他父亲死后把他从英格兰接了过来。1069年，斯库里被派往征服者威廉那里，目的是把无情者哈拉尔的遗体运回挪威。他顺利完成了任务，让国王非常满意。在他的后代中，有英格·巴尔德松国王（King Inge Baardsson）以及密谋获取王位但失败了的弓箭手斯库里。

1093年9月22日，安静的奥拉夫在自己的庄园中去世。他的遗体被运送到尼德罗斯，葬在了他自己修建的基督教堂里。

第十八章
赤脚马格努斯和哈康·马格努松

奥拉夫国王的死讯传到各地,维肯人决定立国王的儿子马格努斯为国王,而特伦德拉格郡人却希望他的侄子哈康·马格努松坐上王位。于是,国家再次被一分为二。三分之二的领土,包括特伦德拉格郡、奥普兰和所有北边的郡都属于哈康,另外三分之一属于马格努斯。马格努斯没有想到表兄弟竟然会和自己争夺王位,因为在父亲在世的时候,哈康始终没有表现出任何野心。只有马格努斯对哈康的忽视才能解释他去往苏格兰远征探险的目的。在马格努斯身上依然保留着祖父的野性,因此在父亲的和平政策下,马格努斯一直压抑着这种野性。现在,他终于自由了,谁都无法阻止他做自己想做的事情了。于是,马格努斯首先走上了盲目寻求荣耀的征途:他帮助苏格兰国王唐纳德·贝恩(Donald Bane)攻打显贵者埃德加(Edgar the Etheling)和他的兄弟马尔科姆(Malcolm)的孩子。接着,他成功得到了几个在无情者哈拉尔时期独立的苏格兰岛屿,然后协助爱尔兰的姆尔柯塔什国王(King Muirkertach)对抗古德罗德·梅拉纳夫伯爵(Earl Gudröd Meranagh)。最后,在1094年,马格努斯回到了故乡,却发现国家的三分之二已经落在表兄手里了。他立刻带领7艘船来到尼德罗斯,在新的皇室住宅里歇脚,决

第十八章 赤脚马格努斯和哈康·马格努松

心要让特伦德拉格郡人知道自己的厉害。同时,哈康和他的养父——斯泰格的托雷也从城里赶来,在老皇室住宅里暂居。双方的关系非常紧张,每一天人们都觉得要发生战争。最后,哈康主动提出谈判,表示愿意和表兄弟平分国家,但马格努斯拒绝了这个条件,他认为整个国家都应该是他的。在1095年2月的一个午夜,马格努斯在城市周围放了把大火。哈康的人抄起武器冲到街上,准备和敌人决一死战。不过,战斗并没有发生,双方都安静地离开了城市。途中,哈康在翻越多夫勒山(Dovre Mountain)时生病而死。

有人可能会觉得,特伦德拉格郡人现在已经没有理由再反对马格努斯了,但实际上他们依然不支持他,因为他们害怕马格努斯会为先前支持哈康的事情而惩罚他们。于是,他们遵从托雷的建议,与一位名叫斯韦恩的丹麦贵族结盟,把他伪装成挪威的王室成员。起义军在奥普兰获得了许多支持者,其中包括大臣埃吉尔·阿斯拉克松(Egil Aaslaksson)。就这样,在托雷和埃吉尔的领导下,他们开始大肆劫掠努尔莫勒和特伦德拉格。凡是不愿意加入他们的人,他们就把他的房子烧了,于是叛军的阵营越来越大。西格德·沃尔斯特森(Sigurd Wool-String,挪威语Ullstreng)是马格努斯的大臣以及忠实的朋友,他召集军队出战,但因为人数少,被叛军打败。他逃到了马格努斯那里寻求避难,马格努斯立刻派人追捕托雷和埃吉尔,最终将他们抓住并绞死。许多加入叛军的人都被杀死或剥夺了财产;此外,作为对特伦德拉格郡地区的集体惩戒,马格努斯重新采用了阿尔菲法松的法案。

就这样,马格努斯无可争议地成为挪威唯一的统治者。权力稳定后,他继续不遗余力地惩罚犯罪的人。可是,安逸地待在家里,看着国家太平安定并不是他的风格,他的父亲有多热爱和平,他就有多痛恨它。于是,他毫无理由地再一次前往苏格兰和爱尔兰,说是为了在那里进一步稳固他的版图。他其实很可能还想入侵英格兰，为自己在斯坦福桥战役中被杀的祖父报仇。哈康·保尔森（Haakon Paulsson）是奥克尼的保罗伯爵（Earl Paul）的儿子，他来到挪威，希望通过战争获益。残暴的国王带着160艘船和14000名士兵在1098年春天前往奥克尼，接着又来到了赫布里底，一路上施尽暴行。他还征服了英格兰的曼岛（Man）和安格尔西岛（Anglesey），并花了很大力气在安格尔西岛开拓殖民地。1099年夏天，他回到挪威，要求瑞典国王英格把达尔斯兰（Dalsland）地区送给他。在福克瑟尼（Fuxerne），他打败了瑞典军队，然后在温纳湖（Lake Wener）建立起防御工事，并派360人驻守。可英格国王在冬天以屈辱性的条件迫使此部队投降。为了报仇，马格努斯第二次进攻瑞典，但这一次，他在特罗尔海坦（Trollhättan）被打败了，还险些丧命，幸亏阿格蒙德·斯科夫特松（Agmund Skoftesson）及时和他交换了外衣，引开追兵才救了他。很显然，这样的战争既浪费金钱又摧残生命。在丹麦国王埃里克·艾戈德（King Erik Eiegod）的介入下，双方于1100年在康格海尔议和。和约规定，马格努斯与英格国王的女儿玛格丽特（Margaret）结婚，并赠送给她那块有争议的土地作为嫁妆。最后，婚礼顺利完成，达尔斯兰在马格努斯死后又成为瑞典的领土。因为玛格丽特王后带来了和平，挪威人称她为弗里德库拉（Fridkulla），也就是和平缔造者的意思。

不要指望马格努斯满足于他所获得的荣誉。他的想法在他的这一句话中体现得淋漓尽致："比起长寿，一个国王更应该追求荣耀。"为了寻找借口发动战争，马格努斯送给爱尔兰国王姆尔柯塔什一双鞋，要求他在圣诞节时，在挪威大使面前把鞋子放在肩上，以此表示自己屈服于马格努斯的至高地位。爱尔兰人对这无理的要求十分气愤，但姆尔柯塔什了解马格努斯的残暴，不仅答应会把鞋子放在肩上，还会把它们吃下去。可如此的屈辱还是没能让他幸免，因为马格努斯已经决定要进攻爱尔兰了。他在1102年率领重兵西进，先抵达了奥克尼，然后在曼岛登陆。在这里，马格努斯让儿子西格德称王，然后娶了姆尔柯塔什年仅9岁的女儿比亚德穆因（Biadmuin）。接着，马格努斯在阿尔斯特（Ulster）打了许多胜仗，与此同时，他在名义上和姆尔柯塔什结盟；但我们知道，后者一定在找机会消灭他。这样的机会终于来了。马格努斯在阿尔斯特海岸等待着承诺给他的牲畜时，只带了一小部分军队就进入了沼泽区。突然，他被爱尔兰人包围了，那些士兵已经在周围埋伏了很久，又因为熟知地形而占了上风。挪威国王在经过英勇的战斗后牺牲，残余部队回到了挪威。

马格努斯死时年仅30岁。他身材高大而成熟，相貌英俊，气质威严。他的绰号叫"赤脚"或"光腿"，是因为当他从第一次苏格兰远征回来后，一直穿着苏格兰高原服饰，他不穿裤子而改穿长裙。

第十九章
埃斯泰因、"十字军战士"西格德和奥拉夫·马格努松

根据传统，赤脚马格努斯的三个儿子分别称王，并平分了国家。不过，他们可能只是平分了王室财产，而不是国家领土。三人掌权时，埃斯泰因14岁，西格德13岁，奥拉夫只有三四岁。按理说这样的年龄都不具备继承资格，但他们的父亲却承认了他们。那时的欧洲正为十字军东征而兴奋不已，国王、骑士甚至是孩子们都实在是太想拯救自己的灵魂了，于是置理性于不顾，还没做好计划就依仗着超自然的力量踏上冒险的旅途。这份狂热直到开始消退的时候才传到北方。有些人已经到了耶路撒冷（Jerusalem）并重返家园，而他们和与异教徒对抗之前的自己没太大区别。他们谈论的其实都是十字军东征可能带来的声誉，吸引同乡人为了世俗和教义上的荣耀前往圣地。人们都觉得至少一个王子应该做远征军的首领，于是继承父亲意志的西格德自愿接受了这项任务。为了显示自己的地位，他需要很多资金，这就必须获得民众的支持。他意识到，妥协比压迫更容易成功，于是他废除了斯韦恩·阿尔菲法松制定的压迫性法律，因此受到欢迎。埃斯泰因热情地帮助弟弟准备出行的装备，让他得以在1107年带领60艘大船和一万名士兵出征。西格德

第十九章 埃斯泰因、"十字军战士"西格德和奥拉夫·马格努松

首先对英格兰进行了友好的访问,在这里他受到了亨利一世(King Henry I)的盛情款待。接着,他来到西班牙经历了几次冒险。他在这里和摩尔人(Moors)战斗,并摧毁了福门特拉岛(Formentera)上海盗的一处巢穴。在意大利,他受到罗伯特·圭斯卡德(Robert Guiscard)的儿子罗杰公爵(Duke Roger)的热情款待。罗杰公爵以自己的挪威血统为荣,并像亲人一样招呼国王。如果我们相信传奇故事的话,他还承认了西格德的更高统治地位,并接受了赐予自己的爵位称号。可惜,罗杰公爵没来得及接受新称号就去世了。1110年,西格德终于到达了圣地。他先在约帕(Joppa)靠岸,在这里受到了鲍德温国王(King Baldwin)的热情迎接,然后二人一起前往耶路撒冷。鲍德温给西格德指路,告诉他哪里是圣体安置所,并向他介绍了所有和救世主生死有关的重要位置。耶路撒冷的元老给西格德展示了圣奥拉夫神龛里的十字架板,但西格德必须给教堂捐赠什一税(tithes)作为交换。在他回去之前,西格德还帮助鲍德温和特里波利斯的贝特朗伯爵(Count Bertrand of Tripolis)打退了西顿(Sidon)和阿克伦(Akron)的进攻,并获得了一份战利品。在这之后,他又来到了君士坦丁堡。在这里,统治者亚历克修斯(Emperor Alexius)为他举办了豪华的盛宴,给挪威人展示了他们从没看到过的娱乐节目。可西格德命令他的手下不许露出惊讶的表情,不然希腊人会觉得他们是野蛮人,不习惯华丽的派头。1111年7月,国王结束了三年半的旅程回到了挪威。在这之后,他获得了"十字军战士"(Crusader,挪威语Jorsalfar)的绰号。

西格德对荣耀的渴望和他哥哥埃斯泰因的和平精神形成了鲜明的对比。前者继承了赤脚马格努斯的野心,而后者继承了祖父奥拉夫对修身养性的志趣。因此,前者游历大江南北,而后者则安静地待在本土,默默地建造教堂、鼓励商业和工业发展并完善法律。埃

斯泰因通过说服、馈赠以及对自己利益的诉求，与瑞典耶姆特兰建立了同盟关系，在贤君哈康时代，这里曾属于挪威的领地。由于渔业是国家财富的重要来源之一，他在瓦根（Vaagen）建立了许多小房子供渔夫居住，并给牧师提供教堂和住宅，从而给当地的民众带来了精神慰藉。在阿格德内斯（Agdeness）的沿海发生过许多沉船事件，他修筑了防波堤，并建起了人工港口。此外，为了指引航船顺利通过这个危险的港口，他还修建了火焰形灯塔。当夜晚降临时，船员们就可以看见它们在岩石和海岬上发着光。为了方便前往圣奥拉夫神龛或其他圣地的朝圣者，他还在多夫勒山上设立了小旅馆，这样在下雪或道路不通时，虔诚的基督徒们可以在此歇歇脚。最后，他还建立了很多教堂，其中包括使徒教堂（Church of the Apostles）、卑尔根的圣迈克尔教堂（St. Michael）、尼德罗斯的圣尼古拉斯教堂（St. Nicholas），以及富丽的蒙克利夫本笃会修道院（Benedictine Monastery, Munkeliv）。

虽然挪威人生来喜好争斗，可他们还是由衷地爱戴这位为他们谋求福利的国王。民众对安静的奥拉夫和埃斯泰因·马格努松的支持，表示他们心中的和平和高尚已经击败了野蛮。在这两位国王中，埃斯泰因的智慧和坚毅的性格让他更加出众。他走上建设而非毁灭的道路，并不是因为一时的冲动，而是有着长远的计划。从这个角度来看，他对法律的设立和维护都显得格外重要。他和祖父一样温柔和善又富有魅力。在相貌上，他有着蓝色的眼睛，金色的卷发，和他的其他家族成员一样高大帅气，风度翩翩。

西格德和埃斯泰因的性格差异，免不了产生矛盾。西格德觉得哥哥整天待在家里，毫无建树可言。虽然哥哥有时候也给他下绊，但总的来说对他非常亲热，甚至自愿把权力共享出来，可他对此毫不动心。他更不理解为什么一个缺乏荣耀的人会和他一样被尊敬。

第十九章 埃斯泰因、"十字军战士"西格德和奥拉夫·马格努松

此外,埃斯泰因坚持以法律为准绳,这也让西格德觉得这是在妨碍他。最终,这种种原因引起了一场纠纷。一次,西格德在特伦德拉格郡欺负了美丽的西格里德(Sigrid),她是大臣伊瓦尔(Ivar of Fljod)的妻子。这时候,伊瓦尔正好前往爱尔兰的探险征途中。西格里德的兄弟西格德·拉涅松(Ranesson)非常憎恨国王,可当国王知道了以后,作为报复,便以他在马格努斯执政时贪污与芬兰的交易利润而给他定罪。拉涅松只能找埃斯泰因国王寻求帮助,后者听了他所讲的一切,决定帮助他。西格德国王三次召唤拉涅松进入法庭审判,可埃斯泰因每次都通过法律救了他。审判的过程中有趣的细节,展现了当时社会组织显著的发展成果。最后,埃斯泰因不仅掌握了主导权,而且完全和拉涅松站在了一起,西格德国王因此非常生气。拉涅松为了阻止两位国王刀剑相向,便在晚上来到西格德国王的船上,在他面前跪下说:"尊敬的陛下,我是绝对不会让您和您的兄弟因为我而打起来的……我选择向您投降,让您决定是否留下我的脑袋,如果让您兄弟二人反目成仇,那我还不如死去。"

国王沉思了良久,最后说:"拉涅松你确实是一个高尚的人,你的选择对所有人来说都是最有利的。你要知道,我已经决定明天带着所有士兵到伊莱沃尔(Ilevolds)攻打埃斯泰因了。"

接着,他让拉涅松交出 15 马克的黄金,平均分给三个国王;可埃斯泰因和奥拉夫都拒绝接受他们的那份,最后西格德也只好收回了命令。

虽然已经没有了开战的危险,但两兄弟之间的关系依然很紧张。很快,冲突又一次发生了,这一次依然是西格德的过错。他通过谣言得知,埃斯泰因很喜欢一位少女,名叫博格希尔德(Borghild),她是达尔的富农奥拉夫(Olaf of Dal)的女儿。国王很喜欢坐在她旁边交谈,总想让她陪在自己身边,因此便产生了绯

闻。博格希尔德为了证明自己的清白,在发烫的铧头上行走,并经受住了考验。西格德认为这是报复哥哥包庇拉涅松的好机会,便掳走了博格希尔德作为自己的情妇。之后,她生下了马格努斯,他在西格德死后做了一段时间的国王。埃斯泰因对此非常伤心,可他并没有打算报复,也没有将自己的忧伤表露出来,可最终还是在一次偶然的巧合中爆发了。

冬天,两个国王在埃斯泰因的府邸宴饮。西格德的手下受到他们主人的影响,对待埃斯泰因的人非常怠慢,而且他们很喜欢用贬低埃斯泰因的方式赞扬西格德。埃斯泰因听到了他部下的抱怨,但对此置之不理。双方的紧张关系压过了盛宴的欢庆气氛,两边的人都沉闷地喝着酒,十分不自在。这时,埃斯泰因很可能是别有用意地提出要进行一场当时很流行的"荣耀比拼"(man-measuring)的游戏。我们要知道,当时的道德观念并不会制止人们在大庭广众之下吹嘘自己的事迹。如果情况允许,参加游戏的人还需要辱骂一下敌人。

"你还记不记得,"西格德首先开始,"我摔跤的时候是怎么撂倒你的,而你还比我大一岁?"

"我也记得,"埃斯泰因说,"你始终都没我聪明。"

就这样,他们从童年谈到青春期,相互比较了游泳、滑冰、射箭、赛跑以及个人相貌。最后,西格德说了他之前最想说的话。

"大家都知道我经常游历四国,在旅途中历尽艰险、收获荣誉,不辱首领的名号;可你却像个女孩儿一样,整天待在自己的国家不出去。"

"我想我也记得,"埃斯泰因答道,"每次出行前都是我在家里给你做准备,确实像个女孩儿一样。"

"可我去过圣地和非洲,而你没有去过;我打赢过八场战争,

第十九章 埃斯泰因、"十字军战士"西格德和奥拉夫·马格努松

而你没参加过这其中的任何一场;我亲眼见过安置耶稣圣体的棺材,可你没有;我还游过那条上帝走过的约旦河(Jordan River),可你没有。我在河边的灌木丛里绑了一个结,等你来把它拆开,可它到现在还绑在那里;我没有接受你的帮助和建议,就和耶路撒冷的国王共同征服了西顿城(Sidon)。"

图48 希特达尔教堂(老式挪威基督教建筑)

埃斯泰因很镇静地听完了弟弟的一长串事迹,然后说:"我确实听说你在国外打了些仗,我所做的跟这些相比简直微不足道。我在北方的瓦根给渔民们盖了商铺,让穷人也能有个屋檐生存下去;我建了一座教堂,并为其安排了一位牧师,还给了他们一块附属的土地来维持资金运转,那些享受到福利的民众会记得埃斯泰因才是挪威的国王;多夫勒山上路远迢迢,有许多人风餐露宿,一路上历尽艰险,而我修建并捐赠了一间旅店,那些从中获益的旅客们都会记得我;阿格德内斯的沿海非常艰险,经常有船在这里被撞毁,于

/ 193 /

是，我建立了一个港口，让所有船都可以安全地抛锚。我还在当地修建了一座教堂，并在高山上建立灯塔……这些东西现在都在为来往的渔夫和商人服务。他们看到这些东西的时候，也会记住我；我还让耶姆特兰的民众对我俯首称臣，我能做到这一点，不是用暴力，而是通过温和的话语和理性的谈判，这些虽然不是什么惊天动地的大事件，但我觉得它们在造福民众、富强国家方面并不比你所做的事情差；和你把摩尔人狼狈不堪地送入地狱相比，我觉得我的灵魂也一样受到了祝福。再说到你给我系的绳子，我其实也给你系了一个结，诅咒你在一次征战结束后，只能带着一艘船回来，并且永远也不能成为挪威的国王。现在，让聪明的人们评判一下，你到底比我强在哪里；我也要让你这自命不凡的人知道，在挪威还有人敢与你平起平坐。"

"荣耀比拼"到此就结束了，两位国王都是一肚子气。

西格德对哥哥的嫉恨在几次别的事件中也有体现。若不是死亡将二人分开，那恐怕他们真的会打起来。1122年8月29日，埃斯泰因去世。三人中最小的弟弟奥拉夫也在1115年成年之前就去世了，只留下了唯一继承人西格德。现在，没有了哥哥的束缚，他终于可以为所欲为了。他很快就组织了一次十字军出征，到瑞典的斯莫兰（Smaaland）讨伐异教徒（1123年）。他进攻的是卡尔马（Kalmar）镇，所以这场战争就叫作卡尔马战役（Kalmar War）。他是否成功地使异教徒皈依基督教，我们不得而知，而且关于这次出征也没有其他记载。不过，我们知道的是，他回来之后遇到了大灾难。他在一次洗澡的时候，突然大叫浴缸里有鱼，然后跑来跑去想抓住它。这就是他精神失常的第一次症状，在接下来的日子里，这个病一直困扰着他整个余生。他大部分时间是清醒的，但有时候，他还是会坐在一处沉思好久，不时翻翻眼睛，然后突然发脾气。在

第十九章　埃斯泰因、"十字军战士"西格德和奥拉夫·马格努松

圣灵降临节（Pentecost）那天，他的疯病又犯了，只见他拿着那本从君士坦丁堡带回的书①，忧郁地望着玛姆弗里德王后（Queen Malmfrid），然后坐到她的旁边，说："一个男人一辈子很多事都会改变！当我刚回到自己国家时，有两样东西是我最珍视的——这本书和我的王后。现在，这两件东西真是一个比一个没用。王后根本不知道自己有多么可恶，她的头顶上现在已经长出了山羊的犄角，这本书现在也毫无用处。"

接着，他站起身来扇了王后一巴掌，然后把书扔到了火堆里。就在这时，一位叫作奥塔尔·比尔汀（Ottar Birting）的年轻侍从一个箭步冲上去，把书从火堆里捡了出来，然后毫无畏惧地站在国王面前。"陛下，您现在真的和以前不一样了。"他说，"曾经，当您满载着荣耀回到挪威时，所有人都赶过来开心地迎接您，可现在我们伤心的日子到了，虽然今天您的朋友都来了，但他们都因为您的状况而开心不起来。善良的君主，请您现在发发慈悲，听取这段建议吧：请先善良地对待王后，因为您刚刚伤害了她；然后再请您对您的首领、侍卫、朋友以及仆人们都好一些。"

"你这丑陋的、卑贱的佃户的儿子，竟然敢给我提建议？"国王大叫着拔出了他的剑。

所有宾客都觉得，下一秒奥塔尔的头就要滚落在地上。但奥塔尔一动不动地站在那里，坚定地看着国王的脸，没有丝毫的退缩，可西格德突然停下了手，把剑轻轻地搭在了侍从的肩上。接着，他斥责大臣们没有及时反对他的行为，并感谢这位勇敢的年轻人。

"去吧，奥塔尔，"他说道，"跟大臣们坐在一起吧。你以后不用再侍奉任何人了。"

---

①　文字用金子镶嵌的手抄本，可能包含部分圣经片段。

这位奥塔尔·比尔汀日后成了一位声名显赫的权贵。

　　西格德晚年可能是因为精神状态恍惚，又犯了一个错误。不论它看起来多么慷慨高尚，在政治上都是说不通的。1129 年，一个名叫哈拉尔德·吉尔吉斯特（Harold Gilchrist）的年轻爱尔兰人来到挪威，声称自己是赤脚马格努斯的儿子。众所周知，赤脚马格努斯当时在爱尔兰的时候确实有过一个很喜欢的情妇，在他打响最后一场战争前，他还吟唱了一首关于一个爱尔兰女孩儿的诗歌，里面提到他们相互爱着彼此。所以，哈拉尔德·吉尔吉斯特很有可能也是挪威王位的合法继承人。西格德国王认真地听完他的故事，然后用火焰来考验他所说的是否真实。这位年轻人走到烧得红热的铧头上，成功地通过了测验。准备这一套刑具的是牧师，据说他们可以操控测验的结果。哈拉尔德·吉尔吉斯特，或者按挪威人的叫法叫吉尔（Gille），被国王认作了兄弟，但前提是只要西格德或他的儿子马格努斯还活着，他就不能掌握政权。可国王实在是很难保证这位长脖子细腿、瘦瘦长长的爱尔兰人在宫廷里的地位。首先，他的长相实在是不中看；其次，他说话结巴，几乎用挪威语说不出话来。马格努斯王子很讨厌他，有时还会取笑他；甚至有很多大臣觉得他就是一个胆大包天的投机分子。

　　在西格德生前最后的几年，他不顾大主教麦格尼（Magne）的劝阻，抛弃了玛姆弗里德，然后娶了一位美丽的贵族女人，名叫塞西莉亚（Cecilia）。这段婚姻没过多久，他就去世了。许多人劝他赶紧终止这段婚姻，可他被塞西莉亚迷倒了，实在是不想失去她。最终，在他病情严重时，塞西莉亚提出了分居。

　　"我没有想到，你像别人一样讨厌我。"他伤心地说着，脸变成了紫色，然后把身体转了过去。之后，他的病情逐渐恶化，最后在 1130 年 3 月 26 日与世长辞，享年 40 岁。放荡纵欲的生活损坏了自己的身体，精神上的疾病也让他无法治理朝政，尽管如此，他的名字仍笼罩着一层光环，这来自他早年的声望，和他在位时的商业繁荣。在人们眼里，他很伟大；尽管他犯过严重的错误，但却是当之无愧的国王。或许后人更思念他的原因，是他死后的时代实在是太黑暗了。而他说过的一句话仿佛已经预言了这一切：

"挪威人，你们可真是倒霉啊，因为你们有个坏国王；可我看，不久以后你们就愿意用金子让我继续做你们的国王，而不是让哈拉尔德或马格努斯来。因为，前者实在是太残暴了，而后者毫无理智可言。"

第二十章
盲人马格努斯和哈拉尔德·吉尔

盲人马格努斯得知父亲去世的消息后,立即在奥斯陆举办集会,自立为国王。哈拉尔德早就想着违背诺言,于是在通斯堡也称了王,不过他宣称只是统治半个王国。马格努斯当然没有承认他的主张,于是很快,民众分成了两派,双方各自支持一位国王。

两个人的性格其实都不适合治理国家。马格努斯为人莽撞,贪得无厌,傲慢而招摇,还总是酗酒,没有任何高尚的追求。而哈拉尔德性格软弱,优柔寡断,随和轻浮,具有爱尔兰人的特质。他把政治决策完全交给大臣们,任由他们摆布,而自己将王室身份纯粹当作获取优质生活、华美服饰和尊贵地位的门票。因此,被贪婪而傲慢的马格努斯剥夺权力的部落首领都前来投靠哈拉尔德。

这两个国王在3年之内一直维持着和平的状态,但第4年冬天(1134年),马格努斯开始召集军队,在维肯的费里雷芙(Fyrileiv)攻打哈拉尔德,并取得了胜利。这次胜利让他开心过了头,以至于他不听大臣们的劝阻,解散了军队然后来到卑尔根放纵地生活,完全把哈拉尔德的行动抛之脑后。哈拉尔德这时正于丹麦避难,在那里获得了哈兰作为封地。他很快重整旗鼓杀回挪威,并在路过沿海的郡时又多了很多追随者。马格努斯知道这个消息后，脑袋一下就懵了。他拒绝了朋友西格德·西居尔松（Sigurd Sigurdsson）的建议，而是一意孤行地决定在城里铺满尖锐的铁刺，可它们最终只是伤到了自己人；他还用铁链封锁了港口，而这导致他在小镇被攻陷后无路可逃。他的部下大部分离开了他，只剩下他最忠实的朋友伊瓦尔·阿瑟尔森（Ivar Assersson）陪着他留在船上，看着哈拉尔德的士兵们登上甲板。

哈拉尔德·吉尔之后借口说是朋友们怂恿他施用暴行——挖下马格努斯的眼睛，可这还不够；他还用更残忍的方式将马格努斯的腿砍下来，然后切碎。因为伊瓦尔和马格努斯国王相貌非常相似，于是哈拉尔德问他，他要不要受到和他的国王同样的惩罚。这个勇敢的人坚定地同意了，于是他也被戳瞎了。可怜的马格努斯之后被关在了尼达霍姆（Nidarholm）的修道院里，整日穿着僧侣的衣裳。那里的大主教雷纳尔德（Bishop Reinald）因为被怀疑隐藏了国王的宝藏不肯招认而被绞死。

哈拉尔德所做的这些恶行不久就受到了惩治。1136 年的夏天，又有一个名叫西格德（Sigurd）的人来到挪威，声称自己是赤脚马格努斯的后代。这个西格德非常聪慧，有勇气也有野心，所以就算作为一个冒牌货，还是比软弱又邪恶的哈拉尔德强。西格德一生在调和奥克尼伯爵的纠纷中扮演了关键角色；此外，他还参观了罗马和圣地，并在约旦受洗。他身上有无情者哈拉尔的统治能力以及赤脚马格努斯的进取精神。他的母亲是索拉·萨克斯（Thora Saxe）的女儿，据说母亲在他小的时候一直瞒着他父亲的身份，因为赤脚马格努斯和她的姐妹还生了一个儿子，这让她很羞愧。西格德小时候就表现出了放荡不羁的性格。为了管束他，他的继父亲自教育他，并把他交给了教堂。可他在里面依然顶撞权威，于是获得了

"斯莱姆贝德根"（挪威语 Slembedegn）的绰号，也就是坏牧师的意思。

1136 年，西格德回到挪威来见哈拉尔德·吉尔，在确保自身安全后，道明了自己的来历。现在，哈拉尔德是时候把"十字军战士"西格德的慷慨回报给这位年轻人了，可正是因为这位西格德有充足的证据证明他的身份，因此哈拉尔德才非常畏惧他。他手下的军师们也有理由畏惧西格德，因为在现在的国王这里，他们可以为所欲为；可像西格德这样的君主是不会给他们留下欺骗的余地的。于是他们建议国王不论用公平还是欺骗的办法，一定要把这位新晋的王位继承者赶下台。于是，哈拉尔德以西格德参与刺杀为由而逮捕了他，可他还是逃了出来，然后来到国王的情妇索拉·古托姆（Thora Guttorm）的女儿家，杀死了国王。接着，他召集卑尔根的所有民众，站在船上宣布他杀死了国王，并希望大家立他为王。和他预料的不一样的是，所有人都非常愤怒，再加上大臣们反对，他很快就不能再在这个城市里待下去了。"如果你真是马格努斯国王的儿子，"人们说，"那你可就杀死了你的亲兄弟啊。"说完，他们把这个杀亲凶手和他的追随者全都赶了出去。西格德仓皇逃窜到他的船上，逃往了诺德荷德兰（Nordhördland）。

哈拉尔德·吉尔遇害时年仅 32 岁。他是挪威历史上最不值得尊敬的国王之一。在他死前不久（1136 年），文德兰人在他们的王子拉蒂博尔（Ratibor）的带领下，烧毁了"十字军战士"西格德好不容易经营繁荣的康格海尔小镇。

第二十一章
哈拉尔德·吉尔的儿子们

哈拉尔德·吉尔的遗孀叫作英格莉德（Ingerid），她很快立自己年仅两岁的儿子英格（Inge）为王，来表达对西格德·斯莱姆贝德根的憎恶。接着，她又乘快船来到尼德罗斯，命令当地的特伦德拉格郡人效忠哈拉尔德国王5岁的儿子西格德（Sigurd）。权贵们觉得这样做对自己有利，于是很快让这个地区的人都认可了两个孩子。

这样一来，斯莱姆贝德根能当上国王的机会就非常小了，可他还希望通过重燃人们对哈拉尔德·吉尔的不满而增加他的支持率，于是他把"十字军战士"西格德的儿子——那个被截肢的盲人马格努斯接出修道院，并重新聚集他曾经的追随者。确实有些人慕名而来，但结果并没有他想象的那样乐观。于是他又来到赫布里底继续招兵买马，让马格努斯带领比约恩·埃吉尔森（Björn Egilsson）和吉姆塞的古纳尔（Gunnar of Gimse）两位首领。1137年，在西格德回来之前，马格努斯就在奥普兰的明尼（Minne）被英格国王的侍卫提奥斯托夫·阿勒松（Thjostulf Aalesson）袭击，并被打得溃不成军。可能是为了激励大家，也可能是因为他不相信任何人，提奥斯托夫在打仗时竟然把年仅两岁的小国王系在自己的腰上，面对迎面飞来的弓箭挥舞着手中的剑。这位缺乏经验的士兵实在是很难经受住这样的考验，于是展露出了脆弱的一面。他的后背逐渐隆起，其中一条腿也开始发颤。就这样，他获得了"驼背"（Crook-Back）的称号。

盲人马格努斯战后逃到了瑞典。在那里，他说服维斯特哥特兰的查理·苏内松（Charles Sunesson）伯爵出兵帮助他，可他们在1137年又在克罗卡斯柯根（Krokaskogen）惨败给了提奥斯托夫。小国王英格这一次依然在监护人的披风里，听着人们的叫喊和钢铁碰撞的声音。马格努斯接着逃到了丹麦，又成功地诱使埃里克·埃穆（Erik Emune）国王带着240艘船出征挪威。他开始没能冲破挪威人顽强的防御，于是烧毁了奥斯陆城，可他很快被英格国王和他的大臣阿蒙德·吉尔德森（Aamunde Gyrdsson）在厄勒海峡袭击，最终全军败退。与此同时，西格德·斯莱姆贝德根从赫布里底回来，围绕着波罗的海巡航，以维京形式和文德兰的海盗对战，并偶尔袭击挪威的港口、伤害年轻国王的朋友。他和马格努斯很快会师了，1139年他们在霍门格拉（Holmengraa）与西格德和英格国王的军队大战了一场。开始时双方打得都非常起劲，可当丹麦人突然逃跑时，前者就开始败退了。为了救马格努斯，雷达尔·格约噶尔松（Reidar Grjotgardsson）把他从床上抬起来，试图把他运到别的船上，可一支长矛飞过来，从背后刺穿了两人。马格努斯受到这致命的一击时，感叹道："这一刻在7年之前就该来的。"

西格德·斯莱姆贝德根本来可以顺利逃跑，但由于部下出卖而被抓了起来。大臣们用最残酷的刑罚折磨他，他死去的时候，全身的皮肤裂开，全身的骨头也都被石头打断，在经历了这一切的痛苦之后，行刑者才把他绞死。不过，在忍受这番折磨时，他表现出的坚毅让行刑者钦佩不已。他的声音始终很平和，脸上也毫无痛苦的神色。有几次，他疼得昏厥过去，可当他醒来的时候却依然面不改

第二十一章　哈拉尔德·吉尔的儿子们

色。从没有人如此英勇地面对这样悲惨的死亡。西格德·斯莱姆贝德根本质上可以成为一名好国王,如果当时获得王位的是"十字军战士"西格德,而不是那个爱尔兰的哈拉尔德·吉尔吉斯特,那么挪威的历史将会改写,西格德也会变得非常重要。在西格德死后,不论是他的朋友还是敌人,都说他们从没见过像西格德这样无所不能的人,只不过他生来不幸罢了。

挪威又迎来了几年的和平,不过这可能是因为两位国王还没到产生纷争的年龄。1142年,一位名叫埃斯泰因的苏格兰人声称自己是哈拉尔德·吉尔的第三个儿子,想要获得自己的那部分王国财产。他要比另外两个国王大很多,再加上老国王生前经常提起他,所以人们没有让他出示证据就默许了他的身份。他头发乌黑,身体肥胖,有些懒惰,又极其贪婪;总的来说,他毫无个人魅力可言。当时他对这个国家还没有什么影响,因此我们暂且把他搁在一边,等他和弟弟们发生争执时再回过头来讨论他。

王室家族第一次冲突的根源在于遗孀英格莉德与之前提到的大臣奥塔尔·比尔汀的婚事。由于奥塔尔能够以继父的身份监管英格国王,这让其他大臣十分嫉妒。其实,最生气的还是西格德国王,因为之前奥塔尔一直是他的支持者,而现在他却站到英格国王那边了。在这种情况下,奥塔尔突然被刺杀了,大家都很清楚是西格德国王干的。在同一时间还有其他几件事情让西格德越来越不受人欢迎,而他的无情也让身边的人疏远了他。在他15岁的时候,他就和一位漂亮的侍女生下了一个儿子,名叫哈康。后来,许多冒牌货接踵而来,声称他是自己的父亲。在相貌上,他比他的兄弟们都更像挪威人——浅色头发、蓝眼睛、高个子、有气势。可他的英俊外貌却被一双厚嘴唇给毁了,他也因此得到了"大嘴"(Mouth,挪威语Mund)的绰号。

图49 捕鱼季节的罗弗敦村

西格德十分痛恨英格，因为英格太受欢迎了，这使他感到不安。埃斯泰因看出了他的想法，于是跟他商量如何把英格从王位上赶下来。本来一切都很周密，可他们的计划在实施之前却被格里高利乌斯·戴格森（Gregorius Dagsson）知道了。不巧的是，此人是英格的挚友，而且接替了奥塔尔·比尔汀的职位成了英格的监护人兼军师。于是，当西格德国王到达卑尔根的时候，他发现英格已经全副武装准备好迎接他了。他杀死了英格的一个侍卫，并威胁"要让格里高利乌斯的头盔在灰尘里翻滚"，但他却拒绝承认自己和埃斯泰因合谋要算计英格。小国王和他的军师当然不相信这套鬼话，在双方多次争执之后，格里高利乌斯终于获得了国王进攻的许可。1155年，西格德在家中被袭击，他在苦苦哀求无果后被杀。据说，那些被他侮辱过妻子的男人都拿着剑追着他，想要报仇雪恨。他死时只有21岁左右。埃斯泰因知道下一个就是自己，于是召集了所有的人，准备攻打格里高利乌斯，可后者再一次得知了消息，及时逃走了。埃斯泰因只能烧毁格里高利乌斯在布拉斯堡（Bratsberg）的府邸，杀死他的牲口。紧接着，他还摧毁了英格的造船厂，它们都是埃斯泰因一世（Eystein I）帮助修建的。两兄弟之间的一场大战似乎在所难免，可埃斯泰因再三考虑双方的实力后，建议和平解决。他同意支付英格360马克的白银，其中三分之一送给他的军师，补偿他在布拉斯堡的损失。可是，他最终没有上交这笔钱，因为他反悔了，觉得自己之前建议和平解决太草率了；英格则对他充满了敌意，并指责他不守信用。双方用传信的方式大约交流了一年，最终于1157年在拉纳菲尔克的佛斯（Fors in Ranafylke）相遇，准备战斗。埃斯泰因的大部分军队都弃他而去，他也只好逃跑，可这一次，他被内兄西蒙·斯卡普（Simon Skaalp）抓住了。西蒙在他听完弥撒后，就无情地杀死了他。据传说，在埃斯泰因被杀的地方出现了一口有治愈伤口的喷泉。在那里，有人认为他生前是一位圣人。

就这样，英格成了挪威唯一合法的君主，尽管实际掌权的是他的军师。他们的友谊牢不可破，并不是因为共同的利益而被绑在一起，而是真心地相互依存。英格欠佳的身体状况让他很难处理许多大事，这迫使他必须依靠格里高利乌斯为自己扫除隐患；在坚守职责的同时，军师从不滥用权力，不像很多手握大权的人那样图谋不轨。但他的权力以及他所获得的信任，显然会被人嫉妒。强大的首领埃尔林·斯卡克（Erling Skakke），绰号叫作"歪脑袋"（the Lop-Sided），娶了"十字军战士"西格德的女儿克里斯蒂娜（Christina）为妻，便认为自己理应是全挪威地位最高的大臣。他的祖先可以追溯到霍达卡里（Hörda-Kaare，他与黑王哈夫丹和金发王哈拉尔德是同一时代的人），并与索里的埃尔林·斯克贾尔格松有血缘关系（此人在奥拉夫·特吕格弗松和圣奥拉夫时代扮演着重要的角色）。他组织过一次十字军远征，前往地中海击杀萨拉森人。他的颈部遭到重创，此后只能歪着脑袋。金钱和名誉让他成为这片土地上一个不容小觑的角色,只要是他加入的阵营,必然会获得巨大的优势。埃尔林也知道这一点,于是他在一段时间里一直收敛着,没有出击。表面上他深受英格国王的信任,相互说着客气话,但有证据表明与实际不符。无论如何国王都不会以辞退格里高利乌斯为代价来获取埃尔林的支持。

埃斯泰因死后,大嘴西格德的余党投奔了他的儿子哈康(Haakon),准备为他谋取一部分王国。对此,英格国王宣布自己的侄子哈康及他的所有追随者为非法组织。格里高利乌斯这时候也没闲着,他正忙着抵挡哈康在瑞典的支持者,而埃尔林趁他在外地时接近国王。虽然两位大臣的关系从来没有缓解过,但眼下哈康的问题让他们暂时放下矛盾,同仇敌忾。1159 年,英格和哈康在康格海尔进行一场决定性的战役,后者被击败了。埃尔林和格里高利乌斯当时都在场,于是他们这一方士气大增,胜利也就有保障了。这之后不久,一个小小的矛盾再次激起了他们相互间的憎恨:先是他们的手下彼此争吵,接着变成了两个阵营的矛盾,最后,若不是国王及时制止,二人恐怕就要开战了。与此同时,哈康又召集了强盗、歹徒和各种各样的冒险者,不断骚扰维肯的边境地区,让格里高利乌斯不得不再一次前去指挥作战。过分的是,哈康袭击了格里高利乌斯的内兄哈尔多尔·布林恩居尔夫森(Haldor Brynjulfsson)的住宅,并迫使后者的妹妹西格里德(Sigrid)不得不在深夜穿着睡衣抱着 5 岁的孩子,从着火的房子里逃出来。格里高利乌斯被气昏了头脑,在松动的冰面上追得太远,一不小心掉入水中,他在上岸时被弓箭射中身亡,此时是 1161 年。英格国王得知爱臣的死讯后嚎啕大哭,发誓只要活着,就一定替他报仇。不到一个月,哈康的人马又来攻击奥斯陆,英格国王亲自指挥了这场在福尔郡峡湾冰面上的残酷战斗。遗憾的是,赫布里底的国王古德罗德(King Gudröd)

在战斗中抛弃了他,让他在一阵绝望的挣扎后失去了生命。

驼背的英格是哈拉尔德·吉尔的儿子里唯一一个正人君子。虽然他身体虚弱,但他有勇气,对那些有恩于自己的人非常忠诚。可惜的是,他才 25 岁就去世了。

1152 年,在英格和他兄弟在世的时候,红衣主教尼古拉斯·布雷克斯皮尔(Cardinal Nicolas Breakspeare)被教皇尤金三世(Pope Eugene III)派到挪威,管理国家的宗教事务。他在尼德罗斯建立了主教教区,管辖范围包括挪威和所有苏格兰岛屿,以及冰岛、格陵兰、法罗群岛和曼岛。在英格国王的建议下,他让斯塔万格的约翰·比尔格森(Bishop of Stavanger John Birgersson)担任此职。穆森湖(Lake Mjösen)地区的哈玛尔主教公署(Hamar)也是因为这位红衣主教才得以建成。后来,尼古拉斯·布雷克斯皮尔以哈德里安四世(Hadrian IV)的名称成为教皇,并不断为挪威教堂的兴盛繁荣而努力。

第二十二章
宽肩哈康

哈康·西居尔松很快宣立自己为王,只不过还没有在奥雷集会上走正规程序。但由于他只有14岁,因而主要听从军师的建议行事。之前许多大臣在哈康身上投资,如今坐上了王位,他就变成了这些大臣手里的棋子。为了找到最有价值的支持者,哈康在奥斯陆的圣哈尔瓦德教堂举行了一次秘密会议。同时,埃尔林·斯卡克也需要时刻了解这些人对他的看法,于是他让妻子克里斯蒂娜贿赂了掌管教堂钥匙的牧师,让他允许妻子的朋友进入。接着,妻子派信使告诉他,在任何情况下都不能信任哈康及其党羽。不过,埃尔林可不是一个愿意保持中立、隐藏自己的人——他总想闹点儿事情。既然没法帮助哈康了,那他就选择对抗哈康。于是他违心地提出让西蒙·斯卡普和哈拉尔德·吉尔的女儿玛利亚(Maria)的儿子尼古拉斯·西蒙森(Nicholas Simonsson)成为反叛军的头领,竞争王位。许多人都不同意,经过一番激烈讨论后,埃尔林假装很不情愿地听从大家的意见,让自己的儿子马格努斯替代他。实际上,这都是他一开始就设计好的。马格努斯本人并不属于王室成员之列,但他身体里有国王的血液,因为他的爷爷是"十字军战士"西格德。通过一系列的计谋,埃尔林成功地让大部分英格国王的人选择

第二十二章 宽肩哈康

支持他年仅 5 岁的儿子,并在 1161 年使其顺利坐上了王位。

这样一来,国家被两大实力相当的阵营一分为二,最终谁能成功,那就要由手里的剑决定了。英格阵营自从奥斯陆一战被打败后就失去了威望,埃尔林希望借助国外力量来维持它的势力。于是,他带着儿子和一大批出身高贵的人来到丹麦,通过承诺赠送一大半维肯的土地,得到了瓦尔德马国王(King Valdemar)的帮助。哈康趁他们不在国内的时候把英格生前的军队纳入自己麾下,然后在奥雷集会上正式称王。他把瑞尔的西格德(Sigurd of Reyr)立为伯爵,并让他监督埃尔林的一举一动。可埃尔林很聪明,每一次行动都让对手捉摸不透。他从丹麦回来了,不过走的是一条不寻常的路线。埃尔林从日德兰的斯卡根来到阿格德尔,然后又向北前往卑尔根,沿途惩戒了许多哈康的拥护者。接着,在西格德伯爵察觉之前,他们就在通斯堡奇袭并击败了哈康。在做完这一切并树立了他儿子在维肯、阿格德尔、罗加兰和霍达兰郡的威信后,他又回到了卑尔根过冬;而哈康的实力由于在特伦德拉格郡最强,便在尼德罗斯度过了冬天。

两边决战其实只是时间的问题。河里的冰一破碎,双方就开始准备战斗。埃尔林的狡诈再一次让他占了上风。1162 年,他巧妙地在松德摩雷的色肯(Sekken)奇袭了哈康的军队,并彻底摧毁了敌人。这位可怜的年仅 15 岁的孩子从甲板上跳到另一艘船上后,发现自己竟然被敌人包围了。他告诉对方自己是国王,并请求他们饶恕。战争其实到这里就结束了,可当埃尔林发现那些人竟然真的想保护哈康的性命时,毫不犹豫地又组织了一波进攻,把小国王当场杀死。此外,他还在这场战争中除掉了他指定的第一个王位竞选者——尼古拉斯·西蒙森。不用说,这一切显然是由他一手策划的。

哈康·西居尔松做了一年零三个月的挪威国王。他的身材在他这个年龄算是高大的。因为他腰细肩宽,大家都叫他宽肩的哈康。

第二十三章
马格努斯·埃林松

埃尔林·斯卡克通过尽可能铲除所有竞争者，为儿子铺平了通往王位的道路。不过，还有几个是他没能杀死的，其中一位就是大嘴西格德的儿子。哈康势力与埃尔林不共戴天，于是当他们拥护的人死后，他们又转到了候选人身上，此人名叫西格德·马库斯佛斯特（Sigurd Marcus-fostre，马库斯的养子之意），大概10到12岁。他由斯科格的马库斯（Marcus of Skog）养大，此人是瑞尔的西格德伯爵的亲戚。另一位游走四方的领主名叫艾因得里德（Eindride the Young），他带着一大批自信又进取的人投靠了西格德，因为他不能忍受被埃尔林踩在脚下。还没怎么受苦的农民现在开始尝到苦头了，尤其是当这些势力游走各地横征暴敛的时候。埃尔林趁机煽动起民众对"西格德派"的不满情绪，并成功组织了一些愤怒的首领在靠近通斯堡的利城（Ree）开战。在这场战斗中，西格德伯爵被杀，艾因得里德、斯科格的马库斯和幼年的西格德王都被抓住并处死了。

至此，所有竞争者都死了，但野心勃勃的埃尔林还是觉得自己的权力不够稳固。特伦德拉格郡的民众曾支持过大嘴西格德，因此还不能完全地接受新国王；丹麦的瓦尔德马一世则因没能拿到维肯的土地而非常生气。为了预防不测，埃尔林决定再发展一些新的盟友，而他再一次以十分精明的办法达到了目的。

当时尼德罗斯的大主教是能干又独断的埃斯泰因·艾伦德森（Eystein Erlendsson）。他来自一个强大的特伦德拉格郡家族，所以除了主教的身份以外，他还是一个很有权势的人。他在政治派系上和其他当地人相仿，所以他更想成为埃尔林的敌人而非朋友。可精明的首领还是用利益使二人结为了盟友。他们商谈的结果在卑尔根的一次大会上宣布了出来。他们指出，挪威是圣奥拉夫的遗产，所以主教们作为他的代表，有权拒绝任何他们认为不够格的合法继承人登上王位。此外，不论是世俗还是有神权的主教，在国王死后都有权在国王正室的儿子里选拔下一任国王。为了防止大家有异议，在大主教和其他主教同意下，大家投票表决通过了此方案。如果国王的任何一个儿子都不能让主教们满意，那么他们有权举荐任何一个能够维护"法律与上帝的正义"的人成为国王。

很显然，这些巨头想要联合起来把王冠夺过来，但为了报答埃尔林所做出的妥协，神职势力于1164年派出卑尔根的大主教在卑尔根为马格努斯亲自戴上了王冠，以此让不服小国王的人们无话可说。埃尔林在神职人员里广交好友，并通过教堂让人们更加支持他。也正因如此，他可以毫无顾忌地去见丹麦国王。此时的瓦尔德马对维肯虎视眈眈，时刻准备用武力夺取，但时机一直没有成熟。为了测试人们对马格努斯的态度，瓦尔德马给许多特伦德拉格郡的首领送去友好的信件以及礼物，结果许多人都表示愿意帮助他攻打挪威。可瓦尔德马没有想到，他们的信件都落入了埃尔林手中，这些愿意帮助他的人都被严惩了：有的被杀掉，有的被驱逐出国，还有些被罚了重金。1165年，丹麦国王瓦尔德马率兵来到挪威时，实际情况和他想的完全不一样。愿意跟随他的只有一小部分人，而他要面对的强敌比他预想的还要多。于是，没等埃尔林来到，他就回到了丹麦。有人说他只是缺乏补给，也有人说他是不希望在这个今后属于自己的省市里大肆破坏。

可埃尔林还没来得及反攻丹麦，就被奥普兰的叛军牵制住了。这支叛军的首领是奥拉夫·古尔德布兰德松（Olaf Guldbrandsson），他是"十字军战士"西格德的兄弟埃斯泰因一世的外孙，试图把所有不满意的首领收入麾下。追随他的人叫作"头巾军"（Hood-Swains），而他自己的绰号是"倒霉蛋"（Unlucky），因为1166年，在奥伊伦湖（Lake Oieren）北边的莱得约克尔（Rydjökel）农场，他差点儿就能抓住埃尔林，但由于运气不好让他跑了。"头巾军"们在很长一段时间里只能在树林和田野中勉强度日，因为他们实在是太害怕埃尔林了。本来后者计划立刻除掉他们，但丹麦的战况引开了他的注意力。进攻丹麦千载难逢的好机会出现了：瓦尔德马一世离开了文德兰，而且他的亲戚布里斯·亨里克森（Buris Henriksson）答应协助挪威人在国王回来时杀死他。于是，埃尔林进攻迪尔萨（Djursaa），在那里打了一场胜仗，但因为阿布萨隆主教（Bishop Absalon）的干预，没能从中捞到什么好处。瓦尔德马之后又一次进攻挪威，但也像第一次一样什么也没做就撤退了。最后，双方不想再继续这种没有意义的战争，便在1171年休战，条件是埃尔林以瓦尔德马附属伯爵的身份替他管理维肯。埃尔林回来后，只是履行了和谈的一部分。挪威民众的爱国热情逐渐高涨，维肯的民众由于之前一直憎恨丹麦国王，现在也不会甘心臣服于他。埃尔林所做的，就是牺牲国家领土和主权，换来他儿子稳固的地位，但其实并不算过分，因为他只是遵从了自己所在阶级的传统罢了。虽然也有那么几个反例，但挪威贵族普遍视个人利益高于国家利益，而且这也不是地方权贵头一次为了个人利益而放弃信

第二十三章 马格努斯·埃林松

仰与尊严了。在古时候，挪威还是许多松散部落的集合，他们对瑞典和丹麦的认可度要比相互之间还要强，所以这种事情就情有可原了；可在埃尔林·斯卡克的年代，挪威已经成为一个和邻里文化相差甚远的国家，这时把富饶的维肯让给丹麦人，使他们在西边的半岛有了根基，并且会像埃尔林所预见的那样，日后定会爆发大量的纠纷、战争和主权危机。

图50 位于罗弗敦和西阿伦群岛之间西海口的小帆船

在安抚了国外的敌人后，埃尔林要重新对付国内的敌人了。1168年，倒霉蛋奥拉夫在两个国王谈判成功前，就已经在斯坦格（Stanger）和达夫（Dav）被两次击败，导致他的队伍溃不成军。后来，他又逃到了丹麦，于1169年去世。埃尔林知道，除了马格努斯·埃林松，还有许多潜在的合法竞争者，而他显然不想等到对手力量壮大后再对付他们。他把大嘴西格德的女儿塞西莉亚送到维米兰，让她做执法者福克维德（Folkvid the Lawman）的妾室。他有一个继子名叫哈拉尔德（Harold），是妻子克里斯蒂娜的私生子，也是"十字军战士"西格德的孙子。埃尔林不顾马格努斯的反对，将这个继子的头砍了下来。他表示，仁慈将会在未来酿成大患。

"如果我留着他的命，"埃尔林对儿子说，"那就会有人想让他称王，日后你就会有危险。"

即使埃尔林如此谨慎，最后还是有一个王子躲过了他的法眼，此人就是斯韦勒·西居尔松（Sverre Sigurdsson）。那时他正在法罗群岛上，而挪威之后30年的历史都与他息息相关。在他登场之前，我们还要提到一个竞争者，那就是埃斯泰因·梅拉（Eystein Meyla，他的姓是小女孩的意思）。他声称自己的父亲是哈拉尔德·吉尔的儿子埃斯泰因，也聚集起了一波反动力量，闹了点儿动静出来。接着，他还来到瑞典，希望获得这里的支持。在哥特兰，他受到比尔格伯爵（Earl Birger）的热情接待，此人就是哈拉尔德·吉尔之女布丽吉达（Brigida）的丈夫。可他这时还是敌不过埃尔林，于是他在山林野地里巡游，四处打家劫舍，削弱挪威的力量，并因此臭名昭著。因为他们穿的都是桦树皮做的鞋，大家都叫他们"Birkebeiner"，也就是"桦木脚"（Birchlegs）的意思。严格的纪律和共同经历的磨难让这支队伍非常团结，虽然他们人数不多，但埃尔林还是不敢小看他们。不论他击败过这些人多少次，这些无畏而坚强的人总是能够卷土重来。这其中很多人不过是流氓强盗，把他们当作一个政治组织实在是小题大做，何况他们一开始的目的只是为了生存下来；可随着越来越多的人对王室产生了不满，就有越来越多的人加入了这支队伍，其中那些和埃尔林发生冲突或亲人被杀的首领贡献了非常强大的力量。1176年，他们终于聚集起足够的人，一举袭击了尼德罗斯，并宣称他们自己的首领埃斯泰因·梅拉为王。可第2年他们的运气就没这么好了。在利城一战中，他们被马格努斯的军队打败，埃斯泰因也被杀死。叛军就这样解散了，本来桦木脚们即将退出历史舞台，但因为斯韦勒·西居尔松的缘故，他们又活跃了起来。

第二十三章　马格努斯·埃林松

斯韦勒出生在法罗群岛。根据文献记载，他的母亲是大嘴西格德的厨师。这个女人长得并不标致，却非常聪明机警。她刚怀孕，国王就让她将孩子杀掉，她不答应，于是逃到了法罗群岛，在马赛厄斯主教（Bishop Mathias）这里做挤奶工人。在这里，她生下了孩子，并给孩子起名为斯韦勒。次年春天，一个名叫乌纳斯（Unas）的铁匠（或梳木匠）从挪威来到这里，她怀疑这个人是被派来杀掉她的孩子的，便带着孩子藏在了一个洞里，这个洞现在叫作斯韦勒洞（Sverre's Cave）。乌纳斯跟踪她并找到了这个洞，他承诺只要她与自己结婚，就不伤害斯韦勒。她很不情愿地同意了，接着三个人一起回到了挪威，此时大嘴西格德已经死了，所以她也没什么好怕的了。斯韦勒5岁时，又和母亲以及继父回到了法罗群岛。由于乌纳斯的兄弟罗欧（Roe）在马赛厄斯死后成为新一任主教，所以他想跟这样的亲戚住得近一些。斯韦勒一直以为乌纳斯是自己的父亲，而罗欧主教看他聪慧过人，便指导他的神学。那时小斯韦勒的梦想也不过就是戴上地区主教或红衣主教的帽子。当他拿到低级牧师（挪威语 diaconus）的称号时，母亲却伤心地流下了眼泪。他很疑惑地问母亲为什么自己得到了殊荣她却不开心，母亲说："比起你原本有资格得到的东西，这种小荣誉能算什么。其实，你的亲生父亲并不是乌纳斯，而是挪威的西格德国王。我本来想等你成年的时候再告诉你的。"

从那以后，斯韦勒的内心再也不能平静了。他的野心缠绕着他的大脑和灵魂，让他觉得自己现在的人生穷苦而缺乏意义。夜晚他也难以入睡，因为美好的未来正在召唤他。

"如果我生而为王的话，"他对母亲说，"那么我将尽全力得到它，不论代价是什么，就算献出我的生命也在所不惜。因为现在的生活让我感觉不到任何快乐。"

斯韦勒不顾主教的劝阻，登上了驶向挪威的船。在那里，他先隐藏着自己的身份，调查人们对马格努斯国王的态度。这个行为非常具有代表性——他很喜欢藏在暗处，仔细地测算敌人的实力。不过，他发现形势不容乐观，各地的民众都对马格努斯非常满意。为了了解埃尔林·斯卡克，斯韦勒和他的贴身侍卫们进行了一番交流。这些人都很喜欢这位奇特而有趣的法罗群岛牧师，于是开心地给他讲了许多宫廷里的八卦。在只身一人又无资金的情况下，挑战如此强大的对手，简直是疯狂的行为。斯韦勒也知道，直接行动是毫无胜算的。同时，他也并不是非常介意回到北海那个贫瘠的小岛上继续做牧师。不过，他还打听到瑞典的比尔格伯爵娶了大嘴西格德的女儿，所以他又去了那里，把自己的身份告诉了他，并寻求他的帮助。这位伯爵刚刚因为帮助埃斯泰因·梅拉而受挫，现在又有一个王位竞争者找上门来，他便怀疑此人是埃尔林派来取笑他的。接着，斯韦勒又来到他同父异母的姐妹塞西莉亚那里，塞西莉亚热情地接待了他。后者此时依然是福克维德的小妾。与此同时，大嘴西格德的儿子在瑞典现身的谣言传到了国外，让桦木脚们的余党知道了。他们立刻找到斯韦勒，请求他做他们的首领，可他看了看他们现在的状况后，拒绝了他们。他对这些人还讲了一番话，说他现在和他们唯一相同的地方就是贫穷；此外，他建议这些人，如果想投奔的话，可以去找比尔格伯爵的儿子们，因为他们也是哈拉尔德·吉尔的后代。桦木脚们按照他说的去找了伯爵，但也碰了一鼻子灰。

埃尔林可能是半开玩笑地告诉他们，斯韦勒才是他们要找的人，如果他还不愿意，那就用性命来威胁他。可这些人竟然当真了，他们回到斯韦勒这里，在一番强硬的谈判后果然让他接受了。这个时候，斯韦勒已经有 24 或 25 岁了。他就这样身无分文地带着 70 个衣衫褴褛、武器简陋的打手，开始争夺挪威的王冠。他从维米

第二十三章 马格努斯·埃林松

兰开始，一直向南前往维肯，途中又增加了许多追随者。在他到达萨乌尔比格德（Saurbygd）的时候，手下已经有420人。虽然他很不情愿，但这些人坚持称他为国王，并触摸他的剑以示效忠。可当他禁止掠夺平民的时候，大部分人都不乐意，并离开了他。为了考验这些人的诚意，他又回到了维米兰，可当他抵达埃兹库格（Eidskog）的时候，他的手下人数只剩下了当初的70人。斯韦勒这个时候陷入了进退两难的局面。他已经对外宣布自己是王位的竞争者，这就让他成为所有人的目标；可立刻带领70个人与马格努斯和埃尔林战斗实在是太荒唐了。在这种极端情况下，他派信使前往塞勒马克（Thelemark），因为那里的民众不喜欢马格努斯国王，而且利城一战中败退的一些桦木脚还在那里躲着。不论斯韦勒走到哪里，当地的民众都对他非常不友好，这很可能是为了讨好埃尔林伯爵。在这种逆境下，斯韦勒的聪明才智发挥了作用。虽然他只能从雪里挖树皮和莓子度日，但他的勇气丝毫没有减少。他走过荒无人烟的山地，许多手下因饥寒而倒下，他必须时刻抬着盾牌，防止雪落在身上，可即便如此，他的雄心壮志还是依旧，并且斥责所有想要放弃的人。据说，在从瑞典到尼德罗斯的路上，一行人遇到了一片必须穿越的大湖，斯韦勒决定做木筏通过，可部下实在是太疲倦了，花了好久才把木头砍下来。终于，大家分批坐木筏过湖，斯韦勒上了最后的木筏，可它已经超载了，水没过了他的脚踝。众人决定扔下一个已经半死不活的人，可当他们上船时，这个人蹒跚地爬到了水边，请求国王带上他，不然他将必死无疑。即使桦木脚们一直在埋怨，斯韦勒仍然坚持带上他。木筏沉得更低了，冰冷的湖水没过了他的膝盖。有一段时间，木筏好像就要沉下去了，可斯韦勒始终面不改色。最终，他们抵达了对岸，这里的一棵巨大的松树倒在湖边。人们赶紧爬上了树，等斯韦勒最后上岸的时候，小木筏就沉没了。桦木脚们把这件事当作奇迹,他们也因此对斯韦勒更加忠诚。

图 51 位于北峡湾入海口处的布里蛮吉小岛上的霍讷伦峰

在历经千辛万苦之后,斯韦勒终于在 1177 年 6 月初到达了目的地。这个时候他还有 120 人,幸运的是塞勒马克的信使又给他带来了 80 人。接着,斯韦勒带着所有人巧妙地躲开了埃尔林 1400 人的进攻。他轻而易举地就预料到敌人下一步的行动,而他的敌人却不知道他要做什么。埃尔林的军队只好分散开来追击他们,而这就让斯韦勒得以将他们逐个击破。以 200—250 个士兵战胜比自己多六七倍人数的敌人实在是令人难以置信,其实原因也很简单,那就是特伦德拉格郡人虽然畏惧埃尔林,但私下里还是同情斯韦勒的。一次次的胜利让桦木脚们鼓起了勇气。1177年，他们在奥雷集会上拥立斯韦勒为王，斯韦勒从特伦德拉格郡的8个郡分别找了12位代表前来参会。

可桦木脚们高兴得还有点儿早。埃尔林·斯卡克现在还没有死，他一得知特伦德拉格郡的消息，立刻率重兵向北杀了过来。斯韦勒这个时候还没打算跟他正面对决，于是又躲进了山里。躲了将近2年，在此期间，他的生活比狗好不到哪儿去。他不是在树林里长途跋涉，就是在野地里忍饥挨饿。有时候，他们实在是饿得不行了，就在圣诞节和农民们开玩笑，所有人不请自来地坐在宴席上，抢光他们的食物。可这份幽默丝毫没有减轻他的困境。像罗宾汉（Robin Hood）和跟随他的快活人（Merry Men）那样，他也憎恨权贵、同情弱小。可他的恶名传遍了祖国各个角落，人们都觉得他是邪恶的化身。保姆们吓唬小孩子，如果乱跑斯韦勒就会抓走他们；女孩们在河边捶打衣服的时候，巴不得她们捶的就是斯韦勒的脑袋。与此同时，那些没有吃过斯韦勒苦头的人开始敬佩他的坚定意志。斯韦勒的传说故事都是后来在他的监督下撰写的，所以非常详尽，但他和马格努斯国王及其部下进行了多次小规模的战斗、他第二次夺取尼德罗斯的失利以及他和平民间发生的小冲突在此就不细说了。1179年6月，他打了一场决定命运的仗。接着，他从高代尔直奔埃尔林而来，那时后者正在尼德罗斯举办宴会，完全没有料到斯韦勒会来。

当埃尔林被告知敌人正杀过来时，他淡定地说："如果那是真的，他们会得到应得的惩罚，不过我觉得我们今晚应该睡个好觉，他们已经藏到山林里了。因为斯韦勒是不会在我们仍然盯着他的时候贸然进攻的。"

于是，他让手下都睡觉去了，这样一来他们想醒过来可就不容易了。斯韦勒一如既往地获得了敌人的情报，在出击之前，他对手下说："今天你们一定要勇敢，因为一场光荣的胜仗就在眼前。现在，我告诉你们，你们的勇气会换来什么。有旁人作证杀死了一个大臣的人，将会被封为大臣；并且每一个人都将获得你们杀死的人的爵位。"

对于桦木脚们来说，这已经是最好的激励了。这些人带着劣质的武器，沿着山脊向城市冲了下来。在城里，一个手拿木棍的人慌忙地奔跑着，别人问他带着这武器要做什么。

"他们来到城里了，"他回答道，"可伯爵的人却浑然不知。"

伯爵的士兵们在熟睡中惊醒，赶忙来到了街上。马格努斯国王也在场，但因为大家都非常迷糊，他很难聚集起自己的手下。

许多首领建议埃尔林赶紧登船逃跑，可他却答道："我是不会逃跑的。虽然这看起来是最好的决定，可我一想到这邪恶的牧师妄图替代我的儿子，我就不能忍受。"

于是，他撤退到城外的卡尔夫斯金小镇（Kalvskindet），在那里准备应战。虽然他的军队人数远超过他的敌人，可他还是无法阻挡桦木脚们的攻势。在短暂的交手后，埃尔林伯爵就被杀死了，他的军队也乱了阵脚。马格努斯看到父亲布满鲜血的脸时，便停下了战斗，蹲下来亲吻他。

"我亲爱的父亲，我们会在一个美好的日子里团聚的。"说完，他依依不舍地离开了。

桦木脚们得知埃尔林伯爵被杀死的消息后，开心得不得了。从不错失演讲机会的斯韦勒这一次在敌人的葬礼上献上悼词。他很诚实地讲了伯爵生前的些许功绩，可演讲逐渐变成了对伯爵的讽刺。其实，就算是为了巩固地位，这种做法也实在是有些过分。

从这一刻开始，斯韦勒逐渐占了上风。虽然战争又持续了几年

第二十三章　马格努斯·埃林松

之久,但本质上和之前完全不一样了。双方的战斗再也不是代表法律与秩序的正义之师与一群投机犯的战斗,而是两个势均力敌的阵营之间文明的战争。就个人来说,马格努斯绝对不是斯韦勒的对手,但是前者代表了旧的社会秩序——他是一个获得部落贵族支持的正统君王,所以还是有能力战斗的。在斯韦勒这一边,由桦木脚为主导的低级阶层逐渐崛起。他们追求最原始的民主,要求国王给他们带来福利,因为到现在,他们确实还没有享受到什么好处。可智慧过人的斯韦勒知道如何让这些残暴又贪婪的人屈服于法律。在卡尔夫斯金一战前,他承诺封给所有杀敌的部下以爵位来激发他们的贪欲;在战争结束后,他开始控制这份野心。他履行了自己的承诺,让地位低的人坐上了更高的位子,奖赏一切忠义和勇敢的行为,并引领社会走向民主。但考虑到当时的社会情况,以及没有彻底胜利,他还是收敛了许多,因为他希望自己的新政策能够长期执行。他没有让趾高气扬的桦木脚们在各地肆意妄为,而是用法律去约束他们,让他们肩负起责任,并在他们越权的时候给予相应的惩罚。这样做对他来说是安全的,因为他的手下既敬爱又畏惧他,他对手下人有着绝对的权威。他和这些人一起度过黑暗的日子,勇敢地面对难关,并证明了自己的男子汉气概。双方逐渐有了兄弟情义,但这种情义是基于其中一方对另一方的绝对服从。

从马格努斯在卡尔夫斯金一战的损失中可以看出:他们如今陷入了敌人之前的困境,并获得了一个名字——"斗篷匪"(挪威语Heklungs),因为据说有一次,他们抢劫了一个女乞丐,她的钱就装在一个斗篷里。同时,"桦木脚"从一个带有贬义的绰号变成了荣耀的象征,让斯韦勒的追随者引以为傲。

在接下来的一年里,马格努斯大半时间都待在卑尔根,在那里他有很多支持者;接着,他又来到维肯,并抓住一切机会组建军队，准备复仇。他成功地做到了这一点，因为当他来到北边的尼德罗斯时，他麾下的部队已经远超斯韦勒所能聚集的人数了。然而，1180年，他还是在伊莱沃尔德遭到了耻辱的惨败，然后狼狈地逃回了卑尔根。斯韦勒一路追击，在路上差点儿落入马格努斯的追随者乔恩·库蒂扎（Jon Kutiza）的陷阱。此人带着一群民兵，声称要诛杀"恶魔的牧师"，可这"恶魔的牧师"再一次用自己的智慧击败了敌人。这时，马格努斯只得去丹麦避难。瓦尔德马一世非常热情地接待了他，并与他结盟。整个王国就此成为反对斯韦勒的基地。不久，"斗篷匪"们带着32艘船北上，险些就将斯韦勒杀死在萨尔托海湾（Saltö Sound），可斯韦勒再一次逃脱了。紧接着，1181年，马格努斯击败了诺德内斯（Nordness）的桦木脚们。这一次，斯韦勒为了保住自己的威信，在兵力只有一半的情况下与马格努斯继续战斗。可桦木脚们在海上作战的能力比地面上要差得多。眼看"斗篷匪"们逐渐占据优势，斯韦勒来到战斗最激烈的地方，双手举到头顶，用拉丁语洪亮地唱起了《圣奥古斯丁赞美诗》（拉丁语 Alma chorus domini）。敌人的长矛像冰雹一样飞来，虽然没有盾牌的保护，但他却依然毫发无伤。就在马格努斯气势汹汹地准备登上敌船的时候，他的手腕受伤了。剧烈的疼痛让他立刻停了下来，然后在血淋淋的甲板上滑了一跤，向后跌了下去。桦木脚们马上发出了胜利的欢呼。奥姆国王的兄弟（也就是哈拉尔德·吉尔儿子们同父异母的兄弟）听说国王被杀死，悲叹道："这个国家的命运已定。"

奥姆国王的兄弟立刻砍断了连接船只的绳子，然后以最快的速度脱离战斗，开始撤退。马格努斯跌跌撞撞地站起来，告诉他的士兵他还活着，并让他们不要错过眼前的胜利，可这一切都已是徒劳。他的阵营很快乱了阵脚，斯韦勒趁机夺下了一艘又一艘船，然后迫使敌人剩下的部队屈辱地撤退。

之后，双方你来我往，战争又持续了3年之久。在这期间，有时一方占上风，有时另一方获得优势。马格努斯每一次战败回到丹麦时，总是能保持他的威信，并再集结一支军队。斯韦勒意识到，这场战斗的本质是自相残杀，只会消耗国力，于是向马格努斯提出共同治理挪威；当这项提议被拒绝后，他又提出轮流治理，每人每次为期3年，可再一次被马格努斯拒绝了。在几次毫无结果的谈判后，双方再一次准备开战。从1181年到1182年，"斗篷匪"们三次攻打桦木脚的基地尼德罗斯，取得了一定程度上的胜利。1183年，斯韦勒反攻，在卑尔根突袭马格努斯，迫使他丢下自己的部队、财宝和王冠逃回丹麦。大主教埃斯泰因（Archbishop Eystein）是"斗篷匪"们坚定的支持者之一，几年前逃到英格兰，并希望通过禁止斯韦勒进入教堂来攻击他，可斯韦勒对此毫不介意，这让大主教非常恼火。可当马格努斯的势力逐渐衰弱，这位狡猾的教士又和斯韦勒谈判，提出可以让他恢复国王的教籍，但前提是国王要保留他的神职。

马格努斯最后一次试图挽回自己失去的一切是在1184年。他带着26艘战船，约3200名士兵北上来到卑尔根。他之前得到的情报显示，斯韦勒只带了很少的部队和船只到了诺尔峡湾（Norefjord，松恩峡湾的一个狭窄的分支）讨伐松恩民众，因为他们杀掉了地方执行官伊瓦尔·达尔（Ivar Darre）。一般来讲，斯韦勒不会轻易遭到算计的，可这一次，他被冲过来的"斗篷匪"的战船吓了一跳。因为地势封闭，他肯定是跑不掉了。敌人见他只有14艘船，几乎只有自己的一半，不由得感谢上帝，终于将劲敌送到他们手里了。可战斗一开始，马格努斯就开始怀疑谁是猎人，谁是猎物了。桦木脚们作战异常勇猛，"斗篷匪"们一个接一个地倒下或跳入大海，就连马格努斯都加入了后者的阵列。这场血腥的战斗一直持续到午夜才结束，两千多个士兵失去了生命。斯韦勒获得了所有船只以及船上的战利品。次日早晨，透过松恩峡湾澄澈的海水可以看到首领们的尸体，以及周围来回游动的鱼儿。马格努斯的尸体直到战后第二天才被发现，人们把他的尸体送到卑尔根并予以厚葬。

在诺尔峡湾一战中死去的不只是马格努斯，还有年轻的挪威贵族。其中包括英格国王的儿子哈拉尔德、奥姆国王的兄弟和他的儿子伊瓦尔·斯泰格（Ivar Steig）以及许多其他杰出的首领。他们把自己的生命交给了马格努斯。在他们死后，他们的领地也被斯韦勒夺了过去。斯韦勒·西居尔松的掌权预示着挪威历史即将揭开一个全新的篇章。

第二十四章
斯韦勒·西居尔松

　　斯韦勒继位时，除了他本人的声明外，没有任何其他关于其拥有王室血统的证据。这使许多老奸巨猾、精于战斗的投机分子群起来抢夺王位。事实上，人们对国王身份的怀疑本身就是极其危险的。这让他们失去了对金发王哈拉尔德后裔的忠诚，也让野心家们能够用利益诱惑民众起义。因此，在斯韦勒以及之后几任国王执政期间，我们能够看到民间有许多反叛组织和觊觎王位的领袖。直到新的政权日趋稳固，它们才逐渐被平息。

　　斯韦勒心里清楚，国家现在在变成这样，他的责任很大。从他多次努力除掉埃尔林·斯卡克的儿子这件事，可以看出他内心的不安。因为人们在马格努斯的统治下安居乐业，而他发动的战争摧毁了这份安宁，所以即使他是大嘴西格德的儿子（确切来讲，只是很有可能是），他也不得不小心谨慎。1181年，一个来历不明的人叫埃里克（Erik），同样通过忍受酷刑来证明自己是大嘴西格德的儿子。于是，斯韦勒让他在誓词里自称为"斯韦勒的兄弟"，这样可以反过来证明斯韦勒的皇室身份，可埃里克拒绝了，他只宣称自己是皇室的子孙。从此以后，埃里克的全名就是埃里克·金森（Erik Kingsson，意思是国王的儿子），然而他发誓绝不觊觎王位。于是，斯韦勒给了他掌管私家军队的最高权力，并封他为维肯的伯爵。

斯韦勒成为挪威唯一君主后做的第一件事，就是巩固自己的地位。同当下最有权势的贵族结盟已经是不可能的了，一是因为他们原先是马格努斯的盟友；二是这样会让功臣桦木脚们不高兴。于是他选择发展与桦木脚同一阶层的盟友，包括农民、小牧场主等底层民众。这些人可以任由首领摆布，虽然首领为了自己利益不会伤害或虐待他们，但他们的地位决定了其无力反抗。法律几乎不能保护这些人，因为如果被上级欺负了，他们没有渠道和能力把上级送到议会上进行审判。为了获得他们的支持，斯韦勒设置了一个新的执法官的职位，他们专门负责在最短的时间内以最低的成本为被欺压的民众伸张正义。就像第一批执法官之一特伦德拉格郡的古纳尔·格琼巴克（Gunnar Grjonbak）所说的那样："当斯韦勒国王给我这个职位的时候，他没有让我裁决首领间的纠纷，而是让我在茅草屋间执法。"所以，执法官是受国王支持，处理平民之间和平民与权贵之间纠纷的职员。很显然，这是斯韦勒的一步妙棋。

另一类职员虽然不是斯韦勒亲自任命，但却享有更高的权力，履行更重要的职责。他们就是地方行政长官（挪威语 syslu-madr）①。他们不像大臣那样拥有土地，并享有自主权；相反，他们是国王的仆人，是其权力的代理人。他们替中央征税，并维护王室的利益。因此，他们在很大程度上剥夺了大臣们的权力与财富。作为一项限制贵族的措施，指派地方行政长官可以说非常有效。但斯韦勒丝毫不想跟傲慢的权贵们分享他的政权，导致权贵中的许多人都和外国的

---

① Vigfusson 翻译为"地方行政长官，警长，国王的干事"；他也同样把"gjald-keri"和"ar-madr"翻译成干事，但在这个地方都是不准确的。我能想到的最贴近"syslu-madr"的英文单词就是"prefect"（地方行政长官），这个职位如今在法国依然存在。可这个词依然不够准确。

王子勾结来对抗他。斯韦勒希望自己的势力能足够与其抗衡,并借助底层民众的帮助,防止贵族超过他。他在执政期间以无比的智慧与远见开始了这项工作,这几乎花光了他所有的时间和精力。

大臣们看到现在的国王想要剥夺他们世代沿袭下来的权力,便打算找一个王位竞争者,并帮助其推翻斯韦勒。他们很快就找到了一名叫作乔恩的僧侣,他自称是驼背英格的儿子。虽然他的说法不那么真实,但贵族们还是在他身边聚集起了一支巨大的队伍。人们之后把他们叫作"风帽匪"①。不是所有之前支持马格努斯的贵族都投靠了进来,但他们所聚集的力量已经足够大干一场了。接下来发生的,就是我们所熟知的一系列港口掠夺、对卑尔根和尼德罗斯的袭击、不分胜负的战斗和突然的撤退、几次小的胜利以及毁灭性的游击战。有人认为,大主教埃斯泰因是"风帽匪"背后的支持者,因为他恨斯韦勒。可1188年,大主教就去世了。据斯韦勒所说,他于生前最后一刻,在病床上与自己重归于好。之后不久,也是在这一年里,叛军就在卑尔根被剿灭,他们的首领也被杀了。

如果斯韦勒曾妄想过舒服地坐在王位上掌握权力,那么此时就是他幻想破灭的时候,因为他刚剿灭"风帽匪",由首领西蒙·卡雷松(Simon Kaaresson)所带领的"狼皮军"(挪威语 Varbelgs)又成了另一波反叛势力。他们准备拥立丹麦年仅几岁的维卡尔(Vikar),并声称他是马格努斯·埃林松的儿子。可这实在是过于荒唐,以至于没有多少人相信他们。1190年,"狼皮军"在通斯堡的布里斯坦(Bristein)被消灭,维卡尔和西蒙双双被杀。反叛在这时此起彼伏,以至于凡是有可能成为王位竞争者的人,只要愿意承担风险,就能够聚集起支持者。这些不愿意服从斯韦勒的人,大部分

---

① 僧侣们经常穿连有头巾的修道士服,其样貌很像风帽。

选择孤注一掷,加入这项成功概率极小的事业。因此,具体是谁挑的大旗已经不重要了。反叛之火已经蔓延到了全国,不用任何领导或激励,人们就可以形成一支叛军。"狼皮军"的下一个是"岛民"(挪威语 Oyeskeggs),因为他们的成员大部分来自哈拉尔德伯爵赞助的奥克尼岛。他们的领袖是马格努斯国王的内兄哈克尔·琼森(Hallkel Jonsson)、埃尔林·斯卡克的私生子西格德·贾尔森(Sigurd Jarlsson)以及哈拉尔德伯爵的内兄奥拉夫。这三个人在名义上都服从斯韦勒,并从他那里获得了不少好处。即使在他们密谋起义之后,奥拉夫依然与国王保持着朋友关系,并时常和他共进晚餐。可斯韦勒绝没有被这表象所欺骗。一天他们在交谈时,斯韦勒说:"奥拉夫,你应该对我忠诚。"

"您为何这么说呢,陛下?"奥拉夫问道。

国王没有直接回答,而是抽出自己的刀刺入空气,然后说:"我们的身边现在全都是敌人。"

奥拉夫听到这话后惊慌失措,并一言不语,急忙就离开了大厅。在门外,他见到了自己的养子西格德。养子曾声称是马格努斯国王的儿子,之后成为岛民所拥立的王位竞争者。

"我们险些就被干掉了,我的孩子。"奥拉夫说着,赶忙抓住养子的手匆匆逃了出去。之后,他立刻前往设得兰群岛,因为在那里,他可以不受任何阻挠地实施他的计划。1193 年夏天,他与哈克尔和西格德·贾尔森出现在维肯,他们所到的郡全都不抵抗就投降了。因为此时的维肯没有王室的军队驻扎,此外,这里的百姓对国王也不够忠诚。当叛军资源逐渐匮乏时,他们便开始在贝尔特(Belts)抢劫船只。随着抢来的金子越来越多,他们获得了"金子脚"(挪威语 Gullbeiner)的绰号。1193 年秋天,他们听说斯韦勒身边的士兵很少,于是信心满满地决定北上,要在那里将他杀死。

第二十四章 斯韦勒·西居尔松

1194年，双方在卑尔根旁边的弗洛斯瓦格（Florsvaag）相遇，斯韦勒的军队只有1200人，而对方士兵足足有2000人。由于天色已晚，斯韦勒带着几名部下来到城里寻求补给。在回去的路上，他突发奇想，决定打探一下叛军的情况。在夜色的保护下，他乘着一艘小船来到敌军的船边，看到首领们正在共商计策。此时，哈克尔·琼森正将自己的计划娓娓道来，其他首领听得聚精会神。于是，斯韦勒针对他们的计划制定了相对应的策略。次日，战争打得异常残酷、血腥。桦木脚们一开始略占下风，但从城里来的90名全副武装的士兵帮助斯韦勒获取了胜利。岛民拥立的国王跳船准备逃跑，可在游向岸时被一支长矛刺死。除了西格德·贾尔森外，所有首领全部阵亡。

在镇压反叛的同时，斯韦勒还必须时刻提防另一件事情。教会不会支持任何一个抛弃过它的人，即使是国王也不例外。虽然斯韦勒已经被恢复了牧师的神职，但他之前对教会的态度依然让后者耿耿于怀。可即便如此，只要他合理地做出让步，还是可以维持与教会的友谊的。假如他当初同意履行埃斯泰因大主教与埃尔林·斯卡克之间的约定，承认自己的王权来自圣奥拉夫，让主教们保持和之前一样的权力，那么他的神职地位就不会遭到动摇，相反还会获得教会方面的支持。可正是因为他相当了解神职的本质，才不愿意做出妥协。由于他的政策是用强大的王权镇压贵族，并为底层百姓谋取福利，教会从一开始就没有站在他这一边，并暗地里或明目张胆地支持叛军，企图推翻他的统治。

埃斯泰因大主教死后，斯塔万格的埃里克主教（Bishop Erik）通过假装与国王修好，坐上了大主教的位子。据说，是埃斯泰因临死前在床上恳求斯韦勒，才获得斯韦恩同意的。这位新的主教还没把椅子坐热，就开始对国王表现出敌意。他没经过斯韦勒同意就决定让斯塔万格教区的尼古拉斯·阿内松（Nicholas Arnesson）成为他的继承人。事实上，此人是驼背的英格同父异母的兄弟，也是斯韦勒最大的敌人之一。斯韦勒否认了这一任命的有效性，他给出两个理由：一是尼古拉斯没有执行过国王的任务；二是此次决定没有国王在场。可因为他的王后玛格丽特（Margaret），也就是瑞典国王克努特·埃里克森（Knut Eriksson）的姐姐（或妹妹），为尼古拉斯求情，斯韦勒才最终决定让他任职。事实上，这也是因为尼古拉斯在国王与王后面前卑躬屈膝、阿谀奉承，二人自然而然地对他产生了好感。可尼古拉斯很快就暴露出他本来的面目，他刚一就职就立刻回到了叛军的阵营，然后跟大主教合谋，让后者尽全力在斯韦勒这里强调教会的决定神圣不可侵犯。此外，大主教还提出了三项要求：第一，国王要向特伦德拉格郡的教堂上交赎罪金，而且必须是白银，而不是挪威货币；第二，大主教和其他传教士获得主持宗教仪式的全部权力；第三，大主教获得教会特权，最多能够携带90—100名贴身侍从，而不是法律规定的30名。斯韦勒传唤大主教来弗洛斯塔议会，让他读了一遍法律之后拒绝了他。于是这位愤怒的教士离开了挪威，转而投奔丹麦的阿布萨隆大主教（Archbishop Absalon）。在丹麦，他向教皇写了一封信，在信中严厉地控诉了挪威国王对教会神圣权利的侵犯。教皇得到消息后，禁止斯韦勒再进入教堂，并宣布教会不再承认他的王位。可教皇的书信还没传到挪威，斯韦勒就诱使挪威境内的主教们于1194年6月29日，在卑尔根拥立自己为王。就连尼古拉斯大主教都参与了这次仪式，虽然他很不情愿。当书信传到斯韦勒手里时，他认为这是埃里克和阿布萨隆两个大主教伪造的，于是派大使前往罗马控诉他们。据记载，这两位大主教之后没有采取任何行动，然后在1197年突然死于丹麦，很可能是死于毒杀。不久之后，一份伪造的书信宣布斯韦勒的禁令

第二十四章 斯韦勒·西居尔松

被撤回。

斯韦勒的敌人见精神武器制服不了他，便再一次准备用武力解决问题。这一次，他们的运气很好。1195年，拜占庭的君主亚历克修斯派一名叫雷达尔（Reidar the Messenger）的挪威人来到他的故土招募200名雇佣兵。斯韦勒开始是反对的，因为他认为挪威已经没有多余的兵力可以借给别人了，可最终他还是被说服了。雷达尔成功招募完兵力后正准备打道回府，可尼古拉斯主教前来提议一起推翻斯韦勒的政权。在这一阵营里，除了尼古拉斯以外，最重要的人就是西格德·贾尔森，他是埃尔林·斯卡克的儿子，曾是岛民的首领。他们当时拥立一名叫作英格的男童作为王位的竞争者，声称他是马格努斯·埃林松之子。这一支新的叛军队伍被称为"骗子"（挪威语 Bagler，源于 bagall 一词，意为传教者或骗子）。因为有了雷达尔的雇佣军，这一支叛军比前面的几支都要强大。在与国王的第一次交战中，他们至少有125艘船和5000名士兵。双方在1196年相遇在维肯的萨尔托海湾。尽管叛军略占上风，但总体来讲未分胜负。但不管怎样，斯韦勒是不敢继续留在维肯了。他撤退到北边的尼德罗斯，从而把南方交给了叛军。叛军在南方顺应民意，很快在波尔加尔议会上立英格为国王；同时，斯韦勒在北边集结军队，于1197年攻打了奥斯陆，重创了敌人。在这次战役中，斯韦勒再一次展现了他的远见与精妙的战术，而尼古拉斯则表现出只是一个自吹自擂的胆小鬼，毫无领袖才能。他甚至告诉自己的人，因为桦木脚们被教会封禁，失去了神圣的力量，所以他们的剑将毫无伤害。可谎言很快就被揭穿了。第一个站出来揭穿他的就是传教士。

"快骑马向前冲锋吧，我的领主，"尼古拉斯队伍中的一个人说道，"我们的战友现在正需要你的领导与帮助，因为我觉得桦木脚的剑还是很锋利的。"

"不，我们应该尽可能快地离开这里，"尼古拉斯回答道，"因为恶魔现在已经无法阻挡了。"

战斗结束后，尼古拉斯派一位牧师前往斯韦勒那里讲和。可后者实在是太了解尼古拉斯欺骗与背叛的本性了，于是回答说必须让他亲自来见自己，才会认真考虑这件事。为了让其放心，斯韦勒声明会保证他的安全，并解释说他不需要通过以这种方式杀死对手来获得荣耀。尼古拉斯对此没有做出任何回应，不过他确实来到了尼德罗斯，只不过是以带兵攻打它的方式。他烧毁了斯韦勒停泊在峡湾里的船，并包围了城里的堡垒。在其指挥官托尔斯坦·库加德（Thorstein Kugad）的背叛下，堡垒最终沦陷了。这对斯韦勒来说是一记重创，而且使他在接下来的战斗中处于下风。1198年，双方在位于特隆赫姆峡湾入海口附近的托尔斯贝格（Thorsberg）交战时，他只能派出剩下的小船，其结果是灾难性的。尽管桦木脚们作战神勇，但依然被打败了。国王许多最忠实的朋友与支持者也在这一战中身亡。斯韦勒立刻逃到了卑尔根，而"骗子"叛军的首领西格德·贾尔森追击到爱峡湾肆意破坏。他烧毁了斯韦勒留在港口的所有船只，以及桦木脚们在城里的每一栋房子。接着，他开始围攻堡垒，因为玛格丽特王后和她的所有亲戚都躲在里面。由于这座简陋的堡垒是木头盖的，西格德·贾尔森很自然地想到用火烧毁它。于是他开始囤积柴火，准备点火。可堡垒里的首领西格德·博尔佳柯莱特（Sigurd Borgarklett）在他还没囤积好时就点燃了柴火堆，化解了危机。

图 52　托尔嘉顿

位于诺德兰的一处岛屿，其上有一座自然形成的洞穴

但事实上，让西格德担心的不只是外部的敌人。王后见外面起了大火，惊慌失措间失去了理智，坚持要投降。她的所有侍女也围在指挥官身边，祈求他不要让她们被烧死。斯韦勒的一个名叫奥拉·保罗（Aura-Paul）的朋友深得王后信任，他担心女人们的抱怨会影响堡垒内的士气，于是让她们到一间监狱房里，等待他们与"骗子"叛军的结果。王后和侍女们很快同意了。等敌人放弃火攻后，奥拉·保罗问王后，如果他能退敌会给他什么奖赏。王后答应给他许多钱财；在他的要求下，王后给他立了一个字据。接着，他立刻提起笔，以王后的名义给城里的两个牧师写信，让他们动用所有力量击退敌人，否则国王第二天将率重兵赶来，将他们和叛军一起消灭。他把这封信交给一个男孩，并告诉他一定要在路上故意被叛军捉住。这位男孩果然按照命令假装被意外地逮到，在一番搜查

下，他只得把信交了上去。西格德·贾尔森看到信后丝毫没有怀疑其真实性，立刻下令撤退。他知道，虽然这两个牧师名义上与他结盟，但暗地里还是和王后保持着联系。桦木脚们都知道这是个骗招，因为这两个牧师都是国王货真价实的死敌。可为了让这出戏演完整，斯韦勒第二天果真带兵来到了堡垒，把他的朋友也吓了一跳。值得庆幸的是，西格德已经跑了。他的主力部队正前往南方追击国王。如果这两支人马在卑尔根的某个岔路口遇上，斯韦勒的部队恐怕难以敌过叛军。

1198年的夏天被挪威人称为卑尔根的夏天。敌对双方在这座城市里不停地开战，最终桦木脚们在乔沃尔德（Jonvolds）小镇里获得优势，可还是没能彻底摧毁敌人。

整个夏天过去了，还是没有任何一方取得决定性的优势。尼古拉斯大主教迫切地想要消灭桦木脚们，可他们每次都能撤退到这座小镇里，于是放火烧毁了其大半部分。桦木脚们疲于保护他们的堡垒，没能顾及镇上的居民，导致他们伤亡无数。事实上，叛军在这场大火中并没有受益，反而让许多之前的朋友变成了敌人。斯韦勒本人离开了这座小镇，只留下一座堡垒。"骗子"叛军也没能从这里获得什么，更糟糕的是，他们的资源几乎都被耗尽了，所以必须立刻迁移，通过不停地搜刮物资来维持生计。尼德罗斯大主教北上，先后来到努尔莫勒和哈洛格兰德，在这里他受到了绝对的支持。从桦木脚阵营逃出来的叛徒进一步扩大了他的势力，差点儿都让他管不过来了。有意思的是，在国王的运势走向低谷的时候，之前使尼德罗斯堡垒沦陷的指挥官托尔斯坦·库加德又回到了他的身边。他一见到国王就扑倒在他的面前，亲吻他的膝盖，然后说："敬爱的陛下，我现在实在是太幸福了。我离您是这样的近，甚至可以触摸到您。敬爱的陛下，请您收留我吧！不要让我再离您而去了!"

尽管他之前的战友都劝国王处死他,但斯韦勒还是赦免了他,因为国王现在的处境已经完全可以证明这位指挥官的诚意了。除了特伦德拉格郡以外的所有国土都已经落入了敌人手中;国王舰队也已经被烧毁,就连许多追随他多年的桦木脚们都叛逃了。给予斯韦勒最强烈的一击的是教皇英诺森三世(Pope Innocent III),他对斯韦勒还在掌管的所有地区实施禁教令,其主要原因是他发现之前的大主教对国王的禁令并没有产生什么效果,于是这一次他把矛头转移到了民众身上。他对斯韦勒的指责让了解斯韦勒的人感觉莫名其妙,并且把斯韦勒完全没有犯过的罪强加给他。其结果就是,大家感受到的不是斯韦勒的邪恶,而是教皇的不可靠及其明显的党派偏见。国王没有被动地接受教皇的指控,而是很有底气地站出来为自己辩护。他撰写一份辩证性的小册子,阐明了他与教会的关系,并成功地证明了自己的清白;此外,他还严厉地谴责了神职人员的行为,指出他们与骗子结党,亵渎了神职,图谋不轨。册子的字里行间都体现了作者的智慧、才干与知识,其简洁易懂的语言也展现了他为人熟知的性格特点。毫不夸张地说,很可能有许多原本计划叛逃的人因为这份小册子留了下来。那些邪恶的神职人员继续利用人数优势,向广大民众散布毫无根据的、疯狂的反动言论。与此同时,教皇抓住一切机会拉拢外国势力。他给瑞典和丹麦的国王写信,要求他们立刻消灭亵渎神明的魔鬼斯韦勒,以报答上帝和他的代理人——教皇的恩赐。还好,这些要求丝毫没有效果。丹麦的克努特国王(King Knut)疲于处理国内的事务而无暇顾及,而瑞典的斯维克国王(King Sverke)则对自己的邻居很满意。

斯韦勒真正的伟大之处在这种危急关头体现出来了。他早就习惯以少敌多,而且正是这种危机感使他能够全力以赴。这一次,他还是带着一如既往的坚定信念，一步一步地拿回他失去的东西，充实自己的力量。为了应对敌人，他首先要做的就是建立一支新的舰队，否则他将拿敌人毫无办法。特伦德拉格郡民众在他的号召下开工，在 1199 年春天，他已经有 8 艘大型帆船了。除此之外，他还在尼德罗斯建造了一些投石车。这一年的年初，大批叛军的战船在峡湾出现了，双方又进行了一场激烈的战斗，但叛军始终没能把城攻下来。同月，在斯特林索（Strindsö）一战中，为叛军带来优势的主舰队被斯韦勒缴获。这一次的战斗非常胶着，双方都杀红了眼，坚决不肯撤退。也正是在这个时候，这位仁慈又善良的国王玷污了自己的名声。在士兵们的一再要求下，斯韦勒最终允许他们通过杀死战俘来为死去的亲人报仇。不过，这在很大程度上是因为他长时间遭受来自敌人的迫害，一时没有控制住自己。

　　斯特林索一战以叛军的残存兵力向南撤退而告终。斯韦勒追击了一段距离，但最终没能追上。叛军回到了丹麦，并继续策划下一步的行动。在他们眼里，他们手里的力量与资源要比斯韦勒强很多，所以消灭他只是时间问题。即使在尼德罗斯，由于国王还没有完全将它纳入自己的势力范围，所以那里还有很多神职人员暗地里

图 53　洪佛斯

支持着叛军。斯韦勒打了胜仗以后，南下来到奥斯陆，叛军则趁机偷袭了尼德罗斯。但由于城里有1800个农民自愿保卫城市，叛军始终没能将它攻下来。

与此同时，维肯和奥普兰的农民组成起义军，大批拥向奥斯陆，准备推翻国王。他们兵分三路，并计划在城里会合，然后用人数优势击败斯韦勒。斯韦勒这时手里只有3000人，而起义的农民有四五万人。在如此悬殊的力量对比下应战简直是疯狂，但斯韦勒还是决定以命相搏。他过人的才智再一次在这种危难关头展现出来：他冷静而自信地给指挥官分配任务，并让大家相信上帝会帮助他们。经过精心策划，他成功阻止了敌军的会师，并在两个儿子西格德·拉瓦尔德（Sigurd Lavard）和哈康（Haakon）的掩护下，消灭了两支敌军主力；可是两个儿子的部队只有480人，因此被2400人的敌军击败了。如果这个时候农民军继续乘胜追击的话，那么他们很有可能杀死国王，可他们并没有这么做，而是在城里大开宴会庆祝胜利，他们甚至没有烧毁斯韦勒的舰队，因为他们觉得那已经是自己的了。可当冰面上的血战结束后，农民军才开始后悔了，因为他们没想到斯韦勒竟然打赢了他们的另外两支友军。接下来又是一场大战，农民军虽然非常健壮，但他们没有战斗的经验，而且缺乏纪律和优秀的指挥官。斯韦勒把他们打得溃不成军，最后他们只得扔掉盾牌，以最快的速度逃跑。

精疲力竭的桦木脚们需要休息。斯韦勒下令让著名的战士安德维克（Andvake）吹响号角，通知所有的士兵集合休战。大家从城里拿来食物，正准备填饱肚子，却得知农民军的残兵败将又集合起来准备再战。农民军发现之前的失败是因为没有计划好。这一次，他们决定直接击杀斯韦勒，这样群龙无首的桦木脚们就会失去战斗力。虽然桦木脚们都已经很疲倦了，但他们还是在斯韦勒的命令下英勇地冲向冰冷的海湾，与农民军对峙。斯韦勒像往常一样在队伍间穿梭。他时而在前面，时而在后面，指导着每一个细节。农民军一看到他就喊道："刺死他！砍死他！从下面攻击他的马！"可正是因为太想击杀斯韦勒了，以至于他们乱了分寸。他们的阵型很快乱作一团，毫无章法地冲锋，显露出诸多破绽，被桦木脚们疯狂地屠杀。斯韦勒手下一个名叫阿勒·霍华德森（Aale Hallvardsson）的大臣在英勇作战中被杀死，由于他的穿着和国王很相似，因此在战场上传来了国王被杀死的声音。桦木脚们在这短暂的一刻惊慌失措，停止了攻击，可斯韦勒立刻从后面骑马冲上前来，让他们又兴奋地集合在他身边。号角再一次吹响，斯韦勒冲在最前面，带领着他的部队消灭了农民军。

这场战役是斯韦勒军事生涯中最伟大的战役，也是挪威历史上最重要的战役之一。这次胜利让农民们认识到了国王的实力以及激怒他的后果。温和而友善的政策让他们误以为是国王软弱，而只有强硬且果断的行动才能让他们学会尊重。那些加入叛军的人有的被烧掉了农场，有的被处以高额的罚金。然而，斯韦勒其实是很不情愿这样做的，有一个生动的例子可以体现这一点：一次，他来到一个农场附近，发现一个小男孩从树林中走过来，十分可怜地祈求他不要烧掉他的家。

"孩子，你都这样请求我了，那我当然不会烧掉它了，"斯韦勒温柔地说，"如果所有农民都在家安居乐业，像你一样热爱和平的话，任何一个农场都不会被烧掉的。你回去告诉其他农民，他们的农场也都被赦免了。"

从此，他下令再也不许损毁农民的任何财产。

斯韦勒表现出来的意志让叛军的军心动摇了，但还是没有减弱对手的勇气。在这种阶级之间的内战中，双方的冲突远比国际战争强烈，因此不到一方被彻底击垮，战争是不会结束的。挪威有势力

第二十四章 斯韦勒·西居尔松

的权贵作为叛军一方的骨干,不仅因为斯韦勒是一个凶险的投机分子,更是因为他要推翻旧社会的寡头政治。这些人的势力扎根于挪威社会太久了,以至于几次的挫败都不能摧毁他们。除此以外,尼古拉斯大主教之所以能成为他们的领袖之一,并不是因为他的神权,而是因为他最能代表旧的贵族势力;尼古拉斯选择与叛军结盟也并不是因为个人喜好,而是出于对民主国王、平权者和底层民众的厌恶。现在这些贵族子弟都是古老的挪威大族的后人,与英格兰的上层挪威人拥有相同的血脉。他们虽然不住在城堡里、不穿缎子或貂皮的衣服,但他们的心都在同一阵营。即使是对抗自己的国家、自己的国王,他们也早已做好了血战到底的准备。

1201年春天,斯韦勒来到对他忠诚的北方征税,然后又回到了南方。在此之前,他在卑尔根留下了一支驻军,并将它交给好友达格芬恩(Dagfinn)和他的养子牧师艾纳(Einar Priest)共同掌管。他获悉叛军的首领雷达尔刚刚带着240人占领了通斯堡的堡垒,于是准备抓住机会消灭这个对他来说最危险的敌人;可那里地势险峻,站在堡垒向下望去,山坡上的景色一览无余,几乎难以攻克。斯韦勒还是率兵攻打了它,但他在第一波闪电战失败之后,一个又一个的战术都相继失败了。叛军们被围困在这里20个星期,后期他们在圣诞节只能煮用海象和海豹的皮做成的绳子来充饥。最后,他们坚持不住了,一个接一个地向斯韦勒投降。如他们预料的那样,斯韦勒宽容地接纳了他们。可一旁的桦木脚们埋怨了起来,斯韦勒严厉地训斥了他们的小肚鸡肠,直到他们都承认国王是对的。最后投降的是雷达尔和仅剩的几个忠实部下。斯韦勒不仅没有处置雷达尔,反而厚待他。他告诉叛军们不要在饿了很长时间之后吃得太快,并悉心照顾那些生病的战俘。很多没有听他劝告的人都死了,其他的则生了大病;雷达尔的状况也非常糟糕,但斯韦勒用其掌握的医学知识帮助他度过了危险。

长年累月的征战使斯韦勒生病了。他离开通斯堡是在1202年1月到2月之间，士兵们拆下一段甲板给他做了担架，躺在他旁边的则是雷达尔。一个征服者和一个战败者就这样并排躺着，一起看着冬日的天空。云彩在清风拂过的山间相互追赶。他们常常聊得很开心，并慢慢发现了对方的优点。雷达尔很喜欢讲他在君士坦丁堡和圣地的十字军远征，使斯韦勒听得津津有味，一路上觉得时间过得飞快。回到卑尔根，部下们将斯韦勒移到他的寝宫，让他躺在大厅里的床上。当他觉得死亡将至时，他将所有挚友叫到床边，庄严地告诉他们，他这辈子只剩下哈康这一个儿子，如果另有他人声称是他儿子的话，那么此人一定是要篡位，必须将他除掉。接着，他让人朗读了自己写给哈康的信，并将它封好，让两个侄子哈康·盖伦（Haakon Galen）和彼得·斯蒂珀（Peter Steyper）将信交给他的儿子。

"我希望，"他接着说，"在举办涂油礼之前，你们可以把我放在王座上，让我在那里等待生与死的判决。"

虽然他已经被开除教籍，但在他临终前还是举行了圣礼。在这个过程中，他说："我的王位给我带来的，比起愉悦与安定，更多的是危险与痛苦；许多人纯粹是因为妒忌而成了我的敌人。不论他们做过什么，我现在都希望上帝能够宽恕他们，并重新审视我们所有人的灵魂。"

斯韦勒国王于1202年5月9日去世，他是挪威历史上最有才能的国王之一。他瘦小的身躯里有一颗聪慧、精明而坚毅的内心；他超乎常人的智慧与知识让他总能在最危难的关头力挽狂澜，坚定强势与温柔善良完美地结合在他身上；在他执政期间，所有政策既合理又有益于社会；即使他惩罚自己的手下，也还是能让他们心甘情愿地追随他。虽然斯韦勒没有前几任挪威国王那样英俊的外表和高大的身材，但他懂得如何赢得爱与尊重。他谈吐间所展现出来的无穷魅力让所有与他交流过的人都对他产生了深刻的印象。蒙克写道："他性格里最有趣的一点就是，他总能很好地融合严肃与幽默。这有可能是挪威这个民族的共同特性，但斯韦勒把它发挥到了极致，以至于他简直就像是这一品质的化身。"

斯韦勒在许多方面都要比他的同龄人领先不少，这里有很多关于他的传闻。比如，酗酒一直是挪威民族的一大恶习，而他不仅自己不酗酒，还严厉地惩罚那些酗酒过量的人；虽然他爱好征战，但他始终鼓励贸易与生产；在文化上，他熟知拉丁文并通晓法律知识，还给了他的儿子们当时最好的教育。即使常年生活在征战与苦难之中，斯韦勒还是活到了50岁。他是继金发王哈拉尔德之后，所有挪威国王中最长寿的。

第二十五章
哈康·斯韦勒松

斯韦勒在遗书里嘱咐儿子一定要与教会修好。他预见到教会禁令在之后将发挥强大作用，它很有可能成为叛军用来对抗国王的武器。由于哈康本人和教会之间还没有发生过冲突，他很轻易地以不失尊严的方式取得了教会的信任。同时，他也做出了让步。在另一边，主教们也已经厌倦了漂泊在外的生活，想要回到自己原来的辖区，于是哈康一发出友好的请求，他们就愉快地接受了。至于和好的具体条件，我们现在无从而知。已经衰老且失明的埃里克大主教对于能够回到祖国尤其开心，因为他的赞助人阿布萨隆大主教刚刚去世，而他在丹麦的神职受到国王的制约，非常不自由。于是，他刚一踏上挪威的国土，就撤回了对于国王的禁令——他甚至都没有请求教皇的许可，这让他之后受到了英诺森三世的强烈谴责。教皇虽然向来喜欢施展他的权力，但这一次看到来之不易的和平以及国王友善的态度，还是选择了默许。事实上，哈康·斯韦勒松就是一个性格温柔和善、爱好和平的人，这让那些因为长年争斗而感到厌倦了的挪威人都十分支持他。等到他在奥雷议会正式称王、教会禁令被彻底废除后，他就成了毫无争议的挪威国王。叛军的暴乱似乎也被永远地平息了，他们之中许多有影响力的首领都投奔了哈康；

第二十五章 哈康·斯韦勒松

他们所谓的"国王"英格也在缪森被自己的手下杀死；主教尼古拉斯也放下头盔，戴上法冠，开始了宁静的生活；信使雷达尔自从在通斯堡投降以后，便发誓永远效忠于斯韦勒和他的儿子。这样一来，受人爱戴的年轻国王似乎没有任何威胁了，他或许能享受这安稳而长久的王位了。然而，灾难如同晴天霹雳一般降临在这个国家，让它再一次陷入战乱与痛苦之中。

我们在前面提到，斯韦勒娶了瑞典国王智者埃里克（Erik the Saint）的女儿玛格丽特。斯韦勒和她只生下一个女儿克里斯蒂娜（Christina），并没有儿子；他的两个儿子一个是先他而死的西格德·拉瓦尔德，另一个是哈康。他们都是在法罗群岛出生的，母亲是罗欧主教（Bishop Roe）的女儿阿斯特里德。但斯韦勒没有带她来挪威，据说是因为她对斯韦勒不忠。根据挪威的传统，哈康继位后便把母亲请了过来，并交给她尼德罗斯附近大片的土地，孝顺、恭敬地对待她。这让身为哈康继母、国王遗孀的玛格丽特很不开心，她是一个自尊心较强且强势的女人，再加上以高贵的出身而自傲，她总是为国王不能优先考虑她而感到愤怒，甚至还想离开挪威。哈康尽全力去讨好她，可还是无济于事。就这样，玛格丽特带着她的女儿来到奥斯陆，准备一起前往瑞典。她在那里也有一大片土地。国王对她的离去没有意见，但不允许她带走妹妹；国王还派自己的侄子彼得·斯蒂珀去劝说王后。然而，玛格丽特十分固执，她不认为哈康能决定她是否能带走自己的孩子。皮特在软硬兼施都失败之后，决定使用计策。他在玛格丽特沐浴时冲进公主的房间，用最高的声音焦急地喊叛军已经杀进城了。克里斯蒂娜吓坏了，她连忙乞求皮特救她离开。于是，皮特抓住她的手，跑到码头扬帆起航。王后很快也冲了出来，可惜当她来到港口时，船已经离开岸边了。她站在岸上愤怒地喊道："有朝一日，我一定会将这份痛苦还给你们!"

皮特一行人渐行渐远,再加上海上的风声,就没有听清她后面说的话。我们不知道国王本人是否赞成了皮特的做法,但从此以后,玛格丽特开始憎恨国王。很快,企图谋反的她认为身处瑞典不能成事,于是回到了挪威,并成为叛军的主要人物。很快,她集结了盟友,其中包括国王的表兄弟哈康·盖伦(Haakon Galen)。他的母亲是大嘴西格德的女儿塞西莉亚,他的父亲是执法者福克维德,而他本人的加入是由于他深爱着王后的侄女克里斯蒂娜小姐[①]。两个女人的智谋和哈康·盖伦的影响力完美地结合在一起,组成了一个计划推翻国王的团队。可惜,此时的国王对继母毫无防备,还邀请了她和她女儿来参加圣诞晚宴,甚至安排王后坐在自己的身边。玛格丽特对此高兴得不得了,她激动地对信使说:"我上次坐在上座,是同斯韦勒国王在圣诞夜进餐,那真是很久以前了。请替我向他问好,告诉他我今晚不能赴约了。"

国王对这番拒绝感到很伤心,于是又送了第二次信,希望玛格丽特至少让他的妹妹克里斯蒂娜出席,给他的宴会带来些许温暖。此外,传信者还补充说,国王非常愤怒。

"他是不是觉得,"玛格丽特喊了起来,"我已经忘了他是怎么在奥斯陆把我的女儿从我手里抢走的了?不然他怎么会在信里只字未提这件事呢?"

然而,令大家非常惊讶的是,她居然开始为晚宴准备礼服。很快,母女两人就进入了宴会厅,并受到了隆重的接待。

当晚的宴会非常成功,整个礼堂充满了欢声笑语。然而,圣诞节后的第二天下午,国王开始感觉不舒服,到了晚上情况变得更

---

① 此人与斯韦勒和玛格丽特的女儿克里斯蒂娜公主不是同一人。

糟。他让医生帮他放血，但病情反而加重，直到他失去了知觉。他的身体逐渐变成蓝色，肿胀得很可怕，并在 1204 年的第一天去世了。很显然他是被下了毒，然后很快就有谣言说是王后干的。尽管哈康·盖伦尽其所能帮助王后洗清罪名，公众的舆论还是迫使她戴上烧红的铁来澄清自己。王后拒绝了大家的要求，但考虑到她的身份，大家最后同意让一个人代表替她接受判决。这位代表虽然毫不畏惧，但他的身上还是被烧伤得极其严重，尽管这样，大家还是觉得凶手一定是王后，以至于哈康·盖伦不得不把她藏到尼德罗斯的一个亲戚家里；后来，玛格丽特又回到了她在瑞典的府邸，并很可能在那里度过了余生。公主克里斯蒂娜和她的表妹都留在了挪威，后者是哈康·盖伦的情妇。

哈康·斯韦勒松之死让国家陷入了深深的悲痛。这不仅是因为他为人善良，也是因为他执政时期没有留下任何污点。

紧接着，又一批篡位者开始争夺王位，挪威再一次陷入了混乱。

第二十六章
古托姆·西居尔松与英格·巴尔德森

哈康死后王位的合法继承人是他的侄子，也就是西格德·拉瓦尔德之子古托姆·西居尔松（Guttorm Sigurdson）。尽管古托姆年纪轻轻，桦木脚们还是匆忙地立他为国王，目的是让哈康·盖伦（Haakon Galen）能够以伯爵的身份领导政府。然而，一些桦木脚成员对此任命表示不满，一方面是因为他们嫉妒哈康·盖伦，另一方面是在他们看来，在如此动乱不堪的时代中，他们需要一个真正的国王，而不是一个名义上的君主。同时，奇怪的是，贵族成员们也对此任命有意见，因为他们清楚没有了国王哈康·斯韦勒松（Haakon Sverresson）的限制，桦木脚领袖们会更加为所欲为。据此，为了自我保护，叛军成员们重新编排了他们的军队并加入了埃尔林·施泰因韦格（斯通威尔）（Erling Stonewall）——一个自诩为国王马格努斯·埃林松之子的麾下。在斯韦勒的统治下，曾经有一个冒名者也谎称自己是马格努斯的儿子，然后此人被瑞典国王克努特囚禁在了他的塔楼里。尽管他后来用床单做了一条绳子，逃出了监狱，但由于绳子太短，冒名者重重地摔在了地上，摔伤了自己的臀部，没有躲过斯韦勒士兵的追捕，落得被杀的下场。在那个年代，想要冒名顶替皇室成员，需要有过人的胆识而非皇室血统的证明。尽管一开始没有人相信埃尔林·施泰因韦格，但很快他就有了一批数量可观的追随者。虽然主教尼古拉斯反对他，并且强烈推荐自己的外甥菲利普——哈拉尔德·吉尔（Harold Gille）的王后的孙子，担任酋长一职，但没人支持他。当冒牌埃尔林要求主教通过火的考验来证明自己的血统时，主教直截了当地告诉他结果在他自己手中。在这种情况下，冒名者认为与主教订立盟约会对他有利，这样的话，他就可以确保考验顺利通过。于是，冒牌埃尔林向主教承诺，当他成为国王时，就封菲利普为伯爵，并且满足主教其他的要求。同时，当主教和他的农民们会晤时，发现很多人都反对菲利普的竞选，因为菲利普既没有王室血统，也没有想着去掩饰这件事情。因此，农民们全都拒绝承认菲利普，并宣称如果菲利普当选，他们便会起义。因此，支持冒牌埃尔林这一举措也是对主教有利的。就这样，神圣的考验在丹麦瓦尔德马国王的见证下庄严并顺利地进行了。最后，冒牌埃尔林被宣布为国王，并从瓦尔德马国王那儿得到了一支由30艘船只组成的舰队作为礼物。作为感谢，冒牌埃尔林承认瓦尔德马国王为他的封建君主并向其提供人质。因此，权贵们又遵循了他们的优良传统——为了个人利益牺牲了"爱国主义"。正巧桦木脚们也失去了他们刚选上的国王，在强大的丹麦国王的帮助下，由于新国王的去世而分崩离析的桦木脚成员们希望重整旗鼓。哈康·盖伦的情妇——克里斯蒂娜不允许任何人阻止她达到目标。如果古托姆死了，那么她的爱人最有可能继承王位，哈康是西格德·茅斯（Sigurd Mouth）的外孙。因此，古托姆的死并不意外，所有的症状都表明他死于中毒。他说"一名瑞典女人"把他托在了她的膝盖上并慢慢抚摸着他的全身。就在他感觉到好像有针扎进他的肌肤时已经晚了，他很快就在剧痛中结束了他的一生。尽管克里斯蒂娜的罪行显而易见，但她的爱人有足够的影响力来掩盖事实。为了能使克里斯蒂娜得到更多的保护，哈康不久后便与克里斯蒂娜成婚了。现在大家马上要在尼德罗斯集会，并任命新的国王。哈康伯爵看上去胜券在握，因为他是军队最支持的候选人，如果大主教埃里克不反对，那极有可能是因为克里斯蒂娜的缘故，那桦木脚成员也极有可能支持他。参会人也讨论了另外的候选人，一些候选人只是母系血统和斯韦勒有关，因此他们和王室家族并没有共同血源。在其他候选人中，最杰出的便是彼得·斯蒂珀，因为他娶了国王马格努斯·埃林松的女儿。经过长时间的讨论后，首领们最终决定由农民来决定谁将成为国王，这样可以确保他们将来会支持国王。就这样，农民们也被召集到了奥雷议会，他们最终把王权交给了英格·巴尔德森——哈康·盖伦同父异母的弟弟以及西格德·茅斯的外孙。当叛军成员得知桦木脚们选择了新的国王这个消息后，他们从通斯堡一路向北，准备试探新国王的实力。他们在卑尔根附近挑起一些无关紧要的冲突后，便逃到了丹麦。因此，当英格国王和哈康伯爵访问维肯后，虽然大部分农民很同情叛军成员，但是他们还是毫不犹豫地向新的国王宣誓忠诚。事实上，长时间的战争对人们的负面影响很快就显露出来了，比如人们开始丧失信心并变得更野蛮。自耕农们为了苟且偷生，他们选择与每个带着人而来的冒名者缔结友谊，宣誓忠诚，或者干脆逃进树林，任由自己的田地沦落为掠夺者的牺牲品。当同一家庭的成员因不同的利益而被迫加入不同的政党时，就连之前联盟的古挪威人也开始慢慢瓦解。兄弟、父子之间的战争已不足为奇了。据一个叛军成员说，在 1206 年的尼德罗斯之战中，他奋力追捕另一名叛军成员，并将其杀害。当他俯身脱下被害者的武器装备时才发现是自己的亲兄弟。社会道德败坏了，国王和首领们也不再遵守承诺。在敌人答应对方不杀战俘的情况下，战俘们依旧被无情地杀害。

第二十六章　古托姆·西居尔松与英格·巴尔德森

在这种情况下，对于年轻且没有执政经验的国王英格来说，头上的皇冠或许并不是什么荣耀。在 1206 年的春天，当他在尼德拉斯（Nidaras）参加妹妹的婚礼时，巴格勒人乘着夜色，杀害了一大批国王的人民。国王侥幸仓皇而逃，穿着便衣跳进了冰冷的河里，紧紧依附在船的锚索上。要不是一个逃难的名叫雷杜夫（Reidulf）的叛军成员发现他，并把自己的衣服给了国王，将他带到一个安全的地方，国王可能早就冻死了。从此，国王英格再也没从这件事的阴影中走出来，整天忧郁而沮丧，无法回到原来的状态。一方面，他在情妇的房子里醉醺醺地睡觉时被敌人突袭，让他失去了领袖的威信；另一方面，他的健康状态也因为受到惊吓而难以恢复。

在从尼德罗斯回来的路上，叛军袭击了卑尔根，企图通过切断粮食来源迫使桦木脚们投降。但是叛军的如意算盘打错了：虽然他们袭击哈康伯爵兄弟的时候哈康并未在场，但是哈康毅然选择为之复仇。就这样，哈康带着一支大约 700 人的小型舰队，战胜并重创了卑尔根的骗子军队。自此，叛军和桦木脚们不断互相残杀，完全不顾他们都是挪威人。最后，整个国家的人力、物力、财力均遭到了严重的破坏。日复一日，年复一年，叛军和桦木脚们继续在尼德罗斯、卑尔根、通斯堡、奥斯陆突袭对方，烧毁对方船只，掠夺对方的财产。但似乎双方都在避免与对方展开一场会给一方带来重大优势与和平正面的大规模战役。国王埃尔林·施泰因韦格在 1207 年去世，他的死使主教尼古拉斯如愿以偿地让主教的侄子菲利普·西蒙森（Philip Simonsson）当上了国王。菲利普继位后并没有改变上任国王的进攻策略，这样的进攻称不上战争。双方的实力旗鼓相当，以至于一方消灭另一方的希望十分渺茫。

在这样的情况下，政治充斥着混乱，萎靡之气主导着大地，这时一颗新星冉冉升起。大家都知道在 1203 年国王哈康·斯韦勒松访问萨尔普斯堡时，爱上了美丽动人的瓦尔特格的英伽（Inga of Varteig），据悉英伽也爱上了国王哈康。在哈康死后不久，英伽生下一子。为了防止维肯的叛军知道国王的继承人的诞生，此事被掩盖了下来。孩子在牧师斯隆德（Thrond）家出生、受洗，并获得了和他父亲同样的名字——哈康。他的出生被视为最高机密，只有他最亲近的家人知晓。斯韦勒家有一个声望极好的朋友——侯塞比的埃伦德，当神父与其成为好友时，这便不再是秘密了。听到斯韦勒家族的血统没有断的时候，埃伦德十分高兴，可他担心孩子的处境，因为其身处敌军领地。因此，埃伦德请求斯隆德，自己愿意翻山越岭将孩子和其母亲护送至国王英格那里。1205年12月，这个叫哈康的男孩年仅一岁半。牧师斯隆德一定是听到了什么风声，他毅然选择在最恶劣的天气条件下，翻过冰雪覆盖着的荒地，把哈康送走。两人一路向北经历了无数磨难，终于到达了尼德罗斯，国王英格亲自迎接了他们。后来的一段时间内，男孩和他的母亲被细心地照料着。桦木脚的老成员们经常来看望小男孩，愉快地拉着小男孩的双臂、双腿，希望他能快点儿长大。因为，老成员们急切地想为一个拥有旧王室血统的国王效力。哈康·盖伦也喜欢他这个年幼的亲戚，他表现出来的喜爱让那些准备从小男孩身上捞取利益的人感到了恐惧。可以看出，哈康伯爵是真心喜欢这个无助的男孩，并想保护他。1206年，在卑尔根的驻军向叛军投降时，小男孩落入了敌人手中，可叛军并未杀死他。也许在当时看来，挪威的前途就掌握在这个小男孩的手上——哈康可以把挪威从战争的灾难中拯救出来。或许是哈康的面容和胜券在握的样子吸引了见到他的人，不管是敌人还是朋友。更主要的是，桦木脚们是小男孩的守护者，而他们的爱代表了任何施加在小男孩身上的伤害都足以给伤害者带来毁灭性的灾难。

第二十六章 古托姆·西居尔松与英格·巴尔德森

　　1206—1207年间的事不值得用大篇幅的文字来描述，因为大大小小的战争、打斗和追赶并没有给哪一方带来关键性的优势。这些冲突毫无意义，劳民伤财且消耗土地资源，没有让任何一方得到好处。于是，桦木脚们和叛军开始和解。就像主教尼古拉斯这样强硬的党派支持者，也认为继续这样的冲突只会给交战双方带来毁灭，就算决出胜负，胜利者得到的也只是荒凉的土地和更野蛮的民众罢了。与此同时，国王英格受够了漫无目的的冲突，就连好战的哈康·盖伦也不再拒绝求和的请求。就在这时，新的大主教托雷（Thore）成了缓和双方冲突的调解员，他利用自己的权威劝说双方做出必要的让步。最后，双方都同意了彼此都接受的条件，1208年，桦木脚成员和叛军成员在赫维廷索（Hvitingsöe）会晤，北方的国王菲利普·西蒙森向国王英格宣誓忠诚，并成为他的伯爵。作为回报，菲利普获得了维肯和奥普兰的封地，并且迎娶了斯韦勒的女儿克里斯蒂娜。

　　然而，和平的到来并未赢得所有人的欢呼，特别是那些因为战争失去财产并想通过战争夺回财富的人。而另一些人过惯了战场拼杀的生活，也失去了对和平的渴望。还有很多人，不管他们站在哪一边，都会踏上古老的维京征程，前往奥克尼、赫布里底以及曼岛烧杀抢掠。

　　国王英格在统治的末年，他和哈康伯爵关系紧张，矛盾重重。哈康认为，相比英格国王，他具有更高尚的国王品质，因此他不会甘拜下风。他开始瞒着弟弟秘密谋反，暗中听取杰出农民以及首领的意见。支持哈康的声音越来越多，他一开始的计划是合理公正地从英格国王手里夺得王权，没想到计划被国王发觉了。英格国王十分震惊，因为他之前对哥哥有着百分之百的信任。英格国王召集了所有的部下并让他们发誓，在有生之年不会承认别的国王。英格的演讲赢得了人们广泛的支持,因此哈康只能更加小心翼翼地计划着谋反。一年之后,英格国王被刺杀未遂,我们不知道哈康是不是这一事件的始作俑者,但是,从国王不愿将犯人绳之以法这件事中,可以看出哈康或者英格国王的夫人克里斯蒂娜难逃干系。当英格的兄弟斯库里·巴尔德森(Skule Baardsson)主张采取行动杀鸡儆猴时,英格国王才同意调查此事并把罪犯流放,但后来却不了了之,最后斯库里彻底失去了耐心,亲手把罪犯处决了。

总的来说,英格国王不惜以牺牲个人利益为代价以避免与哈康伯爵冲突的精神,是值得称赞的,他知道内战带来的灾难,因此在自己的能力范围之内,他都会阻止和平被湮灭的行为。大主教托雷是支持哈康的人之一,因为国王和伯爵在1212年通过协约规定非法的王室后代不能继承王位,而在世的兄弟中只有一个可以继承王权。这个协议在奥雷集会上被公布,并得到了主教以及各大首领的一致认可,其实它主要是为了阻止年轻王子哈康·哈康松(Haakon Haakonsson)继承王位,因为哈康虽然有王室血统,但他却是非法出生的。同时,此协议也排除了英格国王的儿子古托姆。王权的合法继承人只剩下了哈康·盖伦以及英格的合法儿子克努特。在签订此协议时,英格国王和哈康伯爵都低估了斯韦勒的老部下们对小男孩哈康的寄托。其中,一个名叫黑尔格·赫瓦瑟(Helge Hvasse)的人在得知这个协议后非常恼火,因为他经常去看望小王子并与他玩耍。当小哈康蹦蹦跳跳跑向黑尔格时,被黑尔格粗暴地推开了。小哈康失落地看着黑尔格,并询问他为什么这么生气。

"走开,"黑尔格哭着说,"今天你的王位继承权被夺走了,我再也不会照看你了。"

"这件事是什么时候发生的?谁干的?"小哈康询问道。

"在奥雷集会,你的两个哥哥,英格国王以及哈康伯爵宣布非

第二十六章 古托姆·西居尔松与英格·巴尔德森

法的王室后代不能继承王位。"

"别对我发怒了,黑尔格,"小男孩回答道,"也不要因为这个而烦恼,他们的决断是非法的,因为我的监护人当时未能替我回答。"

"你的监护人是谁?"黑尔格问道。

"我的监护人是上帝、圣母以及圣奥拉夫。"小哈康严肃地呼喊着,"我祈求过他们,他们会保护我的利益、国家的利益以及个人的利益。"

黑尔格被小男孩所感动,他紧紧拥抱并亲吻了小哈康。

黑尔格说道:"谢谢你说这些话,与其藏在心里,不如将这些话说出来。"

图 54　哈康·哈康松以及黑尔格·赫瓦瑟

然而,当这件事被汇报给了克里斯蒂娜以后,她痛斥了小哈康,从此再没有给过他好脸色。不过,她不敢在丈夫面前表现出来。对于伯爵来说,虽然他对阻止男孩继承王位这件事毫无顾虑,但是他喜欢小哈康,不愿让他受到任何伤害。小哈康惊人的少年老成让伯爵和他的部下无比欢快。有一次,天气过于寒冷,以至于黄油都没法抹在面包上，小哈康拿起一片面包并把黄油夹在面包中间说道："桦木脚们，让我们把黄油和面包绑在一起。"后来，这句话变成了桦木脚们军营中的一句谚语。

英格国王在王位继承上对兄弟哈康伯爵的纵容不仅没有让其安静，反倒激起了他的野心。通过不断的密谋，他成功地在特伦德拉格怂恿了一场农民起义。然而，这场起义被镇压了下去，且没有造成太多的伤亡。在这件事后不久，哈康伯爵于1214年在卑尔根去世了，享年38岁。哈康的妻子知道桦木脚们要找她算一笔旧账，她匆忙带着儿子离开了这个国家。一直在哈康伯爵家里被照料的哈康·哈康松现在也被送到了王宫里，享受着他应得的待遇。在那里，桦木脚们对哈康十分忠心，并猜疑每一个接近他的人。他们对国王英格有很多不满，虽然他把他们当作贵族，但是他们认为英格国王体弱多病以及其平和的性格让他难成一个好国王。

当英格国王的身体状况进一步恶化以后，他知道自己离死亡不远了，他喜欢让小哈康待在自己的身边，听小哈康滑稽又充满活力的话语。在此期间，一切公共事务都经由斯库里·巴尔德森之手，斯库里被英格国王封为伯爵和他儿子的监护人。英格国王于1217年4月去世，享年30岁。

第二十七章
老哈康·哈康松

在国王英格去世后，桦木脚们做的第一件事便是给小哈康派遣一个保镖，日夜守护着他。而斯库里伯爵开始密谋，其忠实的支持者包括新的大主教古托姆以及尼德罗斯教堂分支的教士们。虽然做过许多的准备，但当小哈康在奥雷集会被桦木脚们宣布为国王时，斯库里还是觉得自己没有挑战大众的能力，所以只能接受这个事实。事已至此，教士们企图把圣奥拉夫圣地封锁起来以阻止国王宣誓也失去了作用。桦木脚们很坚定，他们宁愿摒弃圣地也不愿放弃他们的国王。斯库里伯爵与菲利普——叛军名义上的国王的协议也一无所获，因为菲利普在英格国王死后不久也去世了，并没有留下任何后裔。哈康率领一大批船队南下，把1208年赫维廷索协议下叛军统治的维肯以及奥普兰的封地夺了过来。在哈康机智的调解下，反抗首领们承认了他的至高无上，条件是保留菲利普国王给他们的一半封地。次年，他们同意放弃自己旧部的名号，然后同桦木脚们一起对抗称为"褴褛派"的新抵抗势力，并由教士本尼迪克或本尼斯基尼胡（Skin-knife）领导。像之前一样，这个彻头彻尾的冒名顶替者声称自己是国王马格努斯·埃林松的儿子，尽管他的故事听上去很虚假，但仍有1000多人接受他的领导并跟随他抢劫财富。在这

/ 255 /

些日子里，强盗和游牧暴民们通过选出一个王位的继承者给他们带来一点儿尊严。这样，很多容易受骗的人便会加入其中，他们以"战争"名义进行掠夺，而并非单纯的打劫。

一场战争，特别是内战，常常会带来灾难性的后果。战争持续的时间越长，就越难恢复和平。自从1130年哈拉尔德·吉尔登基以后，和平总是短暂的，长期的内战已经剥夺了整整一代人的和平，使他们习惯了流血和暴力。战争使经济产业更加危险，并使暴乱成了合法的行为。上千名无家可归的暴徒无孔不入，他们不顾集体发展，利用社会组织尚不健全的缺陷谋取私人利益；更糟糕的是，相对于和平时期的正常生活来说，他们更加能够忍受战争时期带来的危险以及磨难。因此，暴乱会继续进行，只要冒名顶替者们不放弃，国王将会一直忙于铲除暴乱。只有消灭暴徒才能让国王在这场战斗中占上风。然而，问题比看上去要复杂很多，因为消除动荡意味着要消除人们好战的气魄。在和平时期出现一个世纪以后，衰落时期到来并整整持续了400年。

哈康身边还潜伏着更大的危险——一个自称为他朋友的人。国王英格时期的密谋反叛者是哈康·盖伦；而现在，这个密谋反派者是国王的兄弟斯库里伯爵。他看到王权被交给了一个什么都没做的14岁男孩，心里十分愤怒。如哈康·盖伦一样，他长久以来离王位近在咫尺，却又遥不可及。

第二十七章　老哈康·哈康松

图 55　特隆赫姆大教堂西面

在对"褴褛派"的短暂斗争之后，斯库里便开始了他的谋划，像往常一样，他的支持者有大主教和牧师们，这些人好像很珍视他们自古以来对斯韦勒家族的仇恨。在 1218 年，距离复活节还有两周的时间，国王哈康来到了尼德罗斯，大主教对他很不敬，却对伯爵彬彬有礼。在棕枝主日当天，当国王哈康给祭坛献礼时，大主教忽视了国王的存在，并没有面向他。当大主教因无礼而被批评时，他公然声称自己是在所有主教和首领的指挥下行事，他们都怀疑这个国王不是哈康·斯韦勒松的亲生儿子。虽然哈康国王年纪轻，但是却一下子识破了大主教的诡计。哈康国王对自己的血统充满信心，于是爽快地同意让他的母亲通过炙热的铁来证明自己的身世。英伽之前也曾面临这个选择，但是大主教阻止了她，很有可能因为大主

/ 257 /

教当时并没有和斯库里达成协议,因此他不想证明英伽儿子的身世。自古以来从未有任何国王,在其统治的领地内同意用这种方法来证明自己的身份。他的朋友达格菲恩·帕瑟忒(Dagfinn Peasant)说道:"像这样的事情恐怕很难找到第二件,农民和村民的儿子们竟然让一个至高无上的国王遭受如此羞辱。我认为国王的敌人们也应该受到同样的惩罚,然后让上帝审判他们。"

当斯库里伯爵的计划顺利进行时,他突然对国王友好万分。他十分确定他的教士朋友们会让考验的结果如自己所愿。然后,为了让结果更加确定,斯库里贿赂了布拉班特一个名叫西格尔(Sigar of Brabant)的外国人,让他给国王的母亲带去号称可以治愈伤口的草药。然而包括达格菲恩·帕瑟忒在内的一群忠诚的桦木脚守护者们包围了国王母亲正在斋戒中的教堂,迫使斯库里伯爵的受贿人说出自己的任务。帕瑟忒说道:"在这里除了上帝的仁慈,我们不用任何手段来治愈伤口。如果你再这样胡说的话,灾难很快将会降临在你身上。"

很快,有人告知了英伽这个阴谋,并叮嘱她要小心谨慎。如果发现她用了草药来治愈伤口,那么测试就会无效,并且她与儿子都会丧失名誉。最终,敌对者的奸计没有得逞,英伽成功地通过了测试。斯库里伯爵由于过度自信,以至于忽略了计划中的某些细节。他在这次失败以后,又开始费尽心思密谋,来慢慢摧毁国王的权力。他的计划是在哈康国王与最忠诚的朋友间挑拨离间,或者让他们远离哈康国王使其失去所有人的帮助。这样,他们就会开始争执,并互相残杀,然后国王会惩罚幸存下来的人。虽然听上去计划很巧妙,但是并未成功。对于所有人来说,国王为了维持与斯库里伯爵的友谊付出了很多代价,很多人认为国王应该直接公开斗争而不是抑制怀疑和虚假的善意。其实,双方属下的争执和血战经常会发生。桦木脚们想到了一个办法，可以将斯库里的敌意转化成友谊，那就是把斯库里和国王的利益结合在一起。于是，桦木脚们提议让国王哈康和斯库里伯爵10岁的女儿玛格丽特定亲。1219年，虽然国王不怎么情愿，但他还是接受了大臣们的意见，经过一番踌躇后，斯库里也同意了这场联姻。这场婚姻因为新娘太小而被拖延。然而，那些认为斯库里会因为国王成为自己女婿而放弃他的诡计的人们还是失算了。在婚礼后，斯库里为了争夺王权增加了一股新势力，这股新势力叫"隶帮"（Ribbungs），他们吸收了之前"褴褛派"的势力。这股新势力的形成归功于布拉克斯塔德的古多夫（Gudolf of Blakkestad），身为一名前巴格勒首领，他曾经被哈康任命为长官，后来因为不受农民欢迎而被剥夺了职位。为了报仇，他举起了反抗的旗帜，且声称自己有一个名叫西格德的王位继承人，说他是巴格勒国王埃尔林·施泰因韦格的儿子。所有对当前处境不满或者一心想要掠夺的人们都开始加入"隶帮"。他们在维京取得了很大的进展，打败并赶走了王室长官，掠夺了很多财宝。白发苍苍的闹剧者主教尼古拉斯一直背后支持着这场起义，尽管他嘴上说着与国王的友谊，实际上他一直对斯韦勒家族抱有敌意。当国王派遣伯爵去消灭起义军时，伯爵也没有用他全部的力量，虽然他看上去很有激情，其实他不愿给起义军造成致命一击。对于伯爵而言，起义军的存在符合他的利益，这样可以继续削弱国王的力量，避免哈康过于强大。虽然1221年在维京的一些战役中，斯库里确实给"隶帮"势力造成了很多伤害，比如1222年在米约萨湖的斯旺战役，他消灭了150名"隶帮"成员。但在那场战役之后，斯库里和西格德的"隶帮"讲和了，西格德要求获得三分之一的国土以及迎娶伯爵的女儿。斯库里回答道：我养女儿并不是让女儿生活在远离人群的树林里，但他愿意和西格德分享自己的封地。如果国王考虑西格德的提议，那么他愿意以岳父的身份来维护国王的利益。在这样的情况下，反抗军首领解散了自己的部队，在保证其个人安全的前提下，来到了伯爵的阵营并受到了热情的接待。然而，这个时候对于想要争夺王权的斯库里来说并不是一个好时机，因为他和国王的关系突然急转直下。原来，国王哈康察觉到斯库里在其封地之外悄悄地训练部队，于是国王给斯库里写了封信，信里说如果他继续不顾两者之间的诺言，那么战争将不可避免。

图 56　旧时北欧柱顶

收到这封信以后，伯爵马上出航前往丹麦。伯爵下定了一个决心，至于这个决心是什么应该很容易猜到。

自从蓝牙王哈拉尔时代以来，丹麦的国王们一直声称他们对维肯拥有统治权，以至于他们为了能够重拾这片失地不断在挪威煽动叛乱。斯库里的计划是通过胜利者瓦尔德马一世的支持（Valdemar the Victorious）把哈康赶下王位并夺取他统治的所有封地。但令人诧异的是，当斯库里来到丹麦，却没有见到瓦尔德马一世的踪影。原来，五天前，瓦尔德马一世被什未林的伯爵亨利克（Count Henrik of Schwerin）所俘，当时正和他儿子一起被关押在梅克伦堡的一所监狱中受苦。失望至极的斯库里只好回国，假装自己对女婿的事务很在乎。这时，国王哈康18岁了，他已经成年。如此一来，哈康已经不需要监护人了，并且按照规矩，应该有一个庆祝他正式掌权的仪式。因此，一场贵族集会于1223年在卑尔根举行，大主教收取了好处，站在了国王这一边，庄严地宣告国王的统治权。从一开始，伯爵斯库里就感到这场集会大部分都是支持哈康的，因此他认为再争夺王位也无济于事。于是，他为在此刻能够为自己争取更多的利益感到欣慰。在与国王商讨了很久后，他把自己南部的封地和国家北部三分之一的封地做了交换，这块封地从北角一直延伸到南部的松德摩雷。然而，斯库里至少在名义上还是一个有封地的伯爵，所以他被迫向国王宣誓忠诚。然而他又可以享受封地的所有利益，不需要向任何人交税。

在合约下，哈康南下并在奥斯陆住下。这个城市刚刚被摧毁，所以哈康花了很多时间和精力进行重建，并且在这里经常能遇到他们的宿敌——主教尼古拉斯。这个德高望重的歹徒成功地获得了国王的信任，从这段短期的友谊中为自己和教区谋得了利益。哈康经常通过对教堂的友好展现出自己的宗教热情，诡计多端的主教以此利用了哈康。1223年，大主教古托姆去世后，尼古拉斯成功地向国王推荐他的敌人胡萨斯塔德的彼得（Peter of Husastad）。在尼古拉斯的建议下，彼得假装和哈康成为朋友，并获得了主教法冠的头衔。

国王在维肯变得更加有权势且受人爱戴。因此，当伯爵听到"隶帮"的头目西格德逃跑后，并没有表现出失落。或许是他让这个叛乱首领逃走的，或许他并没有劝说西格德开始一场新的动乱。"隶帮"并非不愿继续他们往日的活动，他们又簇拥在其首领的身边，开始掠夺和屠杀国王的追随者。每当他们被追杀后便跨过边境来到瑞典韦姆兰省，当国王的士兵们不再继续追他们时，他们便返回去。国王哈康不断向瑞典国王写信，控诉瑞典为他的敌人提供了保护。国王艾克里的大臣中地位较高的是埃斯基尔（Eskil），他娶了哈康·盖伦的遗孀克里斯蒂娜。这个不检点的女人，对童年时期的哈康憎恨万分，现在更是公然用她的权力在瑞典朝廷上对抗哈康。结果瑞典大臣们对哈康的控诉不予理睬，并继续为"隶帮"们提供避难之地。由于瑞典的保护，"隶帮"部队变得更加胆大妄为。最终在1225年的冬天，哈康带着2400名士兵被迫向韦姆兰进军。哈康焚毁了很多农场，摧毁了很多教区，但是没能与"隶帮"势力或者瑞典进行关键性的战役。瑞典士兵逃入了森林，而"隶帮"们利用国王访问瑞典的机会突袭了韦姆兰，然后攻击了通斯堡。紧跟军队后面的前巴格勒首领阿恩比约恩·琼森（Arnbjörn Jonsson）在奥斯陆被两面派的主教尼古拉斯囚禁了，就这样，他成功地让造反派逃脱了。

1225年4月，在长期对抗"隶帮"的战役中，国王在卑尔根举行了他与伯爵斯库里女儿的婚礼。那时新娘大概17岁，新郎20岁。如果斯库里之前的计划是想通过这场婚姻来取得朝廷上的一席联盟，那么他可能要失望了。对于玛格丽特而言，从她当上王后的那一刻开始，她就和丈夫站在了一起，坚决反对父亲的诡计。玛格丽特是一位好妻子，也是一位好母亲。

与此同时，"隶帮"势力还在持续进行游击战，他们成功夺取了米约萨湖中一个叫赫尔吉（Helgeö）的小岛，在那里他们经常偷袭湖边富庶的地区，并控制了奥普兰。斯库里伯爵一如既往地被派去镇压叛乱，他像往常一样混日子，相对于对叛军造成伤害，他更希望伤害国王。为了摧毁"隶帮"势力，国王的军队必须攻占岛屿，斯库里开始在湖边造船。他故意让船漏水，这样船就无法航行。"隶帮"势力完全没有被敌方的准备所惊吓，变得更加大胆，并主动写信给在奥斯陆的国王，摆出姿态要与之决战。哈康接受了战书并前往了约定的地点——埃茨沃尔;与此同时,在焚烧了那些没有用的战船后,伯爵不慌不忙地翻过山脉来到尼德罗斯。后来,国王获得了伯爵的叛国证据,得到了主教尼古拉斯和"隶帮"势力的通信,伯爵也被牵扯其中。尽管如此,哈康还是选择睁一只眼闭一只眼,因为他认为自己没有强大到可以与斯库里和"隶帮"势力同时作战,他更情愿在交战之前先歼灭第三方敌人。

然而,在埃茨沃尔等候多时,哈康并没有等到"隶帮"队伍,当他带着军队回到奥斯陆时,他得知主教尼古拉斯快要去世。对于谎言和两面派已经变成第二天性的老主教来说,尼古拉斯似乎对自己去世后的命运感到担忧。他把国王叫到床边,向国王坦白了一切(然而,是国王先给尼古拉斯看了他叛国的证据),请求得到宽恕,国王马上答应了他的请求。尼古拉斯主教死于1225年11月,享年75岁,他一生致力于煽动叛乱并摧毁自己的家园。他的天资对他本人和他的人民来说都是一个诅咒。在他死后不久,"隶帮"的西格德也于1226年去世了,哈康·盖伦的儿子斯奎尔·克努特被诡计多端的母亲怂恿并继承了"隶帮"的位置。他带着一大队瑞典人,这让他的战争看起来像外国入侵,他激起了奥普兰农民的反抗,尽管他们之前对"隶帮"势力很友好。在阿科尔(Aker)的战争中,他被桦木脚和农民打败了,接连几个月他一直遭到灾难性的重创,最后他最好的几个手下都抛弃了他。他不得已想通过邀请国王参加会议从而抓住哈康,结果计划失败了,斯奎尔·克努特不得不在1227年解散了军队,并宣誓臣服于哈康。哈康不仅原谅了斯奎尔,并且由于他父亲的缘故,给了他封地并以礼相待。这个年轻人在摆脱了母亲的影响之后,就放弃了一切叛乱的想法,几年后他娶了斯库里伯爵的小女儿,并成为国王最忠诚的伙伴之一。

挪威的故事

图 57 松恩峡湾

因为"隶帮"势力已经没什么用了，所以斯库里伯爵开始策划新的计谋，这个计谋不容易在一开始就被识破。斯库里开始了大规模的战争准备，他从教皇那里得到尼德罗斯省五分之一的教会收入。作为回报，他把自己的教堂和雷恩（Rein）家族的所在地改造成了修女院。这一次斯库里十分谨慎，他不想发生任何意外。于是，他再一次开始造船，并从国家各个角落召集士兵。此时，丹麦国王胜利者瓦尔德马一世重获自由，所以斯库里和他签订合约，承诺帮助他收复失地，作为报答，瓦尔德马一世答应会帮助斯库里登上挪威的王位。这个协议的存在很明显，因为当伯爵并没有征求哈康的意见却驶向丹麦时（1227年），他撞见了哈康并被告知他的伙伴在波恩陡岬（Born-höved）遭到重创。这时他决定等候时机，在瓦尔德马一世的敌人占上风的时候去丹麦太危险了。他自信地加入了自己女婿的阵营并回到了卑尔根。国王虽然识破了斯库里的阴谋，但是他装作什么都不知道。事实上，国王慷慨到把自己的船只和补给品都借给了这个叛徒，以至于斯库里次年（1228年）又航行去见了丹麦国王。自从在波恩陡岬战败后，瓦尔德马一世的实力大不如前了，他好战的心也渐渐消散。国王考虑到，瓦尔德马一世由于在南面和西面都有敌人，他不想在北面再增加敌人。同时，哈康已经和瓦尔德马一世的劲敌德国的皇帝腓特烈二世（Frederick II）交好，因此，即使瓦尔德马一世听从了斯库里的劝告，那么有腓特烈二世也可以约束他。这个时候，哈康完全没有危险，甚至还希望帮助他的岳父同丹麦国王交涉，从而让斯库里意识到自己的诡计毫无用处。如果这是哈康之前的意图的话，那么他看到结果后一定会感到失望。因为斯库里回国时，他的力量已经很强大了，他成为丹麦国王的属臣，并得到了丹麦北部哈兰省的封地。

人们本以为斯库里现在已经准备好展开决斗，但斯库里却开始犹豫不决。他的准备总是还差那么一点点儿，因此他还需要一点儿时间。这样看来，斯库里的确是一个很有趣的人，这个诡计多端、野心勃勃的策反者有着十足的勇气谋反却喜欢完善他的计划细节，可是他在迈向最后一步时总是停下。就像席勒的《华伦斯坦》（Schiller's Wallenstein）一样，他喜欢思索并谨慎地计划假想的场景，然后给自己的计划留一条退路，直到自己的行为在他周围编织了一张网，让他无法退回到安全之所。直到最后，他毫无退路，20年的秘密策划后，他策反的信件一封封落入哈康国王的手上，因此，只能选择公开叛乱。

挪威的故事

图 58　峡湾上的风暴

在此期间，哈康国王也没有用任何手段逼迫斯库里伯爵效忠于自己。1233年，他在卑尔根召集了贵族集会，在大主教、主教和非宗教权势面前让部下们一一列举出斯库里的叛乱行为，并要求斯库里检讨自己的罪过。当斯库里为自己辩护时，他说道："我知道一首小曲，是这么唱的：'老鹰站在石头上'；在另一首小曲里也有这一句歌词（此人又用不同的旋律唱了一遍同样的歌词）；还有其他的一些小曲也都有这一句。所以，今天不同的人在发言时都念了这首小诗，我的意思是说大家都在控诉你。"

接着，在长篇有说服力的发言里，斯库里伯爵为自己辩解。然而，无法确定是否还有人会相信他。就像以前一样，因为国王不想拔剑，斯库里又一次活了下来。一个新的合约产生了，但这个合约并没有让斯库里放弃叛乱。相反，他马上又开始了推翻王权的叛乱行为。这一次，他的计划是让哈康和教堂发生争执，这样教堂就可以用它强有力的武器摧毁哈康。斯库里狡猾地利用了自己忠实的追随者哈玛尔主教保罗（Bishop Paul of Hamar）。但大主教西格德·塔维瑟（Sigurd Tavse）是站在哈康国王一边的，不过作为宗教的狂热分子，斯库里认为，一旦宗教的利益和过往的利益发生冲突，西格德可以向他这一边靠拢。因此主教保罗伪造了一份文件,这份文件谎称在 1226 年,巴格勒国王英格把米约萨的赫尔吉交给了哈玛尔主教公署。国王质疑这份文件的有效性,作为反叛首领,英格没有权力把本来不属于他的封地交给别人。在这种情况下,教皇格里高利九世(Gregory IX)收到了申诉,一场阴谋就这样开始了。哈康因此一步一步地被陷害、诽谤,直到被教皇认为是最恶劣的小人。虽然他名义上为教会办事,但是主教保罗实际成了斯库里伯爵的代表,他来到罗马,成功地让格里高利九世对哈康国王所有的跟随者和自己的上司——大主教产生了偏见。而斯库里被夸赞为教会友好的朋友和反抗无良国王的人。

然而最终这个计划因为被揭发而告终。一个名叫斯图拉·西弗瓦特森(Sturla Sighvatsson)的冰岛人——历史学家斯诺里·斯图鲁松的外甥和劲敌——在罗马与主教保罗相遇并和他一起回程。至于他究竟是在旅途中还是在天主教教廷里得到的情报就不得而知了。一到挪威,斯图拉立即就把敌人的诡计告诉了哈康。哈康再次把伯爵召到了卑尔根,然而,这一次伯爵并没有勇气去卑尔根,而是带着他的军队去了尼德罗斯,然后穿过山脉来到了国王的领地——奥普兰。这个行为相当于宣战,然后,和之前一样,斯库里的计划进行了一半后便犹豫不决,虽然言语上威胁了国王,但是并未采取实际行动。在大主教西格德的劝说下,他同意在 1235—1236 年的冬天保持和平,作为回报,他收到奥普兰和维肯三分之一的郡县。对于哈康国王来说,这样的妥协就像示弱一样,这样的让步鼓励了伯爵的追随者们提出更多的要求。1237 年,一个新的协议产生了,斯库里在挪威南部的领地被承认,并且他的地位上升到了公爵(Duke),这在挪威的历史上从未出现过。然而,除了这个头衔以外其他任何东西都不能满足斯库里的野心,但凡哈康拒绝给他这个头衔，斯库里便认为他可以继续自己的阴谋。他鲁莽地违抗国王的意见，召集了一大批勇士造船，从任何角度上看起来都像一个独立的君主。在他的政府里，他经常嘲笑国王是一个胆小的好事者，只会纸上谈兵可是没有勇气出击。牧杖党[①]（Varbelgs）——从那以后公爵的支持者被这样称呼——替他想了一个绰号叫沉睡的哈康（Hakkan Sleepy）。他不想内战的心态被当作畏惧，他的负责则被当作怯懦。

当公爵酝酿的反叛精神越来越浓时，他开始对自己作出反应，促使自己采取行动。他这时差不多都快 50 岁了，如果他想获得王位，就不能再浪费时间了。于是，他鼓起所有勇气于 1239 年召集特伦德拉格人（Trönders）来到奥雷集会，并宣告自己为整个挪威的国王。当天主教教士们拒绝允许圣奥拉夫的圣骨用于仪式时，斯库里的儿子彼得（Peter）[②] 跳到了圣坛上并强行打开神圣的棺材把圣骨带到了集会上。为了让哈康对此事全然不觉，斯库里把出城的道路都封锁了，但是一个名叫格里姆·凯坎（Grim Keikan）的人成功闯了出去，并告诉哈康国王有危险。国王在深夜得到这个消息后，马上来到王后的房间。王后被惊醒，忧虑地问他发生了什么事。

"一点儿琐事，"哈康回答道，"现在挪威有两个国王了。"

"只有一个合法的国王，"王后严肃地说道，"那就是你。"

斯库里一开始打算在卑尔根突袭哈康并活捉他。但是当他得知国王已经知晓了一切，便放弃了这个计划。接着，斯库里派兵去杀害各地的王室成员。很多杰出人物由于完全没有防备而被杀，教堂

[①] 之前在一个叫维卡尔的男孩带领下的另一群反抗者也用同样的名称反抗国王斯韦勒。

[②] 彼得是一个私生子。他的母亲是安德烈斯·斯克佳达尔班（Andres Skjaldarband）的妻子。

第二十七章 老哈康·哈康松

被袭击,许多地方被掠夺。这个时候,斯库里公爵在尼德罗斯安静地等待消息,并忙着写信给外国领导者们让他们知道自己已经称王,他期望这样可以让哈康难堪。1240年2月,当斯库里得知国王带了大部队要来进攻时,他带着600人翻山越岭来到奥普兰,在这里他遇到了国王的女婿在自己的位置上刚刚被任命为伯爵的斯奎尔·克努特,他和能干的指挥官阿恩比约恩·琼森在拉卡见了面。现在是国王该露面的时候了,如果他继续纵容造反派,那么以后他可能没有能力镇压了。突如其来的危机让国王做了决定,但是他却无法鼓舞已经低落的士气。他拒绝了大主教继续求和商榷的请求,以最快的速度来到了维肯,并借着迷雾的掩护,划船穿过福尔登峡湾来到了奥斯陆。考虑到战争的不确定性,国王对继承者的事情已做好了准备,这一次他下定决心不再心软。此时,牧杖党完全没有想到哈康的舰队会出现在他们的附近,所以一夜狂欢后,他们已酣然入睡,直到战争号角响起。这时,哈康王室舰队的船头从迷雾中显现,并且已经靠近了码头。警报响后,公爵立马从床上起身并穿上衣服。天刚破晓,迷雾也渐渐消散。哈康的船只现在已经在码头靠岸,部队也开始登陆。牧杖党一开始以为是伯爵斯奎尔为他在拉卡的战败报仇来了,但是当他们看到国王哈康的王室旗帜时,他们知道自己猜错了,而且意识到国王哈康应该就在不远处。非常奇怪的是,他们看到哈康勇往直前时,却并不急于去杀死他。因为牧杖党知道一旦公爵输了,即使他们英勇地斗争着,也没有胜利的希望。在这种情况下,公爵落荒而逃,桦木脚们在后面紧追,然而最后并没有抓到斯库里。有许多人在那场战斗中阵亡,但更多的人到教会寻求庇护,得到了赦免。

现在事实确凿,斯库里是这场叛乱的发起者和领导者。不像之前的冒名顶替者一样,他并非代表了民众对国王的不满,这场反叛完全出于他个人的野心。因此，只要他还活着，内战就随时有可能爆发。想到这里，国王哈康便扼杀了他对岳父的亲情，并决定惩罚斯库里。在奥斯陆战役后的第七天，他派奥斯特拉特的阿苏夫（Aasulf of Austraat）带领 15 艘载满士兵的战舰来到斯库里逃亡的尼德罗斯，阿苏夫是一个坚定的战士，也是斯库里最痛恨的敌人之一。

斯库里到达尼德罗斯后，逃进了树林里，和几个不愿意丢下他的伙伴在树林里走了两天。最后，埃尔格塞特修道院的修士们同情斯库里，为他和他的追随者准备了修士服，并把他们藏匿于塔中。不久，阿苏夫得到消息，说有一群奇怪的修士们在修道院出入，很快他便派兵到了这里，并要求里面的人投降。当修士们拒绝时，一些桦木脚们用火烧寺院。另一些桦木脚们虽然尝试扑灭大火，但是他们的努力是徒劳的。浓烟和烈焰迫使斯库里和他的追随者们从塔上下来。当他从门口出来的时候，他把盾牌盖在自己的头上说："别砍我的脸，因为这样对待首领是不合适的。"

桦木脚们立刻抓住并杀死了斯库里（1240 年）。

斯库里的死亡标志着叛乱的结束。在挪威境内再没有人有实力可以和国王抗争了，也没人想这样做。异乎寻常的是，从"十字军战士"西格德死后，经历了长时间的内战后，竟然很快恢复了生机。直到一个世纪以后，国家经济才开始停滞和后退，并且很有可能有别的原因。但是，毁灭的种子已经在这个时代被种下，尽管它需要一个世纪才能发芽。

和平的回归使得国王得以自由地推进他长久以来一直怀有的情怀。在一定程度上，国王哈康觉得非法出生是他的一个污点，所以他急切地想要消除这个污点。因此，他想正式加冕称王。虽然他尝试得到教皇的支持，但是敌人斯库里一直妨碍他计划的进行。现在教皇格里高利九世和他的继任者塞莱斯汀四世（Celestin IV）已经去世，圣彼得的位置被一个称为英诺森四世（Innocent IV）的教皇掌控着，他对哈康并没有任何偏见。像往常一样，主教们想在这件事上得到一点儿好处，所以他们提议在国王加冕仪式上，应该像当年马格努斯·埃林松一样宣誓，承认他是教会的附庸，并且可以从圣奥拉夫那里得到国王的封地。但是这个提议被回绝了。

"如果我像国王马格努斯那样宣誓，"哈康回答道，"那么我认为我被加冕的荣耀只会减少不会增加。国王马格努斯为了得到不属于他的王位不惜代价。但是我不需要讨好你们，因为我是在祖先和父辈之后合法的继承者。"

无奈之下，教皇同意了加冕仪式，萨比纳的红衣主教威廉姆（William of Sabina）被派往挪威为国王加冕。然而，当威廉姆来到挪威以后，在当地教士们的煽动下，也向哈康提出同样的要求。然而哈康这一次非常坚定，最终红衣主教只能答应哈康。在1247年7月29日（圣奥拉夫日），加冕仪式在卑尔根的上帝教堂隆重举行。由于在仪式结束后的晚宴上人太多了，王室宫殿容不下所有的人，所以大家被安排到了一个船屋，用它来当作临时的晚宴厅。宴会持续了三天，在规格上超过了挪威历史上在北部的任何仪式。随后五天又为红衣主教和其他权势进行庆祝。当庆祝结束以后，哈康召开了一场关于国家问题的会议，国王主动对教会作出让步。哈康承认教会有权利选择自己的服务者，并且宗教有独立的权力。然而宗教的仪式被废除了，因为红衣主教说基督教徒不应该迫使上帝来对人类的事务做出决断。

当红衣主教离开挪威时，共收到了1500英镑，合计大约50万法郎，这是国王赠予教皇的礼物，同时红衣主教本人也收到了一笔巨大的酬金。

哈康接下来的统治没什么大事件发生，对于民众来说这是一件好事。哈康明智地看到了战争不会带来长期的福利，反而和平会带来财富以及进步。所以，他全身心地致力于发展农业和贸易。然而，他主要的兴趣还是在建筑方面。他在全国各地修建了修道院、教堂和防御堡垒。他热衷于华丽的建筑并在卑尔根建造了一座壮丽的宫殿，他还为麻风病患者建造了一家医院。哈康在特罗姆瑟（Tromsö）建造了一座教堂，作为世界上最北部的教堂而出名。修改后的继承法禁止私生子继承，刑法和民法也做了修改，执法官的数量也增加到了 11 名。哈康还拥有 300 艘设备齐全的船只，在热爱和平的国王手上，这支舰队是和平的保障而非战争的威胁。通过大使馆，与外国国王互换礼物，他在国内外显现的权力和强大的实力，使挪威国王首次赢得了作为欧洲统治者一员的殊荣。高贵且有天赋的德国皇帝腓特烈二世（Frederick II）直到去世前一直是哈康的好朋友，彼此经常保持联系。俄国大公爵亚历山大·纽斯基（Alexander Newsky）请求让他的儿子娶哈康的女儿克里斯蒂娜，而卡斯蒂利亚的智者阿方索（Alfonso the Wise of Castila）提出让他的兄弟来追求克里斯蒂娜。哈康同意了后者对其女儿的求婚，克里斯蒂娜于 1257 年嫁给了西班牙王子唐·菲利普（Don Philip）。教皇亚历山大四世（Alexander IV）尝试让哈康参加一场圣战。法国的国王路易九世（Louis IX）鉴于哈康海上作战的实力和经验，让他担任了挪法舰队的首领。为了进一步确认哈康的荣耀，教皇在 1256 年甚至推荐哈康作为德意志皇帝的候选人。

图 59 挪威储物房

虽然挪威地理位置偏远,但是它的舰队在海外拥有非凡的影响力。1256—1257 年,挪威和丹麦进行了一场短期的战争,然而当丹麦国王克里斯托弗(Christopher)看到哈康的舰队后,他马上答应了哈康的和平条款。一直被相互残杀摧残着的冰岛人终于在 1261 年承认了哈康至高无上的统治地位并承诺向哈康进贡。同样,格陵兰岛少量散落在各地的居民也承认了哈康的统治。1263 年,因为与苏格兰国王亚历山大三世(Alexander III)就奥克尼和设得兰群岛产生了争执,哈康决定保卫他对遥远属地的统治,虽然这使挪威损失了人力和资金。当他带领舰队前往苏格兰时遇到了暴风,很多舰船损坏。之后舰队驶向苏格兰的西部,掠夺了坎提尔(Cantire)和布特(Bute)的海岸,并在拉格斯(Largs)(在克莱德峡湾入口处附近)和苏格兰人开战。在苏格兰人口中,胜利属于他们,而在挪威传说中,挪威人获得了胜利,这场战争最终没有给他们带来任何好处。之后哈康来到奥克尼，他决定在这里度过冬天，到了第二年春天再继续开始他的进攻。在柯克沃尔，哈康突然生病，最终于1263年12月15日去世。在生病期间，哈康让人把挪威先祖的传说读给他听，从黑王哈夫丹到他的祖父国王斯韦勒。当读到斯韦勒故事的时候，他悄无声息地离世了。

所有的文字记录都一致认为哈康·哈康松是一个高贵且有智慧的国王。他虽不如祖父那样天资聪慧，但被认为是一个令人信任的人。他仁慈、善良，当正义需要他坚定的时候，他会非常坚定。他高贵的心以及他看透事物的能力，让他总是能够做出正确的决定。因此，他是一个伟大的国王，虽然不是一个天资聪慧的人，但是他所有平凡的优点最终成就了他的伟大。他的敌人——公爵斯库里虽然在很多方面有更为卓越的能力，但是如果他取代了哈康，那么对挪威来说将会是件不幸的事情！

在外表看来，哈康像他的祖父。同祖父一样，哈康的身高平平，但是有一双大且富有表现力的眼睛。他逝世时享年59岁，整整统治了挪威46年。

第二十八章
斯图伦斯家族在冰岛

在哈康·哈康松掌权期间，著名的冰岛历史学家斯诺里·斯图鲁松在世。正是由于他的记录，古代挪威史才没有被遗忘。在他伟大的作品《大地之圈》（*Heimskringla*）中，记述了金发王哈拉尔德时期到1177年蒙吉萨战役（Battle of Ree）之间的历史。在金发王哈拉尔德时期之前一些神话也包括在内。作者文笔简明而有力，描写也极为生动。斯堪的纳维亚歌谣作为叙述真实历史事件的证据被写入书中，一些轶事也被保留下来，为历史人物的个性增添了不少色彩。《大地之圈》不像一部中世纪修道士对于历史事实和虚构事件的记述合集，而更像是一部精湛的历史巨著，在写作与论证中均展示出成熟的批判精神与艺术品位。一些斯堪的纳维亚歌谣和阐述阿萨神族信仰的神话传说集《新埃达》（*Younger Edda*）的段落也要归功于斯诺里。因此，他的功劳主要在于编辑而非作者。

斯诺里1178年出生于冰岛，在3岁时被智者塞门德（Saemund the Wise）的孙子乔恩·罗夫特松酋长（Jon Loftsson）收养。他的父亲是斯图拉·索尔德松（Sturla Thordsson），一个出身高贵却处于动荡时代的人，他的母亲是古德尼·博德瓦尔（Gudny Bodvar）的女儿。罗夫特松从他的祖父塞门德手中继承了大量的文献资料，

挪威的故事

他家是当时全岛最有文化的。在家庭的熏陶下，斯诺里对于原始宗教的神话传说产生了浓厚的兴趣，并开始尝试史学研究。斯诺里的父亲死后，由于母亲挥霍了他父亲的遗产，斯诺里变得身无分文。为了保持体面，他必须寻求一段富裕的婚姻，在他兄弟的帮助下，他成功地牵到了冰岛最富有的女继承人的手。之后，他致力于扩充自己的权势，通过精明的讨价还价、恐吓和公开的暴力，他得到六处庞大的地产并积累了大量财富。

斯诺里有两个兄弟——索尔德（Thord）和西格瓦特（Sighvat）。前者有着安静的性格，没有过分的雄心，而后者则和斯诺里相似，并和斯诺里一样善用诡计与暴力来增加自己的财富。

两个这样的男人之间产生利益冲突时，很少会因他们的血缘关系而有所约束，不用多久，我们就会看见这两人剑拔弩张。

凭借自己的影响力，斯诺里得到重要的职位。在1215年，他被选为法律发言人。以此身份，他与反对他判决的寄养兄弟塞门德·琼森（Saemund Jonsson）发生了冲突，后者对他的一项裁决提出异议。冰岛议会（Althing）同时也是冰岛的立法议院与最高法院，而法律发言人的职责是决定法律的含义是什么。如果任何在野党反对议会的决议，它有权用刀剑来申诉。法律是协商性的，不是一种绝对的权威，其权威基于它的公正性。尽管斯诺里的职责是维护法律，但他对于自己的工作并不尊重，他带领了840名武装人员，想要威吓反对者。和解虽然艰难地达成了，但恶毒的种子已经埋下，它开花结果也指日可待。

与此同时，斯诺里的名望传到了挪威，并收到了很多挪威重要酋长的诚挚邀请。因此，他带着众多追随者于1218年扬帆驶向挪威，拜访了哈康国王以及斯库里伯爵（Earl Skule），并与后者成为朋友。哈康国王将斯诺里封为伯爵，但传说斯诺里答应要将冰岛置

第二十八章　斯图伦斯家族在冰岛

于母国的管辖之下。这个计划充满了诱惑。如果放弃冰岛的自由，他将获得冰岛伯爵的身份，还可以在斯库里的帮助下一举打倒所有的对手，并无可争辩地成为冰岛的最高统治者。但在回程的途中，他发现阻碍要比预想的更多。他开始对自己草率的承诺感到后悔，并急切地想延迟履行的日期。在他之后的诡计中，他是否想要保证自己的主导地位以与伯爵讨价还价，我们无从知晓。

1222年，斯诺里的对手塞门德·琼森离开了人世，而他的孩子们由于对他们叔叔奥姆·琼森（Orm Jonsson）的遗产分配产生分歧，请求斯诺里进行仲裁。他们这么做并不是因为他们相信斯诺里的公正，而是因为他们惧怕斯诺里，并急于化解仇恨。斯诺里对此心知肚明，并毫不犹豫地滥用他的权力。刚刚离婚的他看到了与他们的姐妹索尔维格（Solveig）结婚可以使自己进一步富裕，于是他将遗产的重头判给了索尔维格，但正当他觉得胜券在握时，他的外甥斯图拉·西格瓦松从他手里抢走了那个女孩。由于不公正的仲裁，斯诺里为此后自己最危险的敌人带来了利益。但斯诺里没有畏惧，他将注意力转移到了一位更加富有的女继承人身上，并成功地与其结婚。在一系列不择手段的、以他的名声进行恐吓的交易中，他不断地积累财富，直到自己的权力使其他所有岛屿上的酋长们都黯然失色。与此同时，由于斯诺里与斯库里伯爵的友谊，哈康国王对其产生了敌意。而他的外甥斯图拉在赴罗马朝圣的归途中，成功地获得了国王的信任，并加深了国王对于斯诺里的不信任。现在他与国王达成了他舅舅之前与斯库里达成的一样的协议，保证在以成为冰岛伯爵作为回报的条件下，他会将这个国家交给挪威统治。可是在归途中，他没有冒险直接攻击对手，而是与斯诺里的儿子乌洛克加（Urökja）和女婿吉苏尔·索瓦尔德松（Gissur Thorvaldsson）发生了争执。他俘虏并致残了前者，但在与后者的冲突中，他屈服了。当时斯诺里在挪威，草率地做出坚定支持斯库里的承诺，进一步激怒了国王。哈康国王从此将他公开看作敌人，并决定打败他。由于欲望与贪婪，斯诺里已经使女婿吉苏尔·索瓦尔德松对其产生了敌意。国王与吉苏尔商议，要求吉苏尔要么杀死岳父，要么将岳父作为囚犯送往挪威。于是，吉苏尔在里约克特带领70个士兵攻击了斯诺里，并杀死了他。1238年，在一场常规的战役中，斯图拉和父亲西格瓦特（Sighvat）被双双杀死。

斯诺里的外甥斯图拉·西格瓦松是一名伟大的酋长和冰岛独立的捍卫者，他以舅舅的写作风格继续撰写《大地之圈》。他还写了《哈康·哈康松萨迦》（*Saga of Haakon Haakonsson*）。这是传记文学的一个典范，具有清晰有力的笔触和丰富有趣的细节。在哈康统治时期，另外一本出色的作品是《国王的镜子》（*Konungsskuggsja*），书中以父子对话的形式展现了道德教化与生活品行的规则。书中所论述的处世智慧与礼仪准则生动地展示了13世纪人们的生活方式和思想。

第二十九章
法律修订者马格努斯

在父亲在世时马格努斯就被承认为王，当成年后，王位毫无争议地传到他的手中。由于不愿继续与苏格兰进行代价较大的战争，马格努斯将他的军师阿斯卡汀（Askatin）送到亚历山大三世（Alexander III）身边，在割让曼岛（Island of Man）和设得兰群岛（Shetland Isles）的条件下取得了和平，作为回报他获得了4000马克的补偿以及每年100马克的进贡。后半段条款是为了保持自己的颜面，因为年度的进贡可以理解为对于挪威国王至高无上的地位持续认可。

人们常常质疑马格努斯国王拒绝通过武力来保卫王国领土完整的决策是否明智。但人们普遍承认苏格兰的这些岛屿让挪威耗费了比岛屿本身价值更高的鲜血和金钱，而且很可能随着苏格兰实力的增长，挪威需要投入更大的精力来控制这些遥远的属地。此外，英格兰迅速崛起成了欧洲最强的势力，吞并了苏格兰，挪威被迫放松对于这些岛屿的管辖只是时间问题。无论是出于对战争的不情愿还是对于代价的考量，马格努斯的做法都背离了父亲的政策，但时间似乎证实他的决策是明智的。但不可否认的是，在哈康国王统治时期挪威在海外所取得的尊重与影响力，在他儿子的休战精神下都大大减弱了。他因将冰岛列入挪威的财产而感到满足,但这不能等同于他的能力或威望。很明显,这是哈康国王对于斯图伦斯家族世仇的干预,但这还有更深层的原因。在金发王哈拉尔德时期那些不愿放弃自主权而离开挪威的后裔,如果不是因为他们不幸地从祖先的荣耀中堕落,是不会轻易放弃他们的自由的。

冰岛的社会很早就自我分裂成了自耕农(或农民)和贵族阶级。后者将政权牢牢地掌握在手中,并在此后的一系列血腥的斗争中想要消灭对方,直到最初的50多个家族,减少到后来只有不到10个家族还保留着他们的身份和权力。当然,这些幸存的家族也开始自相残杀,而当斗争日益激烈,他们接受任何来源和任何代价的援助。所有的公众利益都在为个人利益而争斗的过程中被忽视。一度使民族引以为傲的独立精神变成了对于权力的热衷和不择手段消灭对手的竞争方式。公民权利、道德义务和血缘关系同样被忽视,兄弟、父子之间反目成仇。谋杀和纵火的事情时有发生。完全的无政府主义盛行于世。在此情形下,哈康·哈康松抓住了机会,并以帮助一个派系打败其他派系的方式得到了获胜一方的忠诚,并将冰岛归到了挪威的统治之下。斯诺里的女婿和杀戮者吉苏尔·索瓦尔德松成为冰岛的第一任伯爵。在被冰岛民众承认之前,他就从哈康国王那里接受了该身份(1258年)。

如果没有历史的国家是最快乐的国家,那么最快乐的时期一定是平安无事的。如果是这样,那么马格努斯的统治给他的臣民带来了无尽的快乐。农民安心而不受影响地耕种田地,商人和艺术家追求他们的人生目标。国家经济的发展使国王满意,国王也尽其所能支持所有和平的事业。为此他立志于修订法律,并在法律改革与统一方面花费了很多时间。此前,整个国家被分为四个行政区,每个行政区都有自己的事务准则和法律。弗罗斯塔(Frosta)的事务准

第二十九章　法律修订者马格努斯

则是特伦德拉格（Tröndelag）的法律，古拉（Gula）的事务准则在西海岸适用，埃迪斯瓦（Eidsivia）准则在奥普兰（Oplands）适用，波格尔（Borgar）的事务准则在维肯（Viken）适用。基于这四者，马格努斯制定了一套在全国通行的综合法律，取消了陈旧的条款，解决了原来存在的问题，并将法律精神与现实需求接轨。在400年间，他的这套法律保持有效。所有关乎民生的事情，无论大小他都十分关心，从他的行为中可以得知，他对于法律处理所有人类面临问题的力量过度自信。他为城市制定了市政法，为附庸国和乡镇制定了法庭法（Hirdskraa），尽管这是对先前斯韦勒（Sverre）时期法律的改良。法庭法阐述了附庸国的义务与权利，规定了法庭的程序规则、登基的仪式以及所要召集的人士等。其中，规定了在王室成员登基时，不再由一名自耕农代表民众与他会面，取而代之的是地位最高的人。

马格努斯国王的法典有一个非常明显的倾向，即摒弃其民主的内容，并尽可能地按照外国模式来改造挪威。特别是具有封建遗存的英国对于挪威和它周边的国家来讲极具模仿价值。尽管迄今为止纯粹的民主制度从未在挪威实行过，也从未承认民众是权力的源泉，并且农民阶层那种古老而执拗的独立精神从未被根除。不过，法律给予人民的权利，每一个自由出生的人都知道。现在这一古老的传统被打破了，国王和议会保留了立法和废除法律的权力。这套法律没有受到抗议，清晰地展示了古代斯堪的纳维亚人随着世代更替在精神上的改变。假如一个国王在贤君哈康或者奥拉夫·特吕格弗松（Olaf Tryggvesson）的时代就提出这套法律，他会有失去王位甚至生命的风险。无论是王室取得了如此高的身份和权力以至于反对它似乎没有希望，还是部落权贵阶级成为王权的附庸，不再为民众争取权益，对于如此激进的改革采取消极苟安的接受都说明了时代的倒退，也解释了之后发生的事件。

毋庸置疑的是，13世纪欧洲封建主义的兴起影响了挪威的政治组织。马格努斯在他的法律中体现的思想可以说是空中楼阁；与英国的通商使得斯堪的纳维亚人对于盛行的骑士制度有所了解。所以由大臣、伯爵和附庸者组成的王室议会非常明显地在模仿英国的制度，让该相似性更加完整的是，附庸者的旧名称被废除，取而代之的则是男爵，宫廷官员被任命为骑士和乡绅①。一个高于民众的特权阶层诞生了，打下了世袭制贵族阶层的根基。骑士和男爵享受部分免税的特权，政府里的肥差也被王室当作礼物赠予他们。古代部落贵族的一些元素被吸收到了这个新系统中，该阶层只因王室的恩宠而生。应当注意的是，挪威的新贵族主要是依靠王室取得身份认可的权贵，所以不要指望他们会在必要时刻为了民众的利益而与国王作对。因此该阶层与王室共享同样的命运，当王室灭亡时，他们也就失去了权力。之后的统治者丹麦国王被想要获得财富的权贵所环绕，所以想得到恩宠的挪威候选人会被忽视。因此，挪威的权贵们再一次回到了他们最初从中走来的民众中间。权贵阶层逐渐融入并被农民认同，以此他们获得的要比失去的更多。

正是这一高傲的农民身份构成了挪威人民力量的组成部分和他们重获自由的保障。他们自始至终，甚至在与丹麦联盟的黑暗时刻，都是一支政府不得不顾虑的力量。在生性温和的马格努斯国王统治下也有过些争吵与骚乱。其中最主要的是他与教会之间的争议，最终马格努斯国王无奈地作出让步。当时的大主教是傲慢而野心勃勃的红发乔恩，他在同意更改国王十分重视的继承法之前，向

---

① 为herra这个词找到一个恰当的翻译是不可能的。这是一个比男爵和骑士更低的称谓。

第二十九章　法律修订者马格努斯

国王争取了一系列惊人的权力。在一次滕斯贝格（Tunsberg）的名流会议上（1277年），马格努斯放弃了由国王指定主教的权力，并向后者交出任由他们自己推举牧师职位的权力。他同时向大主教转让了铸造钱币的权力，并免除了大主教身边100个人对于国王应尽的义务。

在他与境外势力的关系中，马格努斯在维持王室的威望方面同样落败。当他的姐夫瑞典国王请求他帮助打败抢走其大半领土的兄弟马格努斯时，挪威的确进行了一场战争准备，但在几次无效的会议和议论后，挪威舰队被迫返航，而瑞典国王则被留下面对自己的命运。对于一个像挪威人一样骄傲而富有冒险精神的民族，他们相当在意自己在国内外的尊严，这种拔剑相争的坚定却又犹豫的态度在当时一定是个耻辱。对于荣誉的高度重视和对于战争的天赋是此前挪威人的民族特征，且无论一个人如何反战，也不能否认和平的代价有可能太高了。如果没有高昂头颅和对自己的历史感到骄傲的权利，那么就没有民族可以成就伟大的事业。马格努斯国王降低了王国在他父亲统治时期的威望，并为随之而来的衰落埋下了伏笔。

在物质和精神上，衰落的迹象都在挪威王室中开始显现。国王马格努斯的确有过人的才智，他在道德上也无可厚非。但尽管这样，他远不如他的父亲那般顽强和令人敬畏，更不及智慧、勇敢、绅士而不屈的曾祖父斯韦勒。由于他的身体状况一直欠佳，他作出很多草率的决定。在他年富力强之前，就被病痛折磨，马格努斯最终在1280年去世，享年41岁。

第三十章
憎恶牧师的埃里克

男爵们在马格努斯国王时期获得了很多权力，在他的儿子埃里克未成年时进一步稳固了权力。国王的遗孀英格博格王后（Ingeborg）成为掌控政权的人，她通过自己的影响力与男爵们联合了起来。在她的两个儿子中，小儿子哈康公爵（Duke Haakon）在体力和智力上都更适合继承王位。他手里有许多封地，虽然他承认埃里克的权力高于他，但他始终保持着独立治理：他颁布法令，发行钱币，并以个人的名义与外国首领建交。相反，他的哥哥是一个善良而软弱的人，他从来都不会违抗母亲和地位较高的议员的意见。在这些议员中，哈克尔·阿格蒙德松（Hallkell Agmundsson）、奥顿·赫格莱克松（Audun Hugleiksson）、吉斯克的本贾尼·埃尔林松（Bjarne Erlingsson of Giske）和比亚克（Bjarkö）这几位男爵是最杰出的。他们对先王妥协教会这一点非常不满，决定等待时机挫一挫牧师们的锐气。不过，他们在大主教乔恩（Archbishop Jon）给国王加冕之前隐藏了自己的计划；他们甚至同意国王在加冕誓词中的承诺："给予牧师和传教士们应得的尊重，并废除一切与教会精神相冲突的法律。"

大主教把这句承诺当真了，于是在加冕后立刻要求国王废除一

第三十章 憎恶牧师的埃里克

些法律。王后和男爵们毫无妥协之意；相反，他们已经准备好与神职人员较量一番了。大主教将哈克尔·阿格蒙德松开除教籍，这让手下更加尊敬他；王后和本贾尼·埃尔林松也受到了相同的惩罚，但人们对此都毫无感觉。接着，大主教又向教皇请愿，但没有结果；男爵的大使又在罗马天主教教廷上迫使红发乔恩和其他两名传教士被放逐。最后，大主教于1282年死于瑞典。

还是少年的国王在这场争斗中保持了中立。如果他有决定权的话，他很可能会延续父亲的妥协政策，所以"憎恶牧师的埃里克"其实不是一个正确的绰号。

埃里克14岁时娶了苏格兰的玛格丽特（Margaret of Scotland）。此人是他祖父最大的敌人亚历山大三世的女儿。次年，新王后在生下一个女儿后就去世了，紧接着在1284年，亚历山大国王去世了，于是埃里克的女儿就成了苏格兰的王位继承人，她被叫作"挪威的少女"。在1290年，她被召唤乘船前往苏格兰，但在路上去世了。就这样，埃里克准备从他女儿手里接过苏格兰的王冠，但由于英格兰国王爱德华一世（King Edward I）的武力干涉，他最终放弃了。事实上，他当时还有另一件更重要的事要做。

英格博格王后是丹麦国王埃里克·普洛彭尼（Erik Plowpenny）的女儿。此人的侄子埃里克·格里平（Glipping）继承了他兄弟克里斯托弗一世（Christopher I）的王位，并拒绝将自己在王国内的土地作为遗产送给英格博格王后。马格努斯为了让他把土地给出而绞尽脑汁，再加上母亲的劝说，国王埃里克最终同意了谈判。然而，事情最后还是没有谈妥，埃里克甚至还表示出了威胁的态度。于是，英格博格王后派最宠信的臣子之一，挪威的阿尔夫·埃尔林松男爵（Sir Alf Erlingsson）在桑德湾埋伏船只，同时袭击了日德兰和哈兰的港口，让丹麦的贸易受到了不小的影响。其实受影响最大的是汉萨同盟，由于马格努斯的妥协他们几乎垄断了挪威的对外贸易；可是，他们的船只经常被皇家海盗劫持，更过分的是，这些海盗佯装跟他们交易的商人，让他们无法识别。汉萨同盟也尝试过派出战船抓捕阿尔夫，但被他玩弄于股掌之上，甚至还被他抓走了几个人。虽然这不算是在战场上立功，但王后对阿尔夫的功绩非常满意，还将他提升为伯爵，并向国王举荐他去做英格兰的大使。在王后眼中，汉萨同盟的城邦都是名不见经传的地方，可让她没想到的是，这些小城邦居然前来复仇了。同盟出于报复决定停止向挪威运送粮食，结果挪威出现了饥荒。由于汉萨同盟是瑞典的盟友，挪威与后者又有了武装冲突。到 1287 年英格博格王后去世后，海盗抢劫演变为正式的战争。在这之前的一年，瑞典国王埃里克·格里平在狩猎时被瑞典的斯蒂格元帅（Marshal Stig）和哈兰的雅各布伯爵（Count Jacob of Halland）等人密谋杀死。这些人事成之后便来到挪威寻求庇护，并在 1289 年帮助挪威的埃里克国王对抗他们的敌人。挪威军队烧毁了赫尔辛格（Elsinore），并在哥本哈根停留了整整四个星期，弑君者把哥本哈根作为根据地，继续通过烧毁城池与堡垒来报私仇。之后的 6 年里，埃里克国王又进行了三次类似的侵略，这些既没有带给他荣耀，也没有让他获得任何利益。不过丹麦国王埃里克·曼维德（Erik Menved）最终还是在 1295 年被迫与他在菲英岛的欣斯加夫尔（Hinsgavl）签订了为期三年的停战协议，并同意把双方争夺的东西全部让给他。就这样，弑君者们毫发无伤地回到了故乡，地产也原封不动地归还给他们。

　　与汉萨同盟的战争早在 1285 年签订卡尔马和约的时候就结束了。敌人所使用的武器让他们很容易就可以切断挪威的补给，所以埃里克国王不得不同意他们的条件。瑞典的马格努斯国王是这一次和谈的仲裁者。他裁决让埃里克归还所有扣留的船只，赔偿 6000 马

第三十章　憎恶牧师的埃里克

克，并给予汉萨同盟一些重要的贸易特权的决定。就这样，海盗头子口中的"小爵士阿尔夫"因为行事鲁莽，不仅害了国家，还给自己带来了灾难。他没有珍惜自己的地位，而是继续践踏法律。奥斯陆城堡的指挥官哈克尔·阿格蒙德松男爵因为某些事触怒了他，于是阿尔夫伯爵以很传统的方式组建了一个冒险家团队，并进行了一场对抗哈康男爵的斗争，因为此人是哈克尔男爵的监护人。他甚至还大胆地进攻了奥斯陆，火烧了城堡，俘虏了敌人并将他们处死。他也因此成了通缉犯，只得流亡瑞典，让马格努斯国王保护他。当他再一次在丹麦海域抢劫的时候，运气就没有那么好了，他被生擒并押送到艾格尼丝王后（Queen Agnes）面前。据民谣中记述，王后嘲笑他身材矮小，但他回应说，王后永远不可能生出像他这样伟大的儿子。紧接着，他说了一句更刺耳的话让王后气得用拳头猛砸桌子，然后立即下令在刑架上折磨"小爵士阿尔夫"，并用轮子碾碎他的骨头。次日，阿尔夫就被处死了（1290年）。

王后去世之后，埃里克国王又娶了伊萨贝拉·布鲁斯（Isabella Bruce）。此人是苏格兰国王罗伯特（Robert）的妹妹。这段婚姻让他有了一个女儿，名叫英格博格（Ingeborg），女儿成年之后嫁给了瑞典国王比尔格·马格努松（Birger Magnusson）的兄弟瓦德玛尔公爵（Duke Valdemar）。1299年，埃里克在31岁时去世，共统治了挪威19年。

第三十一章
长腿哈康

作为法律修订者马格努斯的次子,哈康公爵在哥哥死后毫无异议地成了新国王。这时他 29 岁,身材高大、面庞英俊。刚上任不久,他就对男爵们表现出了敌意。1302 年,他先召奥顿·赫格莱克松在卑尔根会面,之后以叛国罪审判并处死了他。在两年之前,吕贝克的一个女人声称自己是传言已经在奥克尼死去的玛格丽特公主,这引起了不小的轰动。不过,她在审判中被证实是冒牌货,于是被绑在柱子上烧死了。有一种猜测是,奥顿爵士受到此次事件的连累才被处死的,因为很有可能是他撺掇这个女人这样做的;但传奇故事中说,奥顿被处死是因为他侮辱了国王 1295 年从德国带来的新娘阿恩斯坦的女伯爵尤菲米娅(Countess Euphemia of Arnstein)。

男爵们多年以来都没有敌人,这次突然出现了一个这样强势的国王,多少让他们有些惊讶。哈康不顾他们的意愿,强行让他们同意他对继承法的更改,使他的女儿英格博格获得了更大的利益。由于他是古老王室唯一的直系子孙,他自然会感到些许不安,因为这意味着他死后,人们会为了争夺王位而引发战争。因此,把继承权牢牢放在他女儿的手里,这将保证她今后能稳住局面;如果她有了儿子，那么他们中的一个就可以当上国王。这个时候英格博格公主已经和优秀且有理想的埃里克公爵订婚了，此人是瑞典国王马格努斯·比尔格森（King Magnus Birgersson）的儿子。这场婚约让哈康卷入了埃里克和瓦德玛尔与他们哥哥比尔格·马格努松（Birger Magnusson）的争斗中，因为前者想要把后者从王位上拉下来。在瑞典，公爵们都讨厌国王；国王则嫉妒埃里克受人欢迎，所以也恨他。1306年，长期积累的怨气终于爆发，公爵们袭击了国王，并将他作为人质监禁了18个月。哈康国王也参与了进来，这很有可能是因为他们的敌人丹麦正和比尔格交涉。然而婚后双方的感情没过多久就急转直下，因为哈康发现埃里克的目标是要统一斯堪的纳维亚，并将它们全部纳入自己的麾下。作为直接关系到这件事的人，哈康自然不能坐视不管。他首先要求埃里克归还流亡时受赐的封地；当后者拒绝后，哈康和此时的丹麦国王也就是比尔格的内兄开始交涉。两人于1308年在哥本哈根签订协议，约好让英格博格公主嫁给比尔格的儿子马格努斯。接着，埃里克公爵率兵进攻挪威，他拿下了奥斯陆，但没能攻下阿克什胡斯（Akershus）的堡垒；瑞典军队进攻了耶姆特兰，然后埃里克公爵又在卡夫峡湾（Kalfsund）与挪威海军打了一场胜负未分的战役。最后，在1310年，埃里克在最后一战中占了上风，于是双方在相互妥协中签订和约。埃里克公爵在挪威宫廷中有关系很好的盟友，因为王后尤菲米娅对他的情感不只是君臣那样简单。于是他很容易地讨好哈康国王，并再一次与公主牵手。在1312年，盛大的婚礼在奥斯陆举行；瓦德玛尔公爵也在同一天娶了国王的侄女、憎恶牧师埃里克的女儿英格堡。大约四年后，两位公爵夫人各生了一个儿子。这件大事使哈康国王非常开心，因为这解决了他最大的烦恼——王位继承问题。可远在瑞典，有一个人对小王子的出生并不高兴，他就是比尔格国王。他假装热情祝贺哈康，并请公爵们到自己在尼雪平（Nyköping）的城堡里宴饮。宴会一结束，公爵们就被抓进了监狱，之后就失去了生命。在他们身上没有检查出伤口，由此推断他们很可能是被饿死的。消息传到哈康国王那里，他十分震惊。他始终都没能从这一事件的打击中缓过来。1319年，哈康国王去世，享年49岁。金发王哈拉尔德的直系血脉随着这最后一位传人一同走进了坟墓。

挪威与丹麦的战争进行了28年，在哈康的统治时期是断断续续的，但并没有重大的战役。他的军队主要用来保障他的权益，而不是为了侵略。他只是得到了哈兰北部的短暂所有权，以便日后交还他母亲的遗产。

据同时代的人所述，哈康国王在处理内政上很有政治家的风度，他的管理谨慎又积极。他镇压汉萨城邦对挪威商人的排挤，从而提升了本国贸易市场的地位。不论是在国事还是私人生活上，他都向往正义，本人有极强的能力；但暴躁的脾气让他疏远了许多人，也让挪威在之后的几个世纪里走了下坡路。

第三十二章
马格努斯·斯麦克、哈康·马格努松和小奥拉夫

哈康国王去世时，他的孙子，也就是埃里克公爵和英格博格的儿子马格努斯·埃里克森，别名斯麦克，只有3岁。于是，挪威只能由国王生前指定的人来摄政。在这不久之前，瑞典国内刚刚爆发反抗比尔格国王的起义，因为他谋杀了自己的兄弟而受到人民的憎恨。国王很快就被推下台，连他无辜的儿子马格努斯也被处死了。摄政的马茨·克蒂尔蒙德松（Mats Kettilmundsson）拥立马格努斯·埃里克森为国王。就这样，挪威和瑞典在历史上第一次有了同一位君主。不过这种同盟实际上只是名义上的，两个国家有不同的法律和政治结构，除了国王之外几乎没有什么相同的地方。马格努斯也只好把时间平均分配给这两个国家。在小王子还未成年时，他的母亲英格博格王后在治理挪威时非常轻率：她很快和丹麦的哈兰公爵克努特·普尔斯（Knut Porse）产生了感情，不久之后二人就结了婚。为了给丈夫积累财富，她掏空了国家的财产，毁了自己在民众心中的形象。当国库几乎亏空、不满的声音此起彼伏之时，她被剥夺了权力，由比亚克的埃尔林·维德孔松男爵（Sir Erling Vidkunsson）和吉斯克上位摄政。

1332年斯麦克已经成年,并正式成为两个国家的国王。由于他是瑞典人,因此对挪威的事务漠不关心。他性格善良而柔弱,总想讨好所有人。由于他忙于镇压那些傲慢的瑞典贵族,便很少有时间去挪威。埃尔林·维德孔松自告奋勇成为权贵的领袖,一起上诉国王。1350年他们在卑尔根与国王会面,决定让排行第二的小王子哈康在成年之后成为挪威的摄政王。就这样,埃里克很自然地被立为接管他父亲在瑞典王位的继承人。可这一切美好的愿望很快因一件大事而破灭。1359年,马格努斯和他奸邪狡诈的王后布兰卡（Blanca of Namur）来到哥本哈根的阿特达格（Atterdag）会见瓦德玛尔国王。他们决定让哈康和瓦德玛尔的大女儿兼继承人玛格丽特结婚,并让丹麦国王继续保护布兰卡王后最欣赏的本特·阿尔戈特森（Bengt Algotsson）,因为埃里克认为他是国家的敌人并总想要除掉他。然而在瓦德玛尔的撺掇下,王后竟然选择了最极端的做法——她毒死了自己的儿子。就这样,哈康又成为挪威和瑞典两个国家王位的继承人,他与玛格丽特的婚事也让他有机会得到丹麦的王位。瑞典和挪威的伯爵与贵族显然是不答应的。挪威人尤其担心自己国家的民族特质在这次同盟中淡化甚至消失。瑞典人虽然因为人数优势不用担心这一点,但他们对丹麦仍然没有好感,尤其因为他们的国王竟然把斯卡恩（Skaane）、哈兰（Halland）和布莱金厄（Blekinge）都白白送给了丹麦。虽然这主要是因为瓦德玛尔国王请求他的帮助,但这仍然让人很瞧不起。马格努斯则对新的同盟非常自信,他甚至还帮助丹麦国王攻克了瑞典的哥特兰岛,并允许他劫掠维斯比镇（Visby）,此地是波罗的海贸易的关键地带。

这个时候,瑞典终于失去了耐心。1363年,瑞典皇家议会宣布剥夺马格努斯和他的儿子哈康的王位继承权,并指定由梅克伦堡的阿尔布雷克特公爵继位。虽然马格努斯性格柔弱,但他也绝不想就这样轻易地放弃王位。他从仅有的几个对他忠诚的地区招募来士兵，仓促地进攻了恩雪平（Enköping）的阿尔布雷克特国王（King Albrecht）的领地，但最终被击败并做了俘虏。他的儿子哈康在这场战斗中受了重伤，但成功逃回了挪威。挪威的民众虽然对马格努斯没什么情感，但哈康的请愿让他们无法拒绝。就这样，他们又组织军队前往营救马格努斯。双方又进行了几场胶着的战役，最终汉萨同盟的插手导致阿尔布雷克特占了优势。马格努斯软弱的治理让日耳曼商人在挪威占尽了好处。他们将法律踩在脚下，不接受国王的行贿，联合起来相互庇护以免受惩罚。国王对他们的傲慢感到非常愤怒，于是下令驱逐国内所有的日耳曼人。遗憾的是，他没有足够的力量迫使大家执行，在汉萨同盟进攻的时候，他又不得不继续作出让步。这时，他已经自由，便选择了与阿尔布雷克特作战。在一切商谈都没有用的时候，他带着一支军队进攻了斯德哥尔摩（Stockholm），将所到之处破坏殆尽。最后，在1371年，哈康以12000马克的赔偿金补偿了他父亲造成的破坏，并换取了和平。为此，他还放弃了瑞典的王位。幸运的是，马格努斯获得了斯卡拉-斯蒂夫特（Skara-Stift）、维斯特哥特兰和韦姆兰。老国王没能从这份自由里享受到太多好处。3年后，也就是1374年，马格努斯被淹死在挪威的博姆峡湾（Bömmelfjord）。6年后，他的儿子也英年早逝。

挪威在马格努斯·埃里克森和他儿子统治时期灾难重重。1344年，一颗叫作"古拉-埃尔夫"的行星撞击了一颗陨石。这颗陨石坠落在了挪威，损毁了48座农场，死亡250人，无数牲畜失去了生命。冰岛则发生了大地震，其南部的赫克拉火山（Hekla）爆发，引发了无数恐慌与破坏。但最严重的灾难还是黑死病。这种极其恶劣的传染病在日耳曼、英格兰和欧洲南部肆虐之后，又在1349年传播到了挪威。开始是由一艘英格兰的商船将病毒带到了卑尔根，之后它就在整个大陆蔓延开来。特隆赫姆的大主教和所有低级教士全部死亡，只有一个人幸存下来，于是他成了新的大主教。在不少地区，所有人都死了；马和牲畜有的被饿死，有的自己去寻找主人，有的则在树林中死亡。几个世纪的辛勤劳作成果被这场传染病一扫而光。那些富饶村庄曾传来人民的欢声笑语，但现在已经长满了树木与杂草。狐狸在废弃的民宅中号叫，野狼在空荡荡的教堂中徘徊。很多地方甚至无法埋葬死者的尸体，只能等它们渐渐腐烂消失在土地中。幸存者也受到了很大的影响。农民停止了耕作，因为他们已经找不到马匹或其他人来帮助他们了。黑死病的结果就是饥荒和死亡。一切工业全部停滞，所有本属于挪威的贸易都被其他国家抢走。和许多瘟疫期相似的是，社会制约一旦放松，犯罪就开始猖獗，许多人开始肆意犯下极端的罪行。挪威花了几百年的时间才从这场灾难中恢复正常。事实上，导致这种社会倒退的不只是瘟疫，还有其他一些因素，但为黑死病正名始终是一件危险的事。直到现在，学者们还习惯于将这场黑死病归结为挪威衰落的唯一原因。

哈康·马格努松和玛格丽特的唯一儿子奥拉夫在他父亲去世后继承了挪威的王位。在这之前5年，他的外婆去世时，他成为丹麦的国王。在他还是个孩子的时候，他的母亲玛格丽特和摄政议会就以他的名义管理政府了。就这样，挪威和丹麦的同盟正式成立，并延续了430年。这次联盟对前者来说是灾难性的。奥拉夫年仅17岁就在斯卡恩的法尔斯特布罗（Falsterbro）去世了。

第三十三章
卡尔玛联盟下的挪威

奥拉夫的母亲玛格丽特在丹麦和挪威都继承了王位成为女王。根据继承法，挪威王位的正统继承人是高级勋爵哈康·琼森（Haakon Jonsson），也就是长腿哈康（Haakon Longlegs）的私生女艾格尼丝的孙子。但是他没有实力主张自己的权利，因为玛格丽特通过诡计，成功将大主教维纳德和大多数神职人员纳入了自己的阵营。与此同时，挪威摄政议会，一个聚集了女王支持者的地方，似乎也准备执行女王的任何命令，甚至同意让她的侄孙波美拉尼亚的埃里克作为她的继任者（1388 年）。于是根据这一承诺，他们在次年即 1389 年，宣布埃里克成为挪威的国王，而直到他成年之前，他都会在玛格丽特的监护下执政。

这位雄心勃勃的女王把注意力转移到了瑞典，在那里，她对梅克伦堡的阿尔布雷希特（Albrecht of Mecklenburg）有一种强烈的敌意。阿尔布雷希特与挪威王室有一点血缘关系，但坚信自己是最靠近挪威王位的继承人。他对玛格丽特充满了敌意，并且从未提过她的真名，只称呼她为"无屁股女王"这个赫赫有名的绰号。然而，这种无害的攻击没有对玛格丽特产生任何影响，阿尔布雷希特决定大胆地宣称自己为丹麦和挪威的国王，并准备强制推行他的主张。当阿尔布雷希特以为瑞典人会支持自己的时候,他失算了。实际上,瑞典贵族拥有比国王更大的权力,他们长期以来一直对阿尔布雷希特不满,因为他的周围都是德国人,并且经常给他们封地以及荣誉。瑞典贵族们一直希望找到机会以摆脱他,所以当玛格丽特向他们提出建议时,瑞典贵族们果断抓住了这个能帮助他们达到目的的机会。1389年2月,阿尔布雷希特不得不面对瑞典、丹麦和挪威的三国联军。

这场在维斯特哥特兰的法尔雪平(Falköping)进行的战役取得了巨大的成果。不熟悉该地区的阿尔布雷希特率领重型骑兵向一个沼泽地冲锋,不幸摔倒被俘。玛格丽特控制了他,并让他为当初侮辱自己的事情付出了代价。他原本该戴着王冠的头上戴了一顶足足有28英尺[①]长的傻帽子,玛格丽特无情地嘲讽了阿尔布雷希特,然后将他关押在斯卡内(Skaane)的林德霍姆(Lindholm)城堡长达6年。

在法尔雪平战役后,玛格丽特的军队在南部各省没有遇到任何阻力,但是围攻斯德哥尔摩却迟迟没有取胜。一群被称为维塔利兄弟(Vitalie Brethren)的海盗,为斯德哥尔摩的市民提供了物资,从而推迟了他们的投降。这些海盗暂时与梅克伦堡的两个城市罗斯托克和维斯马结盟,他们对被监禁的阿尔布雷希特表示同情。最终斯德哥尔摩被迫向玛格丽特女王敞开了大门,并于1395年达成了协议。阿尔布雷希特需要支付60000马克的赎金,如果他未能在3年内交上这笔款项,那么摆在他面前的只有两条路:返回监狱或是交出斯德哥尔摩,他选择了后者。

如今玛格丽特达到了她想要完成的目标,她成为整个斯堪的纳

[①] 英美制长度单位,1英尺合0.3048米。

维亚种族的统治者。她本可以将三项王冠戴在头上，但她却将这个荣誉赐予她的侄孙——波美拉尼亚的埃里克（Erik of Pomerania），她希望侄孙在她还活着的时候加冕称王。为此，她召集三国代表参加在卡尔马举行的会议，在那里为宪法拟立草案，联盟也是以此为基础建立的。尽管该文件是由出席会议的挪威、瑞典和丹麦的巨头签署的，但这对他们的同胞来说几乎没有任何法律约束力。签订的日期为1397年7月20日，文件包含以下规定：

1. 这三个王国将永远由一个国王统治。

2. 如果国王没有留下任何遗嘱就去世了，三个国家的人应该一起和平地选举继任者。

3. 每个王国都应该按照自己的法律和习俗进行管理；但是如果其中一个王国受到攻击，那么另外两个王国应该予以帮助。

4. 三国的各个国王和他的议员应该有权和他国联盟，并且无论他们达成什么协议都对这三个国家具有法律效力。

这就是著名的"卡尔马联盟"，这本可以是兄弟王国的一种祝福，但对其中两个王国来说却成了一种诅咒。这三个国家非常相似，他们不需要努力就能理解彼此的语言，因为这些语言仅仅只是对同一种原始语言进行些许轻微的修改。如果之前三国间的相互残杀可以转化成互相帮助和实现共同目标，那么斯堪的纳维亚王国的繁荣和力量必将上升，并将在欧洲列强中赢得一席之地。只需要一个明智而不失远见的政策，三国的社会便可以逐步合并，增强其相似性和共同利益，他们的差异也会逐渐消失。如果联盟的国王对于他们的历史使命有深刻的认识，并且认识到自己除丹麦人以外的另一个政治身份，那么三国的联盟很可能就会实现了。但遗憾的是，除了一位国王以外，其他两位贵族统治者都缺乏能力和政治远见。

图 60　玛格丽特女王

　　丹麦官员们决心将丹麦提升为主导国，并将挪威和瑞典降为省级，由此挑起了这次争端。他们派遣一支由丹麦和德国贵族组成的军队来掠夺后两国，似乎将其视为被征服的领地。瑞典人抱怨他们被迫缴纳税款，以支付丹麦进行战争所需的费用，强烈谴责丹麦人像罗马人一样掠夺他们。

　　挪威人最初很有耐心，其主要原因是他们缺少代言人，他们剩余的古老贵族太过软弱，无法对抗丹麦人，并且也觉得玛格丽特女王的统治不是难以忍受的。1412 年，玛格丽特女王在弗伦斯堡逝世，享年 59 岁。玛格丽特辽阔的疆土留在了埃里克软弱的双手中。

　　埃里克从玛格丽特那里延续了与斯莱斯维克公爵的战争，这场战争前后持续了 25 年，耗尽了王国内的资源，完全暴露了他执政的无能。瑞典人一直抱怨战争所需的税收，并在恩格尔布雷克特·恩格尔布雷克特松（Engelbrekt Engelbrektsson）的领导下进行反叛。丹麦长官约瑟·埃里克森（Jösse Eriksson）对达拉内的农民犯下了十恶不赦的罪行，他把农民耕地的马和牛都抢走，将孕妇绑在干草堆上，并残忍地打击任何反对他们的人。恩格尔布雷克特两次前往丹麦，要求国王将这个犯下重罪的人撤职，第一次他被承诺打发走了，而第二次直接被拒绝了。于是他成了叛乱分子的首领，而这场叛乱从达拉内开始蔓延至整个王国。在1436年的挪威，阿蒙德·西居尔松·博尔特（Amund Sigurdsson Bolt）发起了一场类似的反抗，虽然规模很大，但他一开始就在尝试将丹麦长官们绳之以法。

在1438年，国王看到了他给予造反者自由的后果，在厌倦了永无止境的抱怨后，他带着所有剩余的财富，来到了哥特兰岛的一座防御城堡里。他在丹麦和瑞典被正式废黜，而在挪威，西格德·琼森（Sigurd Jonsson）则继续以他的名义执政。然而，当人们普遍得知国王已成为海盗时，挪威人于1442年不再对国王忠诚了。数十年来，埃里克一直住在哥特兰岛的城堡里，通过当海盗来维持生计，但最终还是逃不掉被驱逐的命运。之后他回到了波美拉尼亚，并于1459年去世。

在这位昏庸国王执政期间，卑尔根市两次被掠夺，部分地区被维塔利兄弟焚烧，他们杀害市民，掠夺教堂和主教的住所，并带走了许多战利品。

由于他们种族特有的那种坚定、忠诚的信念，即使在埃里克放弃了王位之后，挪威人还是一直坚持。然而，他们别无选择，只能承认他的继任者——埃里克的侄子：巴伐利亚的克里斯托弗（Christopher of Bavaria），此人已经被丹麦和瑞典宣布为国王。而在瑞典，恩格尔布雷克特被谋杀后，查理·克努特松（Charles Knutsson）成了叛乱的领导者；后来他代替国王执政，一味徒劳地想要努力击溃联盟。牧师们与克里斯托弗站在了同一战线上，并帮助他参加选举。

克里斯托弗是一个乐观且心地善良的人，但他并不擅长处理国家要事。当瑞典人抱怨埃里克的海盗行为时，他幽默地回答："我们的叔叔坐在岩石上，他也得谋生啊。"

不过，就挪威而言，他的好心应该得到认可。尽管这个做法是徒劳的，但是他却通过给阿姆斯特丹公民平等的权利来尝试剥夺汉萨联盟对贸易的垄断权。由于荷兰人在其他市场的成功竞争，同盟已经失去了昔日的雄风。如果克里斯托弗依然健在的话，那就很难说清楚结局了。1448年，在克里斯托弗32岁的时候，死神带走了他。

第三十四章
与丹麦的联盟

有人说，在与丹麦联盟的漫长时光里挪威的历史是失落的，但这句话只能说对了一半。即使被压迫并被剥夺政治权利，这个远离纷争的国度仍然从剥削者那痛苦与屈辱的魔爪中脱离了出来。

丹麦贵族如同饿狼一般榨取民脂民膏，但即使如此，他们也没能将挪威的农民阶层变为丹麦体制下的农奴。在丹麦语里，Vorncdskab仅仅是农奴的别称而已。拥有土地的贵族们变着法子愚弄和压迫下层的民众：即使法律规定不能随意杀死他们，但买卖还是完全自由的。

丹麦作为一个非君主继承制的王国，拥有贵族选举的制度。贵族们利用各种机会提升自己的权力，直到强大到被众人认可为国王。这个被国王许可的合约在贵族手中成为压榨中下层民众的可怕工具：贵族完全控制了王室议会。王室议会从其成立，从属于君主到逐渐与国王平起平坐，再到最后演变为凌驾于王权之上的绝对权威。当事情演变到这一步时，国王意识到自己急需借助外部力量抗衡膨胀的王室议会，于是在挪威境内寻找这股力量。

在这片土地上，选举不过是国王传位之前的礼节而已。即使国王对民众的生死不闻不问，民众对国王的错误仍然抱有宽容的态度，并把责任归咎到议员们头上。但是作为统治者，相比对丹麦民众的态度，奥尔登堡家族的国王对挪威民众的怨言是会及时作出反应的。主要在于：挪威人的忠诚对王室至关重要，而且他们时刻准备着当自己的要求不能被满足时揭竿而起。挪威人知道自己的权利是什么，当外籍官员屡屡打破他们的底线时，战争的响箭就会在农场之间穿梭；到那时，国王面对的就将是武装起义了。嚣张的治安官们总喜欢把挪威人归为听话、忍让的丹麦兄弟的同类，而等待他们的下场是被无情地殴打、致残甚至击杀。政府常常对不愿屈服的起义军作出让步：不合民心的法律会被废除，压迫民众的课税被终止，下届地方政府的改进提案也会起草出来。

但是，即使有这些闪光的瞬间，丹麦统治下的挪威仍然惨不忍睹。国家的收入被挥霍在哥本哈根（丹麦首都），挪威民众的重税也被外籍治安官中饱私囊。丹麦贵族通过联姻打入挪威的内部，并利用哥本哈根政府的腐败与阴谋，获得在挪威为所欲为的特权。巨大的财富被聚集到了少数人的手里：像文森特·伦格（Vincent Lunge）、哈特维格·克鲁梅迪克（Hartvig Krummedike），还有汉尼拔·塞赫斯特德（Hannibal Sehested）。议会被大肆贿赂，从而对这些明目张胆的土地掠夺计划视而不见。为社会谋福利的积极思想已经被上一届独裁的国王摧残，而所剩不多的那一点如今也消失殆尽。1573年，挪威被划归为丹麦的一个省，民众无动于衷。就算是彻底失去独立与自由，这个国家也激不起一丝波澜了。变化慢慢地发生，大家也没什么反应。那些曾经为了自身权利揭竿而起杀害地方官员的民众，如今听说自己国家的覆灭，什么都没有做。有人推测，这是因为人们是在几年里陆续得知消息的，而不是短时期内全部知晓。在当时不完美的沟通方式下，这种猜想是很有可能的。

在接下来的内容里，本书将不会讨论与挪威无直接关联的丹麦

第三十四章 与丹麦的联盟

历史,只会专注于讨论社会的主要趋势。因此,有关联盟的章节会相对简短。

巴伐利亚的克里斯托弗(Christopher of Bavaria)之死为瑞典的独立提供了机会。对丹麦的共同仇恨使瑞典社会对立的各个阶层抛下了他们的分歧,联合选举了瑞典的平民国王查理·克努特松(Charles Knutsson)。挪威人也选出了议会贵族的候选人西格德·琼森(Sigurd Jonsson)——哈康(Haakon Longlegs)的女儿艾格尼丝(Agnes)的后人,但挪威人并没有坚定地支持这个候选人。其中,有一股势力支持查理·克努特松,而另一股势力偏爱奥登堡家族的克里斯蒂安伯爵(Counts Christian),其刚刚在丹麦选举成功。后者有丹麦贵族的支持,手握重权且势力庞大,看起来胜券在握。克里斯蒂安一世(1450—1481)在1450年夏天来到挪威,并在特隆大教堂加冕。在卑尔根摄政会议上,众议员决定在名义上继续让挪威和丹麦由同一个国王统治,但两个国家必须都能享有自由,并且相互平等;在内政方面,挪威将遵从自己的法律,并由本土的执政官管理。

克里斯蒂安一世还是无法放弃建立"卡尔马联盟"的念头,于是他又和查理·克努特松打了几年的仗。1452年,后者侵略了挪威并拿下了特隆赫姆,但卑尔根的指挥官奥拉夫·尼尔松男爵(Sir Olaf Nilsson)又把他打回到了边境线。很快,1457年,瑞典内部的矛盾让克里斯蒂安一世得以击败查理并彻底把他从挪威赶出去;到1458年,三个国家再次合并了。克里斯蒂安一世的强取豪夺与背信弃义很快让他被所有人所憎恶。随着起义的爆发,查理被召回。虽然他没有立刻控制住局势,但他至少做到了让丹麦人待在海湾不敢进犯。1470年,查理以瑞典国王的身份去世。克里斯蒂安一世次年再次进攻瑞典,但在斯德哥尔摩附近的布伦克堡(Brunkeberg)

被摄政王大斯蒂恩·斯图雷（Steen Sture the Elder）打败。

图 61　克里斯蒂安一世
作者：雷克斯·丹尼

在挪威，克里斯蒂安一世又一次违背了自己的承诺。他没有选拔本土的政府官员，而是让丹麦的贵族上台，并容忍他们肆意劫掠财富。日耳曼商人对待挪威市民也越发无礼，他们把市民在码头上赶来赶去，就像对待奴隶一样。即便如此，克里斯蒂安一世还是不敢管制他们，因为担心汉萨同盟插手他与瑞典的战争，对他不利。即使当他们杀了奥拉夫·尼尔松男爵、他的朋友托尔雷夫主教（Bishop Thorleif）和其他 60 位市民，又烧毁了蒙克利夫（Munkeliv）的修道院时，国王都没敢惩罚他们。

克里斯蒂安一世与苏格兰的詹姆斯三世（James III）所达成的交易很能体现丹麦国王们对挪威的看法。前者安排自己的女儿玛格丽特与后者结婚，嫁妆需要 6 万荷兰盾。由于丹麦国王拿不出这么多钱，于是延缓了苏格兰向赫布里底上供的日期，然后从奥克尼征

第三十四章　与丹麦的联盟

收 5 万荷兰盾，再从设得兰群岛征收剩下的部分。挪威就这样失去了长久以来的靠山，因为这些钱肯定是回不来的。

克里斯蒂安一世死后，他的儿子汉斯［Hans，又名约翰（Johannes），1483—1513］继承了王位。挪威人已经了解了丹麦糟糕的治理，于是展开了革命，但遗憾的是革命不久就失败了。丹麦的权贵通过和挪威女人通婚获得了挪威籍身份，如今已经在摄政议会拥有重要地位，并能够制衡国王。1497 年，汉斯终于击败了斯蒂恩·斯图雷的军队，并击溃了瑞典最后的抵抗，成为国王。然而 3 年后，他在迪特马尔申（Ditmarschen）被当地人挖开沟渠水淹七军，吃了场大败仗。4000 名挪威士兵被杀死或淹死，大量的财宝都随之流失。这场战役也是导致瑞典和挪威民众新一波起义的征兆。挪威的骑士克努特·阿尔夫松（Knut Alfsson）拥有王室血统，他和瑞典人结盟并在维斯特哥特兰击败了国王的儿子克里斯蒂安公爵。紧接着，他继续进攻通斯堡和阿克什胡斯两大堡垒，但在阿克什胡斯被亨里克·克鲁梅迪克（Henrik Krummedike）所率领的丹麦军队围困。眼看拿下城堡十分困难，丹麦的上将便假装邀请克努特和谈，最后残忍地杀死了他，并把他的尸体扔到了水里。邪恶的国王竟然默许了这次谋杀，因为他非但没有处罚亨里克，反而给予了他荣耀，并宣布死者的财产全部充公。

挪威人再一次想要推翻丹麦的统治，这一次领导他们的是一名叫作赫鲁夫·海特法德（Herluf Hyttefad）的农民。然而，由于当时挪威的本土和外族势力严重分裂，他们没有足够的资源发动一次成功的起义。克里斯蒂安公爵带领一支丹麦部队很快把它镇压了下去，然后杀死了他们的首领；可这还不够，因为他是一个喜欢走极端的人。为了一劳永逸地熄灭挪威反抗的火种，他又杀死了许多挪威大族的后代，直到他认为已经没有人再敢反抗为止。

瑞典的起义则幸运许多。1503年，在大斯蒂恩·斯图雷死后，他们选举斯万特·尼尔松·斯图雷作为摄政王，并准备让他的儿子小斯蒂恩·斯图雷继承他的位置。这几个人勇敢且热爱祖国，又有治理国家的智慧和精力，所以让瑞典在汉斯国王余下的时间里免受丹麦的迫害。

克里斯蒂安二世（1513—1523年在位，1599年去世）一上任就被迫颁布新的宪章，几乎把自己所有的权力送给了贵族。这个时候的贵族势力已经过于强大，以至于任何削减贵族统治的措施都不适合。他们充满了征服欲望。不论民众做些什么，他们总想插上一手，商业贸易和工业都不被鼓励，除非中产阶级能够获得力量，在社会中有一席之地。可怜的平民百姓本来就被男爵们玩弄于股掌之上，克里斯蒂安二世新定的"人头权制度"更是让他们进一步失去了尊严。这项条例规定允许贵族不经过法庭就可以随意惩罚平民。国王实际上也感受到了羞辱，于是他准备扩充力量，与这些贵族誓死一战。他通过和全欧洲最富有的公主，即日耳曼统治者查理五世（Charles V）的姐妹伊萨贝拉结婚，巩固了同外国的同盟关系。为了有十足的把握击垮对手，他认为自己必须获得瑞典的王位。1520年，他在博格松德（Bogesund）击败了小斯蒂恩·斯图雷的军队并杀死了他。后者的劲敌，大主教古斯塔夫斯·特罗勒（Gustavus Trolle）和克里斯蒂安二世私下交情甚好，加冕他为瑞典国王。大主教认为现在是向敌人报仇的好机会，于是唆使克里斯蒂安二世替他处死了50个显赫的瑞典人，其中包括两个主教、三个摄政议员会成员，以及许多勇敢的市民。

这就是臭名昭著的斯德哥尔摩大屠杀。克里斯蒂安二世以为瑞典人再也不敢反抗，于是安心地回到了丹麦，但他没有料到的是，被捕的年轻贵族古斯塔夫斯·埃里克森·瓦萨（Gustavus Eriksson

Wasa)从监狱中逃了出来,成为瑞典的救星,古斯塔夫斯的父亲在这场屠杀中被砍头。对邪恶国王的憎恶让瑞典各地握有兵权的人合成一处,他们不断地击败丹麦军队。古斯塔夫斯就这样先成为瑞典的摄政王,最后在1523年成为了瑞典国王。从这一刻起,丹麦在瑞典的势力走到了尽头。

国外的失败让克里斯蒂安二世在国内也失去了地位。过度的自信和鲁莽让他犯了错误,从而给敌人以可乘之机。他推行的改革本来对国家有利,但他总是过于自信而没有成功。他还颁布了废除农奴制的法令,刺激工商业,并真诚地希望由此获得中产阶级和农民的支持。可长期的镇压让民众变得被动:他们的支持更像是被迫的,而不是心甘情愿;如果没有积极的领袖,他们已经无法自己形成任何力量。同时,上层阶级太强大了。克里斯蒂安二世因为信仰路德教,在教会里新招募了许多牧师,其数量可以和他的敌人相匹敌,他在荷兰的贸易中占了上风,但是这也激怒了汉萨同盟。他的叔叔荷尔斯泰因的弗雷德里克公爵(Duke Frederick of Holstein)利用了他的错误。弗雷德里克公爵给了贵族们丰厚的承诺,然后和汉萨同盟结盟,与他的侄子开始了一场战争。克里斯蒂安二世立即召集有权势的豪强在维堡见面,但那些来自日德兰的旺族害怕斯德哥尔摩大屠杀的悲剧重演,便联名写信拒绝了联盟的请求。最终,克里斯蒂安二世失去了勇气。他没有再尝试召集平民,而是在1523年携带财产逃到了荷兰。

就这样,弗雷德里克公爵以弗雷德里克一世(Frederick I, 1524—1533)的名义登上了王位。在丹麦贵族文森特·隆格(Vincentz Lunge)的帮助下,他成功得到了挪威。文森特男爵是一个受过良好教育,但贪婪且不修边幅的人,他娶了挪威骑士尼尔斯·亨里克松男爵(Sir Nils Henriksson)的女儿。他的岳母英格尔·奥斯特达特（Inger Ottesdatter）有着王族的血统。这位杰出的女性常被称作奥斯特拉特堡的英格尔小姐（Mistress Inger of Oestraat），她在她的时代扮演了相当关键的角色，但遗憾的是，她将全部的精力和时间奉献给了压迫者。她的一个女儿嫁给了丹麦贵族埃里克·乌格鲁普（Erik Ugerup），另一个女儿嫁给了尼尔斯·吕克（Nils Lykke），第四个女儿则出于野心嫁给了瑞典的一个冒名顶替者，他谎称自己是斯蒂恩·斯图雷的儿子。

当时，路德教开始在瑞典和丹麦盛行，国王和许多贵族也都接受了它。而挪威则没有受到新教的影响，人们还是信奉天主教。克里斯蒂安二世觉得这是夺回王位的好机会。他先前非常喜爱路德教，但他现在却自立为旧信仰的传播者。1531年，他带兵来到挪威，一路上收获了很多支持者。然而他的无能和鲁莽再一次让他吃了亏。在需要勇气与决心的关键时刻，天主教徒们像往常一样都变成了胆小鬼。当他进攻阿克什胡斯堡垒的时候，吕贝克人前来解围，丹麦也在克努特·吉尔登斯特耶尔内（Knut Gyldenstjerne）的指挥下派出了军队，这让他立刻失去了信心，然后在保护下来到丹麦与叔叔讲和。结果，他一到丹麦就被无情地送进了监狱。弗雷德里克一世不顾他的任何请求，将他关押至死（1559年）。

从弗雷德里克一世去世到新的继任者上台有一个四年的过渡期（1533—1537）。宗教问题使丹麦分裂成了两个阵营。弗雷德里克国王的长子克里斯蒂安热衷于新教，次子汉斯从小受到天主教的熏陶。因此，贵族倾向于前者，神职人员倾向于后者，而下层阶级则希望恢复克里斯蒂安二世的王位。在挪威也有两个阵营，一个由文森特·隆格领导，扶持克里斯蒂安公爵；另一个属于天主教，也等着把克里斯蒂安从监狱里救出来。这时，吕贝克的将军、奥登堡的克里斯托弗伯爵率兵进攻丹麦，为平民们提供了一个向压迫者复仇

第三十四章 与丹麦的联盟

的机会。他们纷纷加入，伯爵的力量得到了加强：城堡一个接一个被攻破，贵族们一个接一个被杀死，恶劣的暴行也接踵而至。内战把丹麦搞得混乱不堪，于是对立的两个阵营最终选择放下矛盾，共同选举克里斯蒂安三世上台（1537—1559）。在瑞典国王古斯塔夫斯（Gustavus）的帮助下，他成功击败并杀死了克里斯托弗伯爵。这场战斗也被叫作"伯爵之怒"（Count's Feud）。挪威人认为瑞典没有征求他们的意见就选举了克里斯蒂安三世，所以一直都不认可这个国王，可当克里斯托弗伯爵被斩首时，让克里斯蒂安二世回来应该是没有指望了。于是，他们决定扶持他法律上的儿子——巴拉丁·弗雷德里克伯爵（Count Palatine Frederick），此人背后也有日耳曼统治者支持。在丹麦，贵族们受文森特·隆格领导，很自然地支持克里斯蒂安三世；而大主教奥拉夫·恩格尔布雷克特松（Olaf Engelbrektsson）是反动派的领袖。在卑尔根的一次会议中，人们见到丹麦豪强非常生气，于是当场攻击了他们并杀死了隆格男爵，其他的大部分被囚禁或被虐待。如果巴拉丁这个时候来到挪威并协助他的盟友，那么他或许还有可能成功。不幸的是，这个时候他没有资金了，而且日耳曼的君主也没有及时地帮助他。大主教见状也只得选择帮助克里斯蒂安三世，前提是后者必须同意尊重祖先的遗愿。虽然这位丹麦国王答应了这项要求，但他并没有打算执行。1537年，他带领军队来到挪威，虽然一路上人们对他们没有任何敌意，但他还是认为既然已经拿下了这个国家，那么就可以肆意妄为。他取消了挪威的摄政议会，并让丹麦的一个总督和一个大臣来接管这个国家。就这样，挪威失去了最后的独立，彻底成为丹麦的一个省。

大主教奥拉夫没等国王回来，就带着教堂的财宝逃到了哈兰。最后，他在流亡生活中去世了。

第三十五章
挪威作为丹麦的一个省

在克里斯蒂安三世的统治下，路德会的信仰被传到丹麦，然后便很自然地来到了挪威。丹麦就此颁布了新的教会法，也适用于各省。曾属于教会的地产都被国王充公，然后分配给了贵族。事实上，丹麦人在挪威所表现出来的宗教热情也只能在掠夺教堂与修道院的行为中展现出来。天主教的主教全部被撤教职，但许多牧师得以保留原来的职位，因为贵族在路德教里人数不多。改变就这样渐渐产生了，挪威各地的农民也开始对他们不满。许多教区下的行政区本就没有获得良好的教育，再加上被派往挪威的路德教牧师都是在丹麦找不到教职的低等牧师，挪威的宗教教育就更差了。令人难以置信的是，那些无法维持生计的退伍军人、退休水手、破产商人以及各种流浪汉竟然在挪威被视为合格的传教者。他们没有受到过任何传教训练，甚至还有一些人连字都不识几个。因此，当地居民对他们不满也就理所当然了。这些牧师有些被放逐，有些被暴打，也有些甚至被杀死。如此一来，双方的关系恶化开始萌芽。牧师们要想待在挪威，最好的办法就是通过武力：他们身强力壮，在肉体上惩罚那些反动的居民，就可以杀一儆百，让其他人都服从他的教义。这其中最著名的要数驻扎在卑尔根的牧师吉布勒·彼得松

(Gjeble Pedersson），因为他的努力，让当地的新教牧师皈依路德教。就这样，丹麦语成了挪威教堂的官方语言；直到今天，所有想要在文化上影响挪威的人都必须讲丹麦语。

丹麦贵族在克里斯蒂安三世执政时期所犯下的罪恶可谓是罄竹难书。这是挪威历史上最黑暗的时期，而就民众而言，也很有可能是丹麦历史上最黑暗的时期。贵族势力在这一时期上升到了空前的水平，以至于国王都只能沦落为他们压迫民众的工具。汉萨同盟自吕贝克在伯爵之怒一战中失利后就再也没有恢复之前的力量。丹麦的贵族克里斯托弗·瓦尔肯多夫（Christopher Valkendorf）是卑尔根的市长（挪威语 Lensherre），他成功地打破了德国渔业的垄断地位，让当地的渔民得以在这个产业中竞争。

图 62 摔跤

巴亚德·泰勒在著作《拉尔斯》中提到，摔跤是挪威时下解决冲突最流行的方式

挪威的故事

克里斯蒂安三世死后,他的儿子弗雷德里克二世(Frederick II,1159—1588)继位。他是一个软弱的人,又因为酗酒而短命。他为能在丹麦衣服上绣瑞典的国徽"三王冠"而同瑞典打了一场劳民伤财的仗,战争持续了很长时间才结束。虽然挪威民众心里是向着瑞典人的,但地方的入侵部队让他们损失惨重,而瑞典人认为挪威只不过是丹麦的一个省,决定破坏挪威来挫败丹麦人的锐气。于是,他们烧毁了哈玛尔大教堂(cathedral of Hamar),破坏了富饶的阿克尔城(Aker),并占领了特隆海姆。丹麦人为了不让瑞典人再得到奥斯陆,便放火烧毁了它。

丹麦执政者路德维希(Ludwig)和埃里克·蒙克(Erik Munk)以残忍和狡诈而出名,这让农民们多次向国王提出抗议,并威胁起义。最后,埃里克·蒙克被勒令交出非法获取的税收,并归还从农民手中抢来的所有东西。最后,他在监狱中自杀了。

弗雷德里克斯坦(Frederickstad)是在古老的萨尔普斯堡被烧毁后不得不重建的一座城市,它的名称就来源于弗雷德里克二世。

图 63 北角

下一任国王是克里斯蒂安四世(1588—1648)。他没有遗传父亲的软弱,而且还具有许多优秀的品质。他非常想扩大自己的权

第三十五章 挪威作为丹麦的一个省

势,但总是受到傲慢贵族的阻碍。有一点值得注意的就是他对挪威人特别好。与之前的几任国王不同的是,他经常造访挪威,有一次甚至还去了北极圈。他耐心地询问挪威民众的生活状况,并严厉惩罚那些越权的丹麦执法者。由于语言环境的改变,之前马格努斯修改的法律很难被理解,于是他废除了这项法律,并修订了新的挪威法,其中的一部分至今仍在被使用。此外,宗教法根据挪威的状况进行了修改。挪威如今的首都克里斯钦尼亚(奥斯陆的旧称)以及克里斯蒂安桑(Christiansand)都是他所建立的城市。在同一时期,人们在康斯堡(Kongsberg)发现了白银,在罗拉斯(Röraas)发现了铜,这为挪威的工业发展打下了基础,也让这两个小城镇得以发展。

克里斯蒂安四世以善良、热爱正义以及关心民众的品质赢得了挪威人的爱戴,这是奥登堡的国王从未做到的事。有时,他会参与平民的婚礼,并为新娘而举杯;有时,他会在卑尔根的码头上观看比赛;还有一次,他前往一场派对,宾客们高兴得把窗户都砸碎了。他为人细心,凡事都逃不过他的眼睛;他还有一个聪敏的头脑,让他能够将观察付诸行动。此外,他对经济问题很感兴趣,只要是能够提高效率的细节他都不会放过。他每天都会随身携带尺规和量角器,随时检查木匠、石匠和建筑师们的工作。

让克里斯蒂安四世苦恼的主要有三场战争,其中两场都与挪威有关。第一场是1611—1613年著名的卡尔马战争(Kalmar War)①,其间伴随着瑞典国王雇佣苏格兰军队的几次入侵。1612年,苏格兰军队一到克林根堡(Kringen)就遭到了挪威农民的伏击,并失去了

---

① 原作写的是1511—1613年,但实际年份是1611—1613年。这很可能是作者的笔误。

/ 313 /

挪威的故事

他们的指挥官辛克莱上校（Colonel Sinclair）。据说，900 名雇佣军没有一个活着逃出来的；而在另一边的松德摩雷，莫尼克霍芬上校（Colonel Mönnikhofen）带着 800 名荷兰雇佣军烧杀掳掠了一番。战争的起因是瑞典国王查理九世（Charles IX）狂妄地宣称自己是拉普斯之王（King of the Lapps）①，想要得到挪威的芬马克郡。然而，查理本人在战争中死去，而他的儿子古斯塔夫斯·阿道弗斯（Gustavus Adolphus）却放弃了他父亲所争取的名号与土地，在科纳罗德（Knaeröd）议和。

在 30 年的战争中，克里斯蒂安四世与被压迫的德国新教徒站在一边，这让他没能获得任何荣耀。当他在德国的卢特尔（Lutter and Barenberge）输给提利（Tilly）后，敌人的军队占领了里斯维克和日德兰。1629 年，克里斯蒂安在吕贝克的和谈中不得不承诺今后不再干涉德国政治；自从这次挫败以后，他却不得不警惕瑞典人在德国的动向，很自然地决定阻止他们的行动。因此，自古斯塔夫斯·阿道弗斯死后，瑞典的权臣和贵族也发现丹麦国王迟早要复仇，于是又重燃了战火。克里斯蒂安还没意识到敌人已经揣测到了自己的想法，就被敌军偷袭了。1643 年，托尔斯腾松将军（General Torstenson）跨过南方的边境线入侵了里斯维克的荷尔斯泰因（Holstein），紧接着就进入了日德兰。丹麦人虽然顽强地打了两场海战，但很快招架不住了。1647 年，丹麦又在布罗姆塞布罗（Brömsebro）签订合约，而这一次，挪威却要为丹麦的软弱与失策买单。耶姆特兰和赫尔杰达勒（Herjedale）这两个非常重要的挪威郡市以及当时由丹麦掌管的哥特兰岛，都被割让给了瑞典。

挪威人将这场战争叫作"汉尼拔之仇"（Hannibal's Feud），

---

① 拉普斯人是在挪威和瑞典占大多数的一个人种。

这源自汉尼拔·塞赫斯泰德（Hannibal Sehested）。此人是国王的女婿，在勇敢的牧师克杰尔德·斯图布（Kjeld Stub）的帮助下，他守住了前线的城池。

克里斯蒂安四世死后，贵族的势力远远超过了国王。人们可能会觉得，这个时候贵族应该满足于现状，不会再从克里斯蒂安四世的儿子弗雷德里克三世（Frederick III，1648—1670）那里把国王仅存的一点儿权力也夺走，可贵族比他们想的要贪婪得多。他们胁迫弗雷德里克三世签订历任国王以来最屈辱的条约。如果他默许了这条协议，那么他就会成为一个纯粹的傀儡国王。然而，贵族们的傲慢与贪婪成了最终导致他们衰落的原因。贵族议会是真正决定国家运转的政治机关，他们冒失地决定要攻打瑞典，理由竟是他们从谣言中得知瑞典国王查理十世（Charles X, Gustavus）在波兰刚刚遭遇惨败。这个谣言很快就不攻自破，查理十世在很短的时间内拿下了日德兰和菲英岛（Funen），并威胁要攻打哥本哈根。丹麦对此毫无办法，于是只好于1658年在罗斯基勒（Roskilde）通过割让斯卡恩、哈兰、布莱金厄、博恩霍尔姆岛（Bornholm）以及瑞典的维肯和特隆赫姆来换取和平。而在挪威，比尔耶克将军取得了唯一的一场胜仗，并拿下了耶姆特兰。查理十世即使已经取得了如此多的好处，但还是有些后悔没有彻底摧毁丹麦。于是，他并没有立刻回国，而是留在了丹麦。可这一次他却在尼堡（Nyborg）和哥本哈根被两次击败，因为畏惧他的荷兰人和奥地利人也加入了这场战斗。同时，在特伦德拉格郡和博恩霍尔姆的挪威人也成功地赶走了瑞典侵略者。1660年，查理十世只好宣布放弃这几个地区，不过他征服的其他地区还是归他所有。

挪威的故事

图64　丹麦与挪威的国王弗雷德里克三世

很明显，贵族议会应该为丹麦这一次的灾难负责，可他们还是不愿把从农民那里剥削来的财产还给他们，而是继续把承担战争损失的重任推给民众。就这样，农民们被逼到了忍无可忍的地步，以至于随便吹一口气都可能会点燃烈焰。国家所欠下的债务只好通过增加税收来偿还。于是，国王请一位法官在哥本哈根会面，同时让牧师和商人的代表来共商大计。这些人成为国王对抗贵族的同盟，虽然贵族们一开始因为害怕没敢做出实质性的抵抗；最后，哥本哈根的市民把城门锁起来，逼迫他们做出决定。自此以后，决定让丹麦成为君主世袭制国家，并废除贵族议会；所有封地都被收回，王室采取新的管理制度，并下派直接对王室负责的官员。最后，大家一致决定修订一套新的宪法，而他们很不明智地让国王来主持这件事。弗雷德里克三世见权力都回到了自己的手里，于是决定不立宪法。最终，他推行的王室法仅仅是为了稳固自己的地位，而不是制约权力。就这样，从1660年开始，丹麦进入了纯粹而绝对的君主专

第三十五章 挪威作为丹麦的一个省

制。这只不过是从煎锅跳到了火坑里而已,但总的来说,一个君主好过有许多君主。

同样,挪威也开始发展君主专制,并且提升了国家的治理能力。虽然贵族手中还拥有众多的资金来源,但国王拥有高于他们的绝对权力。他将封地改成了县,并让能够为民众谋求福祉的王室官员做它们的管理者。此外,平民们也有机会通过为国家服役来提升自己的社会地位,其中最杰出的要数海军英雄科特·阿德尔(Kort Adeler)。他在威尼斯和荷兰英勇地抗击了土耳其人,于是被丹麦海军提拔为上将。自此以后,海军的作战能力大幅提升。

虽然弗雷德里克三世只去过挪威一次,但是弗雷德里克沙尔德(Frederickshald)却是以他的名字命名的。

虽然贵族的资金收入因为封地的撤回大大减少,但弗雷德里克三世的儿子克里斯蒂安五世(Christian V, 1670—1699)却成了另一个吸金的主。此人总是把钱花在昂贵的娱乐上,并以奢侈的法国国王路易十四(Louis XIV)为楷模,甚至希望超越他。接着,为了继续打压还有一定实力的丹麦贵族,克里斯蒂安五世建立了一个只有伯爵和男爵的法庭,参与者大多来自德国。就这样,德语成了法庭上的官方语言,许多土地与高收入职位都给了优秀的德国人。为了获得能够建造像凡尔赛府邸那样尊贵的建筑的资金,他还把自己的附属军队派到国外做雇佣军。他有一位精明的军师名叫格里芬菲尔德(Griffenfeld),此人是贫苦出身,不过他很快又要重新面对那悲惨的命运了。他的敌人让多变的国王对他起了疑心,并最终下令杀死他。在他即将上断头台时,被改判为无期徒刑。对此他喊道:"您的仁慈真是比死亡还要残忍啊!"临近死亡的最后一刻,他被释放了。

克里斯蒂安五世为挪威颁布了新的法律,该律法还有一部分尚未生效。他又发动了一场进攻瑞典的战争，但最终徒劳无功，白白牺牲了许多人。

弗雷德里克四世（Frederick IV，1699—1730）像他父亲那样通过继承登上了王位，但他的行事作风并不像他父亲。他是一个聪明但粗心的人，他吝啬、勤奋又无情。基于和荷尔斯泰因公爵的世仇，他和此人的内兄瑞典国王查理十二世（Chars XII）打了一仗，双方于1700年在特拉芬达尔（Travendal）议和。1709年，查理十二世在俄罗斯的普尔塔瓦（Pultaa）战役中败北，弗雷德里克四世趁机与俄罗斯、波兰结盟，发动了北方大战（Great Northern War，1709—1720）。1710年，一支16000人的丹麦军队入侵了斯卡恩，但被瑞典将军马格努斯·斯滕博克（Magnus Stenbock）的军队击败；在克耶湾的海战中，挪威的伊瓦尔·维特费尔特（Ivar Hvitfeldt）指挥"丹纳布罗格号"（Dannebrog），重创了瑞典舰队，然而，他的战船着了火。他本可以通过迅速靠岸来逃生，但这可能会把岸边的丹麦船只点燃。于是，他待在船上继续战斗，最终英勇牺牲。

1715年，查理回到瑞典，试图兵分三路拿下挪威。他自己统领荷兰（Höland）的那支军队。挪威的克鲁斯上校（Colonel Kruse）只带了200人与他对战。虽然查理本人英勇无比，但他还是不禁赞叹敌人的勇气。

当克鲁斯受伤倒下时，查理问他："我的兄弟弗雷德里克国王有很多像你一样的部下吗？"

"是的，"克鲁斯答道，"他还有很多像我这样的部下。在他们之中，我算是能力最差的一个了。"

由于弗雷德里克四世的失误，他将精兵都作为雇佣兵来赚钱，而把装备落后的6000名士兵交给了吕特佐上校（General Lützow）。

第三十五章　挪威作为丹麦的一个省

查理的军队装备精良，他以为很快就可以击败这支脆弱的敌军，但他没考虑到挪威人的态度。挪威人，无论男女老少都已经准备好和敌人决一死战了。洛温上校（Colonel Löwen）带着600人去康斯堡（Kongsberg）袭击银矿，却中了灵厄里克的牧师夫人安娜·科尔比约恩斯（Anna Kolbjörns）的圈套，最终被160名瑞典人俘获。洛温意识到情况不妙，掏出一只手枪对准安娜的头，而后者却很冷静地说："你效忠你的国王就是为了能够杀死女人吗？"

另一边，查理拿下了克里斯钦尼亚，可他在阿克什胡斯的堡垒面前毫无办法。弗雷德里克城的市民们烧毁了小镇，这样瑞典人就无法躲避堡垒的炮击了。两个勇敢又爱国的年轻人，分别叫作彼得（Peter）和汉斯·科尔布约恩松（Hans Kolbjörnsson），是安娜的亲戚，他们带着志愿军多次游击侵扰敌人。最后，查理发现，不用大炮是不可能拿下挪威的堡垒的，于是他向国内寻求补给，然后等待大炮和更多的弹药运过来。可他的这一希望也落空了，他的军队在丁基伦（Dynekilen）被托登斯科约尔德（Tordenskjold）摧毁，此人是挪威海军的英雄。一天，托登斯科约尔德从渔夫那里听说敌人的上将要在晚上举办宴会，于是准备趁其不备一举拿下。托登斯科约尔德对部下彼得·格里布（Peter Grib）说："我听说瑞典的上将今晚要举办宴会。虽然他们没有邀请我们，但你说我们是不是应该到他们的船上，做他们的客人？飞行员说今晚的风向对我们有利。"

在岸上炮台的一顿轰炸中，托登斯科约尔德登上了敌人的甲板。他开始以为敌人已经喝多了，所以会很好对付；但很快他们就清醒了。在三小时的重炮轰炸后，瑞典上将选择了投降；他缴获了44艘战船、60门大炮。这个消息传到查理那里后，他就开始退兵了。可他回到国内后，还是觉得他没有理由不能征服一个军事装备

/319/

如此低劣的国家。1718 年，他又派阿姆费尔特将军（General Armfelt）带 14000 人前往特隆赫姆，自己带着 22000 人来到弗雷德里克城。他们很快拿下了前哨站，并在堡垒周围挖了许多道壕沟。然而，当查理站在壕沟中时，被一颗子弹击中了头部，失去了生命。阿姆费尔特将军得到消息后，立即下令向边境撤退，但他的部队因为在山中忍饥挨饿，又死了很多人。就这样，战争在 1720 年结束。双方在菲登斯堡（Fredensborg）签订合约。

图 65　挪威的雷鸟

挪威的城防给丹麦挡住了不少危险，可弗雷德里克四世却以进一步的掠夺来回报它。为了使丹麦获得充足的资金，他把所有挪威教堂卖给了私有组织，然后下令给所有拥有者准备一个证明他们财产权的文件。这只不过是给他的掠夺行为增加了表面上的合法性。三个哥本哈根的居民买下了他在芬马克的管理权，他们一得到它就开始对当地人肆意掠夺。挪威民众陷入了贫困与倒退的境地。

第三十五章　挪威作为丹麦的一个省

在弗雷德里克四世的统治时期，有一个叫作路德维格·霍尔伯格（Ludvig Holberg）的挪威人。他于1684年出生在卑尔根，但毕生居住在丹麦。他创作了许多出色的喜剧、幽默讽刺的英雄诗歌、寓言以及历史著作。他的作品在18世纪早期的北欧社会广泛流传。

克里斯蒂安六世（1730—1746）是一个极端的路德教派信徒，他身边聚集了很多和他一样拥有悲哀信仰的德国人。他花销无度，建立了许多奢侈的宫殿，并在宫廷中实行严格的仪式。他值得称赞的功绩就是让全国民众皈依路德教，从而让他们都学会了阅读。他鼓励商业和制造业，但最后没能获得很好的成果；他具有破坏性的一项措施是禁止挪威南部的居民从丹麦以外的国家进口粮食。

弗雷德里克五世（1746—1766）是个善良但不聪明的人。他重新开放了被父亲关闭的剧场，并在安息日那天减少了农民的工作。他差一点和沙俄开战，但最终因为彼得三世（Peter III）被刺杀而没能实现。然而，他为战争的准备增加了赋税，挪威的底层人民受

图 66　雕刻华丽的仓库与酒杯

到了最严重的打击。在卑尔根,"附加税"引起了叛乱,农民们攻进了城里,对官员们一顿侮辱和虐待后,逼迫他们取消了税收。在这位国王的执政期间,挪威在克里斯钦尼亚建立了国家军事学院(Norwegian Military Academy),在特隆赫姆建立了科学院(Academy of Sciences)。

接下来的国王是克里斯蒂安七世(Christian VII, 1766—1808),他年仅17岁就登上了王位,并在无尽的挥霍中浪费掉了自己的青春。他在成年之前就耗尽了自己的活力,然后很快失去了理智。在一次去国外的旅途中,他过分地倾心于他的德国医生施特林泽(Struensee),于是回来后将政治大权一手交给了他。施特林泽精明能干,并熟知伏尔泰(Voltaire)和卢梭(Rousseau)的思想,对改革充满干劲。可失去丈夫的王后朱莉安娜·玛利亚(Juliana Maria)非常讨厌他,于是她给国王施压并逮捕施特林泽。不久,施特林泽就被处死了。接替他的是王后最赏识的人之一——欧维·古尔德贝格(Ove Guldberg)。他在政府执政12年,将之前施特林泽的改革全部废除。此外,他的目标是完全去掉"挪威人"这个概念,让所有挪威境内的居民全部成为丹麦人。

在最后三个国王的统治期间,挪威因为没有战乱而享受到了物质上的富足。1767年,整个挪威的人口数量上升到了72.3万,这意味着在这100年中,挪威的人口增长了一倍;自汉萨同盟的垄断被打破以来,挪威的商船也从50艘增长到了1150艘。许多挪威的政府官员在哥本哈根大学(University of Copenhagen)接受了教育,在官场上逐渐替代了丹麦人。此外,农民中出现了越来越多通过购买政府地产而成为土地所有者的人。

由于国王的精神错乱日趋严重,他不能再处理国事了,于是他的儿子弗雷德里克王子(Crown Prince Frederick)在1784年代他父亲处理国事，并在最初的 13 年里选拔了一位出色的首相——安德烈亚斯·贝恩斯多夫（Andreas Bernsdorff），此人帮助丹麦和挪威顺利地度过了法国大革命的混乱时期。也是在这一段时间，挪威成立了四个新的政府机构，其中包括"纠纷处理委员会"，来防止机构间的冲突。1800 年，丹麦大胆地同沙俄和瑞典签订了武装中立条约，其目的是为了抗议英国对非战船的排查。此时的英国切断了一切与法国有关的海上贸易，因为它正在与后者打仗。战争中的补给不只是子弹和火药，还有粮食和其他各种生活必需品。那时的挪威和丹麦商人经常在海上贸易，如果这项要求被批准，那么他们将受到巨大的损失。遗憾的是，他们的政府敌不过英格兰。在 1801 年 4 月 2 日的哥本哈根港口战役后，丹麦被迫退出中立，投靠英国。弗雷德里克王子似乎对英格兰的实力毫不了解，因为他很快就推出了亲法的政策。根据拿破仑和沙俄的亚历山大在 1807 年所签订的提尔西特合约（Peace of Tilsit），前者将获得丹麦的海军援助，以挑战英国在海上的霸主地位。英国政府很快得知了消息，于是立即让丹麦投靠英国，并以保证和平作为交换；被丹麦拒绝后，英国派军队登上了西兰岛，包围了哥本哈根，沿着海岸轰炸了这座城达三天半

图 67　跳舞的平民

之久。丹麦这一次只好选择投降，但因为之前做出了抵抗，所以没有获得任何好处。这场发生在哥本哈根的第二次战役让丹麦更加依靠拿破仑，可随着后者逐渐失势，他的盟友也就陷入了困境。

由于丹麦本土的战乱以及与挪威的隔离，后者在这几年暂时由奥古斯滕堡的克里斯蒂安王子（Prince Christian August）的摄政议会管理。

当弗雷德里克六世（1808—1814）从疯掉的父亲手里接过王位时，他所掌管的这两个国家已经惨不忍睹，而他错误的政策让局势更加绝望。与英国的战争让后者对丹麦与挪威实行了禁运。挪威被卷入了无尽的穷困与磨难之中，而且它狭长的海岸线还总是受到英国海军的袭击。乱上加乱的是，瑞典也在英国的帮助下开始入侵挪威。挪威的摄政议会按照国王的计划保卫国土，最终挪威军队在托韦德（Toverud）、特兰根（Trangen）和普雷斯特巴克（Prestebakke）连续三次击败瑞典。同时，沙俄以违反提尔西特合约为由开始进攻瑞典，并以封锁它对英国的港口作为惩罚。倔强的瑞典国王古斯塔夫斯四世（Gustavus IV）不愿意忍气吞声，于是沙俄又进攻了芬兰，把这里的瑞典人都赶了出去。这场事件的结果就是，丹麦国王被迫退位，由他的弟弟查理八世接替。由于这位查理膝下无子，他只好收养挪威的王室成员克里斯蒂安·奥古斯特王子（Prince Christian August），并指定他作为自己的继承人。就这样，眼看挪威和丹麦终于要有一位贤君了，但很不幸的是，年轻的王子在不久后的1809年在斯卡恩阅兵的时候去世了。根据弗雷德里克郡合约（Peace of Frederickshamn）规定，瑞典必须割让芬兰给沙俄，但巴黎条约（Treaty of Paris）按照拿破仑的"大陆系统论"，确保了前者保留波美拉尼亚（Pomerania，今波兰与德国北部）。这就很自然地让英国产生了敌意，但只要瑞典不积极地支持拿破仑，在别处已经忙得不可开交的英国没有精力进攻它。然而，拿破仑似乎对这种半中立态度感到不满意。为了向查理八世施压，他直接拿下了波美拉尼亚，可这适得其反，让瑞典和他的敌人结成了盟友。1812年，瑞典、沙俄与英国在厄勒布鲁（Oerebro）签订合约，瑞典很快加入了欧洲同盟，并最终推翻了拿破仑的统治。

这项政策无疑要归功于意大利蓬泰科尔沃（Pontecorvo）的王子——让·巴普蒂斯特·贝尔纳多特（Jean Baptiste Bernadotte）。他最初通过为拿破仑效力而提升地位，之后成为陆军司令，1812年在克里斯蒂安死后被选为瑞典王储。沙俄的亚历山大一世在艾博（Aabo）会议上答应给他挪威作为联盟的回报，之后英格兰也给了他相同的承诺。

这个时候，挪威正遭受来自英国的严密海岸封锁。1812年，挪威爆发了饥荒，人们只能把桦树皮扒下来研磨成粉，然后用它替代面粉做成面包。丹麦纸币的贬值使无数家庭失去了积蓄，也使商业贸易失去了活力。全国各地都开始对与丹麦的结盟感到不满。1811年，丹麦政府给挪威大学迟来的资金援助暂时缓解了这种情绪，但这并没有从根本上改变民众对丹麦的看法。挪威人沉睡了几个世纪的政治情感再一次觉醒，他们对民族独立与自我认可的情感在1810年成立挪威福利会（Society for Norway's Welfare）、对大学的无私贡献以及蔓延到全国各地的爱国风潮里都有体现。挪威的上层阶级成了这次风潮的领导者，他们引领群众运动走向理性而正确的道路。

然而，只要挪威还是丹麦的附属地区，它就免不了受到弗雷德里克国王政策的影响。当拿破仑入侵沙俄后，同盟国都要求挪威投降瑞典。国王开始是拒绝的，他派自己的表兄弟克里斯蒂安·弗雷德里克王子（Prince Christian Frederick）去管理挪威地区；但当拿破仑在德国的莱比锡（Leipsic）战败、贝尔纳多特入侵里斯维克的荷尔斯泰因（Holstein）时，他便不得不接受盟军的要求。公元1814年1月14日，弗雷德里克国王签署了基尔合约（Peace of Kiel），割让挪威给瑞典，并宣布取消对挪威的一切控制。

第三十六章
挪威重新获得独立

基尔合约在挪威引起的愤慨，让挪威人从长久蛰伏的麻木中苏醒，并打算维护自己的权益。他们已经准备好放弃对弗雷德里克六世（Frederick VI）的效忠，声称他没有权力把王位给别人。当回想起挪威当年违反了法律和条约而擅自依附于丹麦的事情，挪威人认为，弗雷德里克六世放弃的国家自主权，应由如今拥有裁决权的民众来决定。总督克里斯蒂安·弗雷德里克（Christian Frederick）发现民众的这种情绪非常普遍，所以拒绝遵守统治者所做的决定，在1814年召集了代表与他在埃茨沃尔会见。他开始想通过世袭继承权获得王位，进而像一位不受约束的君主那样统治挪威。但是之后，他听从了斯维尔德鲁普教授（Professor Sverdrup）和其他爱国人士的建议，宣布自己已经做好从民众那里接受王位的准备，并依照民众采纳的宪法来管理国家。为了进一步了解挪威人民的民意，这位王子在隆冬穿越多夫勒山（Dovre Mountain）至特隆赫姆，那里有很多人认为他原本就有在帝王古城为自己立刻加冕的意图。在古尔德布兰德，他停下脚步去看纪念碑上的碑文，这个纪念碑是为纪念辛克莱（Sinclair）和苏格兰雇佣兵的毁灭而建造的：

"悲哀的是那些看到这座石碑而不感到热血沸腾的挪威人。"

"你是否也像你的祖先那样，"他询问前来拜访他的乡下人，"愿意为国家献出自己的生命？"

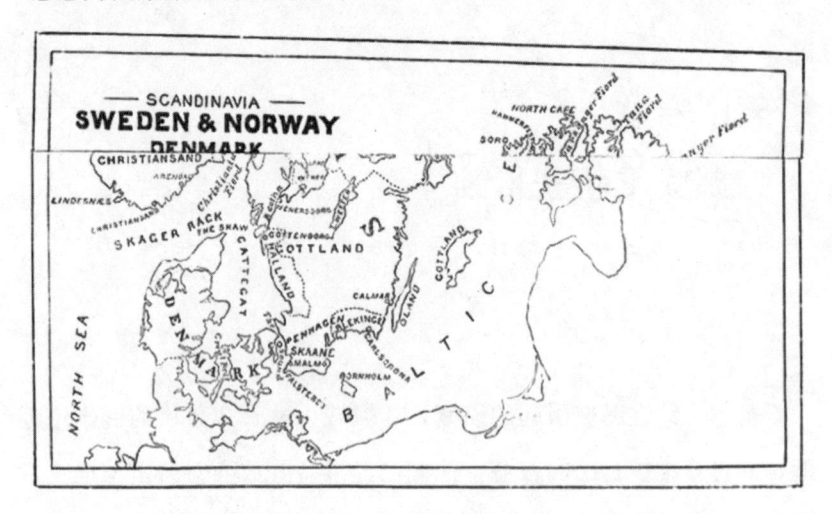

图 68　斯堪的纳维亚局部图，瑞典、挪威与丹麦交界处

埃茨沃尔会议的审议结果是，让他召集了一些全国各地来的代表召开会议。会议的地点还是埃茨沃尔，代表的人数总共有112人，大多是官员。一套慷慨惠民的宪法在1814年5月17日被采用，王子克里斯蒂安·弗雷德里克当选为挪威国王。挪威宣告成为一个自由、独立的国家，但它是否应该和瑞典结盟还是维护自己的王国产生了一些分歧。

图 69　克里斯蒂安·弗雷德里克王子

他之后成为丹麦国王克里斯蒂安八世（Christian VIII）

修改后的挪威宪法做出了以下的规定：

1. 挪威是一个有限制的世袭制君主国，独立且不可分割，统治者会被称为国王。
2. 人民必须通过他们的代表行使立法权。
3. 人民有权通过代表单独征税。
4. 国王有开战和言和的权力。
5. 国王有赦免罪过的权力。
6. 司法机关须与行政部门和立法机关分离。
7. 国家应有媒体出版自由。
8. 福音路德教会是国家和国王的宗教。
9. 在将来，个人或世袭的特权不得擅自授予任何人。
10. 每一个男性公民，无论出身与财产，都会被要求在一定时间内参军保卫国家。

埃茨沃尔的代表们并非没有察觉到宪法的规定涉及与瑞典的战争，因为贝尔纳多特（Bernadotte）决不让审议大会的一个决定成为阻碍他获得战利品的绊脚石。这个成果是他通过帮助推翻拿破仑而赢得的。在此期间，对于挪威人来说这是一个值得高兴的形势，因为国王还没有被推翻，并且他在几个月内让同盟国的军队非常忙碌，这才防止了贝尔纳多特把注意力都放在挪威上。对于他来说，挪威人下定决心维护自己的权益是令人惊讶的。他以为挪威对于丹麦长久的依赖已经使挪威人习惯于服从。查理十三世（Charles XIII）在一封之前写给埃茨沃尔的议会、如今寄给挪威的信中提到，要提供给他们宪法以及一个瑞典总督。信被气愤地收下了，但在3月31日巴黎投降、国王退位之后，这场拿破仑式的闹剧似乎暂告一段落，并且也不再有国际性的困难去阻碍瑞典人实施基尔合约里有关挪威的具体内容。目前的情报表明，各大强国已经向贝尔纳多特承诺要强制挪威接受条约，并且各法院已经派出使者，命令挪威人立即向瑞典国王无条件投降。

图70 挪威和瑞典国王查理十四世约翰（贝尔纳多特）

挪威人拒绝听从，很快，一支贝尔纳多特旗下的瑞典军队越过了边境。新上任的国王开始动摇了，在毫无战斗精神的情况下，没有打出一颗子弹，他命令城堡中的弗雷德里克斯坦（Fredericksteen）投降于瑞典舰队。即便挪威军队的粮食和弹药不足，但他们却充满斗志，这个意志薄弱的新国王从妥协中表明他没有领导才能。加恩（Gahn）统治下的瑞典军队的另一分支在里尔（Lier）被克雷布斯上校（Colonel Krebs）率领的挪威人打败，在马特兰（Matrand）展开第二次袭击之后被迫撤退到边境之外。很显然，如果没有流血和牺牲，国家独立的任务是不可能完成的，正如瑞典人在之前与德国的战役后，其实他们和挪威人一样渴望和平。1814年8月14日，一份停战协议在莫斯（Moss）签订，根据其条款，国王应该召开一场最大规模的国家议会（挪威语：Storthing），为永久和平进行协商。这场于10月7日会面的国家议会依照在埃茨沃尔所定的宪法接受了国王克里斯蒂安·弗雷德里克对王位的放弃，并选举了查理十三世做国王，条件是他承认挪威独立并且愿意治理它。贝尔纳多特在11月4日代表瑞典国王接受了这些决定，并且宣誓效忠于宪法。接着，瑞典军队撤出了挪威，克里斯蒂安·弗雷德里克也返回了丹麦，在他的表亲死后，他以克里斯蒂安八世（Christian VIII）的名义继承王位。第二年，挪威与瑞典商讨了一项公约，确定了联盟的名称挪威语：Rigsakten）。而后挪威银行在特隆赫姆成立，最高法院在自由城（Christiania）设立。

看样子，挪威已经重获自由。考虑到这个国家在1814年所处的绝望处境，以及独自抵抗强国裁决的孤立无援，毋庸置疑，联盟的条款比预期更为令人满意。尽管如此，有一个方面和自由的理念不符，这就是一个瑞典总督（瑞典语：Statholder）在首都代表着权威存在。贝尔纳多特在1818年查理十三世去世后，以查理十四世（1818—1844）的名义继承了王位。约翰（也就是贝尔纳多特）在刚开始十分轻视挪威的独立,他只是让挪威人以为自己将要获得自由,而实际上他并没有向这个目标努力。当发现挪威国家议会与他想采取的措施相悖时,他表示了不满,并且主张另一种诠释宪法的方式。引起争论的首要原因是挪威偿还部分丹麦公债的问题,查理·约翰(Charles John)在基尔合约中是有规定的。国家议会的观点是挪威从未接受过基尔合约,所以它不能被其中的任何条款所束缚。最终,国王提出放弃他和他儿子皇储十年的王室年俸以达成妥协,并且在1821年的国家议会上答应付给对方大约300万美金。同时,废除贵族阶层的斗争也开始了。三场连续的国家议会通过一项法案,废除了贵族头衔和特权。国王担心一旦他同意这项法案,就会与瑞典的强势贵族产生冲突,于是多次尝试在国家议会中劝说放弃这个立场。他强调,挪威现在正被欧洲强权虎视眈眈,在议会中体现出的民主精神会招致怀疑和外界的敌意。但是国家议会坚持了自己的立场,最终颁布了修改后的法令。凡是与宪法产生冲突的贵族特权即刻废除;在贵族死后,所有的个人特权都要终止,而且后代无法继承。

在查理·约翰称王期间,国王和国家议会在一些法律上产生了分歧,从而引发了敌对与仇恨。考虑到此时代表们在政治生活中都比较缺乏经验,而他们敢于表现得如此大胆,并如此努力地坚持自己的权利,确实是了不起的。挪威今天所处的地位要归功于这些勇敢的人。因为,如果他们选择服从,感激地接受国王所给予的一切,那么他们的国家将不可避免地陷入一种与瑞典的省际关系,就像以前与丹麦一样。这种有男子气概的光环和无所畏惧的自信,回荡于早期的国家议会中,表明了古挪威人的力量仍然存在,并且确实可以永不消亡。没有任何一个懒惰和堕落的国家能够从人群中选举出这样的代表。并且事实表明,直至今日,挪威继续吸引着他们,表明了雄壮和无畏的气魄真正地代表了挪威——它所获得的自由是应得的。

国家议会对国王的态度表现在他们坚决抵制国王想要扩大王权所做的努力。尽管查理·约翰在学校接受过训练，但在法国大革命时期他并不相信民主和"人民的权利"。他是一个有实力的政治家，一个娴熟的外交家，一个有高尚理想的人。但在挪威，他对挪威民众的精神所知甚少。为了在欧洲君主中保持自己的地位，在拿破仑被推翻后，他被迫支持在整个欧洲大陆上的保守倾向。1821年，他提出了十条宪法修正案，但在1824年被国家议会否决。在这些修正案中，有一条提出给予国王绝对否决权，不像之前的暂时否决权；另一条提出授予他任命国家议会主席的权力；第三条，准许他随意解散国家议会。前国务大臣克里斯蒂安·克罗（Christian Krogh）因建议拒绝这些主张而广受欢迎，而国王坚持在接连几次的国家议会之前提出这些主张，也没有使它们受到欢迎。

当时政治斗争中的一个杰出人物是诗人亨利克·韦格兰（Henrik Wergeland）。作为学生的领袖，他违反国王的命令，坚持庆祝5月17日宪法的周年，而不是11月4日与瑞典联合的周年。国王有意夸大那次示威游行的严重性，并于1829年召集军队，用武力驱散庆祝国庆节的群众。韦格兰本人虽然表达过对国王的崇敬，但他却没有对国王的政策表现出相同的敬畏之情。对散文和诗歌不知疲倦的学习滋养了他的同胞们反抗和积极的爱国精神。

图71 高斯塔（H. N. Gausta）所作的卡通画：滑雪

图 72　新娘和新郎

显然，查理·约翰的权力对挪威人来说就如同稻草人一般，而他的政策也受到了民众广泛意见的约束。在 1830 年法国七月革命之后，政治动乱蔓延到整个欧洲，也波及挪威。这使查理·约翰非常忧虑。为了扼制正在逐步扩大的社会动荡，他突然解散了 1836 年的国家议会。议会认为这一行动与法律相抵触，在王国高等法院（挪威语：RigsRet）起诉了国务大臣劳文斯克乔尔德（Lowenskjold），并以他没有劝阻国王违法的行为而受到罚款。这种无畏的行为，促使国王妥协让步，而不是采取进一步镇压。他通过任命挪威人贾尔斯伯格伯爵（Count Wedel Jarlsberg）作为总督来安抚他们。这是迈向真正独立的重要一步，并使国王受到了他应得的欢迎。在他生命的最后几年里，他放弃了遏制民主的浪潮之后，查理·约翰赢得了挪威人的心，并在 1844 年去世时受到了人们真诚的哀悼。

从 1844 年到 1859 年查理的儿子奥斯卡一世（Oscar I）统治期间，挪威与瑞典之间从属关系的痕迹被逐一消除了。奥斯卡一世给予了挪威一面自己的国旗，上面印着两国国旗的混合颜色，象征着曾经的联盟；他几乎完全废除了总督制，并在 1873 年永久废除。如今在这片土地上，和平繁荣，人口迅速增长，各行各业都兴旺发达。之前，参与公共生活的主要是官员和商人阶层，但现在农民也开始表达自己的主张，并派代表参加国家议会。政治觉醒渗透到社会的各个阶层，许多从农田之中涌现出来的实力人物出现在立法大会，其中最著名的是奥利·加布里埃尔·尤兰（Ole Gabriel Ueland）和索伦·约布塞克（Soren Jaabcek）。审慎的节制再加上坚定的决心是这些现代农民议员的特征，良好的知识、廉洁和严肃的品质使他们能够为国家提供有价值的服务。他们并不会雄辩，在传统意义上也并不算有教养。但他们根据经验积累了大量的事实资料，这在立法活动中比松散的读书学习更重要。在与恶劣气候和贫瘠土地的斗争中他们养成了精打细算的习惯，他们也自然而然地把节俭的习惯运用到国家事务中。作为国家主要的纳税人，他们有影响财政政策的权力，而挪威则凭借他们对资源的谨慎使用而获利。因为他们知道什么时候应该花钱，什么时候应该存钱。自从农民党在国家议会中占据多数以来，在许多铁路、公路、学校和其他设施的建设中，为政府节约了资金。这是人们从农民党身上所预料不到的。从1837年教区和市议会（挪威语：Formandskaber）成立以来，地方事务的管理几乎完全由当地纳税人掌握。

德国和丹麦之间的第一次里斯维克-荷尔斯泰因，发生在1848年奥斯卡国王统治时期，促使他在斯卡恩（Skaane）举行了军事示威；次年，在停战后重新爆发战争，瑞典和挪威的军队占领了北里斯维克（North Sleswick），等待和平谈判。在克里米亚战争中，国王奥斯卡选择站在英国和法国一边，并在1855年签订条约，保证在其与俄罗斯发生敌对行动时英法会提供援助。

奥斯卡国王在1859年去世，享年60岁。他的儿子查理十五世（Charles XV）继承了王位（1859—1872）。查理十五世是一个有骑士风范的人,具有文学艺术天赋。他在国家议会上表示愿意把挪威民众的福祉放在第一位。挪威商船是世界上最大的商船之一。它把挪威国旗带到了最偏远的港口,木材贸易增加,以及在人工制造业和商业中获得的财富激励了挪威商人,加快了各地的生活节奏。在1845年,有关持不同政见者的法律增加了宗教自由,尽管在这方面还有许多工作要做。1851年,宪法中禁止犹太人入境的条款被废除,这主要归功于诗人韦格兰的不断努力。电报开始推广,并很快从北角(North Cape)延伸到了林德斯尼斯(Lindesness)。1869年通过了一项法律,将三年一次的国家议会改成了一年一次。

查理十五世在壮年去世,他没有儿子,他的哥哥奥斯卡二世(Oscar II)在1872年继承了王位。自宪法通过以来,走向更加完整和民主进程中遇到了危机。如果国王没有明智地向议会多数妥协让步,可能会有灾难性的后果。这其中有两个争论点,即宪法问题的绝对否决权和政府的控制权。至于前者,国王认为挪威宪法是他与挪威人之间的契约,规定了工会的条款,未经双方同意不得更改。所以他有权坚持契约的条款,并有权阻止不符合自己意愿的任何变更。毫无疑问,这一点是合法的,大学里的法学教师也支持国王的观点。另一个问题是,如果永远执行这样的契约,它最终是否会变成一个巨大的诅咒并阻碍国家的进步,如果宪法的制定者在提交给查理·约翰(Charles John)时,没有对宪法的修正作出规定,他们就犯了一个严重的错误。从法律上讲,这个错误也许对他们的后代具有约束力,但从公平角度来说却几乎不具有约束力。没有任何一部宪法适用于所有时代,无论它多么优秀,埃茨沃尔宪法也不例外。

这场关于绝对否决权的斗争是由国王拒绝批准一项法律引起的。这项由国家议会连续三届通过的法律,允许内阁部长参加众议院的辩论,以便在民众和政府之间建立更密切的关系。这似乎是可取的,只要国王和内阁的一个部门还在斯德哥尔摩,就有可能忽视他们所管理民众的需要。国王宣称,如果部长们被赋予选举权,并有权随意解散国家议会,他就签署这项法律。在他看来,引入英国议会制的一个优点是,可以使立法机构有优势,又不赋予立法机构以其他优势,使行政机关"能够施加约束性影响",这似乎扰乱了权力的平衡。然而,国家议会不愿赋予这项权力,他们认为在3年一次的选举中,政府没有必要克制。塞尔默(Selmer)牧师一直保持着支持国王的态度,他因拒绝通过有关部长们参与议会审议的法律,以及其他方面的过失,在王国最高法院遭到国家议会的弹劾。

图73 奥斯卡二世

问题的另一个方面也同样重要。议会阶级习惯于领导公共事务,它和农民之间早就形成了某种对立,由于农民对自身的权利意识逐渐增加。这位天生保守的国王从那些政治观点与自己一致的人中选择了顾问,而不管议会多数的席位。宪法没有限制他的自由选择权,而国家议会几乎不能这样做,除非通过一项肯定会被否决的修正案。保守党部长史坦(Stang)领导政府多年,在国家议会中有多数反对党,而在1880年继任的塞尔默(Selmer)的支持率更低。

结果立法工作被迫停止。在塞尔默及其同事被弹劾和定罪后，新政府上台执政，又在几个月后辞职。之后国王派出了"左翼党"或称作自由派的领导人斯维尔德鲁普先生（Mr. Sverdrup），他同意根据该协议批准有关法律事实妥协政策，并召集一个代表多数党的部委，但在原则上没有放弃他在宪法问题上的绝对否决权。从那时起，行政部门和立法部门协调一致，国王和民众之间的良好关系在某种程度上得到了修复。

从以上可以看出，挪威在70年的冲突中逐渐实现了与兄弟王国的完全独立和平等。所有试图合并这两个国家的尝试都失败了，而且很早以前就放弃了这种尝试。在政治上，国王代表联盟。他既是挪威国王，也是瑞典国王，但他根据法律和不同的官员来管理每个国家。每个国家都有自己的议会，没有瑞典人在挪威任职，也没有挪威人在瑞典任职。两个国家之间唯一开放的办事处是外交和领事服务。在挪威，人们普遍的情绪是反对建立更紧密的联盟。自挪威脱离丹麦管理以来，人们一直顽固地坚守着每一个独立的民族特色。

因此，人们努力消除挪威国旗上的"联合标志"，因为它似乎隐晦地暗示着一种省际依附的关系。在挪威方言（挪威语：Maalsträv）中出现了一个单独的语种，因为丹麦语在有文化的社会阶层中仍然被使用，并且经过了一些修改，它标志着一个落魄的时代，并不是挪威人真正的语言。像比约恩松（Björnstjerne Björnson）和亨利克·易卜生（Henrik Ibsen）这样的人，引领着文学朝着同一个方向前进，他们的语言不断地从挪威方言中汲取养分，其主题也主要取材于古代的传奇和人们的生活。韦格兰（Wergeland）侵略性和宣誓性的爱国主义，以及他的对手韦尔哈文（Welhaven）的美学和更具世界眼光的爱国主义，对今天的挪威人来说似乎同样陌生。当代诗人坦率的民族自我主张，也是一个民族的自我主张，以自己民族的过去为荣，以自己民族的存在作为保障。挪威人已经得到了应有的回报，瑞典和丹麦都没有嫉妒的理由。

在力量、勇敢和冒险精神使国家声名显赫的时代，挪威在世界舞台上发挥了重要的作用。

图74 比约斯特延恩·比约森

近年来，挪威在科学和文学方面作出了贡献。1873年的天文学家汉斯汀（Hansteen）、数学家亚伯（Abel）和索菲斯·李（Sophus Lie）、动物学家萨尔斯（Sars）、历史学家蒙克（Munch）、凯瑟（Keyser）和斯托姆（Storm）以及语言学家艾凡·阿松（Ivan Aason），都获得了国际上的认可。1876年的画家蒂德曼（Tidemand）和古德（Gude）用色彩诠释了挪威流行生活和风景的诗意。1880年的音乐家奥利·布尔（Ole Bull）、诺德拉克（Nordraak）和格里格（Grieg）使他们家乡山脉的忧郁曲调在巴黎和伦敦的音乐厅回荡，诗人比约恩松（Björnson）、易卜生（Ibsen）、乔纳斯（Jonas Lie）和亚历山大·基兰（Alexander Kielland）使挪威闻名于世，也使挪威了解了世界。他们打破了长期以来在他们国家筑起的、把挪威排除在欧洲的知识生活之外的那堵墙。